KLAUS SCHMIDT / DIE BRANDNACHT

KLAUS SCHMIDT

DIE BRANDNACHT

DOKUMENTE

VON DER ZERSTÖRUNG DARMSTADTS

AM 11. SEPTEMBER 1944

12. AUFLAGE

REBA-VERLAG · GMBH · DARMSTADT

Der 11. September 1944

Ein sonniger Herbstmontag. Der Zweite Weltkrieg — fünf Jahre und zehn Tage alt — war militärisch längst verloren. Aber er ging weiter. Deutschlands bedingungslose Kapitulation war das Kriegsziel der Alliierten geworden. Die Nacht zum Sonntag hatten die Darmstädter in ihren Trainingsanzügen, den Koffer am Bett, ruhig durchschlafen dürfen. Mittags kurzer Alarm, zum Sonntagskaffee öffentliche Luftwarnung; wieder eine ungewohnt ruhige Nacht. Am 11. September waren die Amerikaner fast den ganzen Tag über dem west- und südwestdeutschen Raum. Mit ihrem starken Jagdschutz — die deutsche Luftwaffe war nahezu ausgeschaltet — fühlten sie sich über Deutschland inzwischen wie zu Hause bei ihrer Tagschicht. Nachts waren — seit die Invasionsarmeen in der Normandie festen Fuß gefaßt hatten — wieder die Engländer mit ihren Tausend-Bomber-Angriffen am Himmel.
Die Darmstädter glaubten nicht daran, daß es sie „total" erwischen sollte in diesen Tagen des totalen Krieges. Es gab eine weitverbreitete, durch nichts begründete Zuversicht — die englische Verwandtschaft des Großherzoglichen Hauses. Darmstadt hatte schon genug abbekommen: Auslöschen, so dachte man, werden die uns nicht. „Wiesbaden und Darmstadt werden wir schonen; denn dort wollen wir später wohnen", hieß eine der begierig aufgenommenen Latrinenparolen jener Zeit. von Heidelberg erzählte man sich Ähnliches — mit Recht, wie sich herausgestellt hat.
Die Luftkriegsvorbereitungen sahen zudem ganz danach aus, als halte auch die Führung der deutschen Zivilverteidigung Darmstadt nicht für ein lohnendes Ziel. Es blieb Luftschutzort zweiter Klasse. Die Schutzmaßnahmen waren also Sache der Stadt, nicht des Reiches —

wie bei den Luftschutzorten erster Klasse. Man hatte recht viele Löschteiche gebaut — auf fast jedem größeren Platz —; es gab öffentliche Schutzräume in Brauerei- und Felsenkellern oder anderen tiefen alten Gewölben; Splittergräben und Betondeckungen an den Bahnhöfen; die private Vorsorge in versteiften, nach außen abgeschirmten Eckkellern mit Notausstieg und Mauerdurchbruch zum Nachbarn. Großbunker für die Bevölkerung gab es nicht. Als Hilfsdienste standen bereit 150 Mann Feuerwehr, die Einsatzgruppen des Luftschutzes, des Roten Kreuzes, der Technischen Nothilfe und der Polizei. Das hatte bisher — Bomben- und Minenvolltreffer ausgenommen — einigermaßen ausgereicht. Darmstadt glaubte bis zum 11. September 1944 um 23.25 Uhr nicht, daß es das Schicksal anderer Großstädte teilen müsse: daß es als schauriger Probefall für die grauenhafteste aller Städteverbrennungen, für Dresden, ausersehen war.
Doch Darmstadt stand auf der Liste der Royal-Air-Force, aus der Bomberchef Sir Arthur Harris die Ziele für seine Strategie des „moral-bombing" wählte, für das Zerbomben des zivilen Widerstandswillens. Darmstadt bot sich für eine neue Taktik, von der Vizemarschall Sir Ralf Cochrane das perfekte Ausbrennen großer Städte erwartete, als Übungsziel geradezu an. Eine Stadt mit dichtem, jahrhundertealtem Kern, der wie Zunder brennen würde, ohne die ganze Brandbombenlast seiner V. Luftflotte zu verbrauchen; respektable Industriewerke; eine Technische Hochschule, in der man Entwicklungsarbeit an den Steuergeräten der deutschen V-Waffen vermutete. Und dazu: Die Engländer wußten, daß Flak-Batterien am Stadtrand abgezogen worden waren.

Der Bomber-Fächer

Am Vormittag des 11. September 1944 erhält Vizemarschall Sir Ralf Cochrane den Befehl, in der Nacht mit seiner V. Bomberflotte Darmstadt zu vernichten. Britische Quellen nennen als Angriffsgründe: den 1938 durch Eingemeindung erworbenen Großstadtcharakter, der schon genügt hätte; Darmstadts chemische Großindustrie; die bei der Technischen Hochschule vermuteten Entwicklungsarbeiten an den sogenannten „Vergeltungswaffen", den V-Raketen. Entscheidend dürfte gewesen sein, daß Darmstadt in der Vernichtungsserie an der Reihe war.
Die alliierten Armeen stehen bei Aachen bereits auf deutschem Boden. Die „Festung ohne Dach" wird in der Luft weitgehend beherrscht; tagsüber von der US-Air-Force, nachts von der Royal-Air-Force.
Zielpunkt für das Ausbrennen von Großstädten ist bis dahin üblicherweise die Stadtmitte, über der alle Bomberwellen abladen. Vizemarschall Cochrane erprobt an Darmstadt zum ersten Male den „Fächer". Die ganze Stadt soll in einem einzigen Anlauf angesteckt werden. Cochrane wird je drei seiner zehn Staffeln viermotoriger Lancaster-Bomber am Zielpunkt etwa um 45 Grad rechts und links „ausfächern" lassen; die restlichen vier Staffeln marschieren von West nach Ost durch. Die Industrie am Rande der Innenstadt ist Tiefangriffen einer zusätzlichen Staffel zweimotoriger Mosquito-Bomber als Ziel vorbehalten; in Mosquitos fliegen auch der Master-Bomber und seine Assistenten an.
Es ist Nordwestwind angesagt. Oberstleutnant Pitt, Abwehroffizier der V. Luftflotte, bestimmt den von oben gut sichtbaren Exerzierplatz westlich Darmstadts zum Zielpunkt. Seit den Angriffen auf Stuttgart wissen Sir Cochranes Bombenschützen, daß die neuen Flammstrahlbomben — man nennt sie in Deutschland „Sturmbrandbomben" — mit ihrer sehr raschen starken Feuerentwicklung die Zielmarkierung bald zuqualmen. Der Bombenoffizier der Flotte instruiert die Staffelkapitäne, die Bomben ab Zielpunkt mit vier bis zwölf Sekunden Verzögerung auslösen zu lassen.
Radio London hat später behauptet, Darmstadt sei einem der „Tausend-Bomber-Angriffe" zum Opfer gefallen. Fest steht aus englischen Quellen die Beteiligung der V. Bomberflotte mit 234 Viermotorigen, der 627. Mosquito-Schnellbomberstaffel, des Mosquito-„Masterbombers" und seiner fünf „Assistenten".
Um 23.25 Uhr wird für Darmstadt Fliegeralarm gegeben. Der vierte dieses Tages. Masterbomber Oberstleutnant Benjamin erschien vor den Pulks der V. Luftflotte schon 23.15 Uhr mit seinen Begleitmaschinen im Raum Worms. Die Bomber fliegen zur Verwirrung der Abwehr auf verschiedenen Routen ein und beziehen ihre Bereitstellungsräume

westlich und südlich des Rhein-Main-Gebietes. Oberstleutnant Benjamin befiehlt das Wetterflugzeug auf die Angriffshöhe: siebentausend Meter. Die vierte Mosquito zieht steil nach oben und meldet wenig später 43 Knoten Nordwestwind. Die viermotorigen „Beleuchter" werden über die Autobahn beordert. Sie lösen dort ihre Leuchtbomben aus, die an Fallschirmen langsam auf den Exerzierplatz zutreiben. „Christbäume" nennt man sie unten. Die Leuchtbomben tauchen den Exerzierplatz in gleißende Helle. Der Masterbomber befiehlt seinen beiden Begleitmaschinen, den Zielpunkt festzulegen. Sie gehen auf tausend Meter herunter und setzen ihre Markierungsbomben; rote, dann zur Verstärkung grüne. Bis auf eine liegen alle Markierungsbomben auf dem Exerzierplatz. Am Ostbahnhof leuchtet fehlgeworfenes Grün auf; der Masterbomber stürzt bis auf dreihundert Meter darauf zu und neutralisiert die falsche Zielmarkierung durch eine strahlend gelbe Leuchtbombe.

Alles ist bereit; der Masterbomber geht wieder auf Höhe und zieht seine Kreise. Aus ihren Bereitstellungsräumen ruft er die Staffeln der V. Bomberflotte. Darmstadt weiß jetzt, daß seine Stunde geschlagen hat. Von Westen her fliegen die drei Staffeln der ersten Welle an. Der Masterbomber gibt seine Befehle: siebzig Maschinen drehen über dem Markierungspunkt nach Nordosten ab. Sechs Sekunden später lösen die Bombenschützen aus. Die erste Welle öffnet den linken, nördlichen Flügel des Todesfächers vom Drehpunkt Exerzierplatz aus zum Schlachthof am Nordausgang der Innenstadt hin.

Es ist 23.35 Uhr. Der Teppich wird ausgerollt. Sprengbomben und Luftminen reißen die Häuserzeilen auf, Stabbrandbomben und Flammstrahlkanister regnen Feuer vom Himmel.

Die drei Staffeln der zweiten Welle biegen über dem Exerzierplatz nach Südosten ab. Der Fächer weitet sich zum Südausgang der Innenstadt hin. Die vier Staffeln der dritten Welle legen, vom Masterbomber dirigiert, eine breite Bahn des Verderbens vom Exerzierplatz bis zur Heidenreichstraße. Nach dreißig Minuten ist alles vorbei. Der Fächer funktioniert. Darmstadt brennt.

Aufklärer stellen in den nächsten Tagen fest, daß der linke Flügel des „Fächers" nicht so perfekt verläuft, wie Sir Ralf Cochrane das vorgesehen hatte. Tagesangriffe am 13. September um 11.30 Uhr und am 19. September um 15.25 Uhr „korrigieren" den Fehler. Die Taktik der Zerstörung ist vollkommen.

Die Nacht

Die Luftlage über dem deutschen Reichsgebiet ist in der Nacht des 11. September 1944 bis etwa 22.30 Uhr unklar. Britische Bomberverbände sind im deutschen Ostseeküstenraum und in Brandenburg eingeflogen. Wieder einmal Berlin? Da wird — über der Eifel — die V. Bomberflotte der RAF als die Gefahr dieser Nacht entdeckt. Der Reichssender Frankfurt bricht sein Programm ab. Aus den Volksempfängern tickt der Drahtfunkwecker. Man hat sich an seine unheimliche Monotonie gewöhnt: Solange die nichts sagen...
Der Bomberverband marschiert in drei Säulen nach Südsüdost; ein Pulk auf Oppenheim, einer auf Mannheim zu, der dritte folgt. Vor Mannheim drehen die Lancaster-Bomber auf Südosten ab. Dann gehen sie plötzlich auf Nordkurs. Richtung Darmstadt. Alarm! Es ist 23.25 Uhr. Das rasche Auf- und Abschwellen des Sirenentons, der einem in den Magen geht. Der Drahtfunkwecker setzt aus: Höchste Gefahrenstufe für Darmstadt, „luftschutzmäßiges Verhalten" ist unbedingt erforderlich.
Im Befehlsbunker der Hilfsdienste nimmt der Feuerschutzpolizeimajor Max Jost die letzte Meldung entgegen, die zur Zentrale durchkommt: Leuchtbomben im Westen!, berichtet der Friseur Emil Thier von seinem Beobachtungsstand im Hochzeitsturm. Als die Darmstädter die Leuchtbomben-Christbäume im Westen an ihren Fallschirmen herunterpendeln sehen, wissen sie: Wir sind dran. Der Exerzierplatz flammt taghell rot und grün auf, der Ostbahnhof ist in grünes Licht getaucht, dann in gelbes. Das Opfer ist fachmännisch für den Todesstoß präpariert. Hoch über der Arena zieht der Masterbomber seine Kreise. Zehn Minuten nach Alarm weist er die ersten Staffeln Viermotoriger ein. Der „Fächer" öffnet sich mit ohrenbetäubendem Brummen. Sekunden später bebt die Erde unter den ersten Schlägen. Es ist 23.35 Uhr.
Dreißig Minuten lang dröhnt der Tod über die Stadt. Aus siebentausend Meter Höhe torkeln die Luftminen und Sprengbomben mit entnervendem Heulen herunter, rauschen die Phosphorkanister, klackern Wolken von Stabbrandbomben. Zweimotorige Mosquitos stürzen sich auf Industrieziele am Rande der Innenstadt und donnern dann im Tiefflug über die Dächer. Wütend bellt leichte Flak dagegen an.
In den Kellern schleudert es die Menschen durcheinander. Sie ducken sich unter dem Hagel der furchtbaren Schläge; wimmernd, Todesangst in den aufgerissenen Augen. Schreie, Gebete oder stummes, erstarrtes Warten auf das Ende. Nach den ersten Einschlägen ist das elektrische Licht ausgefallen. Eiserne Schutztüren platzen auf, Holzstreben splittern, Kellerdurchbrüche rutschen zusammen. Druck, Staub

und Gestank würgen den Atem ab. Decken reißen, der Boden schwankt — es ist soweit. Mütter ziehen die Köpfe ihrer Kinder in den Schoß und beugen sich schützend über sie. Männer weinen ohne Laut. Fremde halten sich aneinander fest. Und da ist inmitten der Verzweiflung, der Selbstaufgabe und der beginnenden Panik plötzlich überall auch das Geschenk der Tapferkeit, die einen Mann oder eine Frau in der Todesangst ruhig werden läßt; der Mut der Wehrlosen, der Ermunterung und grimmigen Trost eingibt und durchhalten hilft. Dreißig Minuten lang regnet Feuer vom Himmel, schlagen die Bomben in einer vorher nicht erlebten Dichte ein. Dreißig Ewigkeiten lang.
Kurz nach Mitternacht verstummt das Dröhnen. Wo die Minen und Bomben nicht voll getroffen haben und überall an den Randbezirken der Innenstadt tasten sich die ersten Männer und Frauen aus den Kellern und versuchen, Dachbrände mit Sand und Wasser zu löschen. Detonationen von Westen her jagen sie zurück: Sie kommen wieder! In den von Rauch und Staub verpesteten Kellern hören sie eine Serie von Explosionen. Man wagt sich nicht aus der trügerischen Sicherheit. Draußen prasseln die Brände, bersten die Fensterscheiben, sacken Dächer ein. In den Kellern wird es von Minute zu Minute heißer, das Atmen hinter feuchten Tüchern ist eine Qual; alte Menschen sinken ohnmächtig zusammen, Kinder jammern. In denen, die eben noch davongekommen zu sein glaubten, wächst eine neue, schrecklichere Angst. Warten, Hoffen, daß es endlich vorbei sein möchte. Immer noch das merkwürdig helle Explosionsgeräusch — aber kein Laut von Bombern in der Luft. Ein Munitionszug brennt auf dem Abstellgleis vor dem Verpflegungslager zwölfhundert Meter südlich des Hauptbahnhofs. Berstende Granaten halten Zehntausende geschundener, zu Tode geängstigter Darmstädter in ihren glühendheißen Kellern fest. Tausende wird diese tragische Täuschung umbringen. An der Exerzierplatzecke Rheinstraße/Hindenburgstraße hat es eine Munitionskolonne erwischt. Aus den brennenden Wagen fetzen Explosionen. Flüchtende werden getötet, die Verwirrung ist vollkommen.
Das gibt dem Feuer Zeit, sich unüberwindlich zu machen. Ströme von Phosphor haben die Stadt an allen Ecken und Enden angesteckt. Jetzt wachsen die Brände aufeinander zu, fressen sich weiter und erfassen weite Flächen. Es ist gegen ein Uhr. Da entwickelt sich, was die Spezialisten der Vernichtung vorausberechnet hatten. Die Flammensäulen brennender Straßenzeilen, dann ganzer Gevierte, dann ganzer Stadtteile schleudern heiße Glut kilometerhoch in den rauchschwarzen, verpesteten Himmel. Kalte Luft strömt von den Seiten her zu, wird immer schneller verbrannt und immer schneller angesaugt. Ein Hitzekamin baut sich über der Stadt, der Feuersturm bricht los, rauscht, prasselt, orgelt mit alles verzehrender, saugender Kraft. In den Dörfern am Rhein wird gegen Morgen die Asche niedergehen; ganze Buchblätter sind darunter. Die Stadt ist um halb zwei nachts taghell; ein brüllen-

der Scheiterhaufen, der den Himmel rot macht und dem niemand entgehen kann, der jetzt noch in engen Straßen und unter Schutt gefangen ist.

In den Kellern drohen die Menschen zu ersticken. Die Hitzestrahlung wird unerträglich. Treppenhäuser brennen, in Nebenkellern fangen die Wintervorräte Feuer. Die Angst der beiden letzten Stunden war zuviel. Apathie nimmt vielen die Kraft zum Ausbruch. Gewaltsam reißen beherzte Männer und Frauen Mauerdurchbrüche durch ganze Häuserreihen auf — oft der einzige und, wie sich später herausstellt, der wirkungsvollste der vorbereiteten Rettungswege. Notausstiege werden freigeräumt; was lebt, wird aus der tödlichen Sicherheit der „Schutzräume" gezerrt und geschoben, in denen es keine Chance auf ein Davonkommen mehr gibt. Draußen tobt das Inferno.

Kommt denn keine Hilfe? Was die Menschen in ihren Kellern nicht wissen: Die ganze Stadt brennt — und sie ist abgeschnitten. Die Hilfsdienste sind zusammengebrochen. Sie mußten zusammenbrechen. Es gibt in Darmstadt keinen Helfer mehr, der nicht selbst Hilfe brauchte. Im bombensicheren Befehlsbunker unter dem Polizeipräsidium in der Hügelstraße 31 bis 33, von wo aus die Feuerwehr, der Luftschutz, das Rote Kreuz, die Technische Nothilfe, die Einsatzgruppen der Stadtwerke und der HEAG und die Sicherheitskräfte zentral gesteuert werden, ist durch einen Außentreffer die gesamte Drahtverbindung ausgefallen. Die dreizehn Löschzüge der Berufsfeuerwehr — 150 Mann mit den Dienstverpflichteten — sind mit sich selbst und der Rettung ihrer Fahrzeuge beschäftigt. Die Feuerwache hinter der Stadtkirche brennt. Die Hilfsdienstgruppen und die Löschzüge im Schloß, in der Magdalenenstraße, der Bessunger Knabenschule, der Diesterwegschule und die Luftschutzstellen bei den Polizeirevieren warten vergeblich auf Einsatzbefehle. Schließlich packen sie zu, wo sie gerade stehen. Überall ist höchste Not.

Als sich die Einsatzleiter in der Hügelstraße durch den geschützten Ausschlupf ihres Bunkers aus den Trümmern freigekämpft haben, tobt in der Stadt der entfesselte Feuersturm. Es gibt keine Hilfe mehr. Auch die Ausweich-Befehlsstelle im Richthofen-Bunker an der unteren Rheinstraße hat keine Nachrichtenverbindung: auch der vorbereitete Lotsendienst, der erwartete Hilfe von außen in die Stadt schleusen sollte, ist zerstoben. Zwischen ein und vier Uhr in dieser Nacht stirbt die Stadt in dem brüllenden Feuer, das alles an sich saugt — auch Menschen.

Was an Rettungsdiensten in dieser funkensprühenden Hölle noch existiert, schleudert mit dem Mut hoffnungsloser Verzweiflung Wasser aus den Löschteichen gegen die Feuerwand, solange das Benzin für die Pumpen reicht. Hydranten, die noch nicht verschüttet sind, versiegen bald — eine Hauptleitung vom Wasserwerk her ist in der Rheinstraße durch Volltreffer aufgerissen worden.

An der Autobahn haben sich zwischen zwei und drei Uhr Feuerwehren und Hilfstrupps aus dem gesamten Raum zwischen Mannheim, Frankfurt und Mainz versammelt. Bis zu dreitausend Mann mit 220 Motorspritzen sollen es um sechs Uhr gewesen sein. Auf Einsatzbefehle wartend, mußten sie zusehen, wie die Stadt unterging. Ein Vordringen in das Zentrum des Flammenorkans war unmöglich. So tun sie jetzt am Rande des feurigen Kreises, was möglich ist. Die Freiwilligen Wehren aus Eberstadt und Arheilgen und die Einsatzgruppen aus dem vorderen Odenwald versuchen trotzdem immer wieder, vom Nordviertel, von Bessungen und vom Tierbrunnen her durchzubrechen. Bis zum Luisenplatz kommt keiner in dieser Stunde. So retten sie, was zu retten ist. Mancher der Entkommenen, der sich wieder in den Feuerkreis stürzt, wird nicht mehr gesehen.

In den engen Innenstadtstraßen brennt der Asphalt. Die zu spät unter nassen, rasch wieder zundertrockenen Decken aus ihren Kellern gekrochenen Menschen ereilt zu Tausenden der Tod. In zielloser Panik rennen viele geradewegs in ihr Verderben. Niemand hat ihnen gesagt, wohin sie in der äußersten Not fliehen müssen, nirgendwo sind Fluchtwege markiert; aus dem Sterben der großen Städte hat man nicht rechtzeitig die Lehren gezogen und verbreitet. So taumeln die Erschöpften in die Glut, fangen Feuer, ersticken im Rauch aus Mangel an Sauerstoff, werden in die Flammen gesogen. Wer hinfällt, wer die Kette der Hände losläßt, wer sich von seinen Koffern nicht trennen kann, der ist verloren. Hunderte zerglühen zu Asche. Man wird nichts mehr von ihnen finden. Hunderte bleiben im Asphalt stecken, verbrennen, werden mumifiziert, Hunderte erschlagen stürzende Mauern, Treppenhäuser, Torbögen. Der gemeinsame Durchbruch glückt kaum einer Familie. Vergiftet vom Rauch, verbrannt von der Hitzestrahlung, ausgelaugt von der Angst, zu Tode erschöpft brechen die Durchgekommenen in den Parks und auf den freien Plätzen zusammen. Manche von ihnen wird ihr Schicksal später im Krankenhaus ereilen. Hinter Parkmauern, in Brunnen und Gartenecken dämmert, wer von den Eingeschlossenen noch lebt, dem Morgengrauen entgegen.

Am Rande der Innenstadt, in breiten Straßenzeilen, die schon gerettet schienen, hat das Feuer inzwischen von den Ecken her Haus um Haus gefressen. Es hat überall Eingang gefunden; über die aufgerissenen Dächer, durch herausgesogene oder eingedrückte Fenster und Türen. Wo Zeit geblieben ist, etwas herauszuholen — oft wurden die absonderlichsten Dinge gegriffen —, stehen die Menschen jetzt inmitten von Hausrat auf der Straße und schauen zu, wie ein Zimmer nach dem anderen ausbrennt. Eines hilft die Verzweiflung ertragen: Es ist das Schicksal aller.

Vier Uhr. Die Macht des Feuers ist gebrochen; es flackert noch an letzten brennbaren Resten. Die Keller glühen. Die Feldlager in den schwarz versengten Parks und auf den großen Plätzen erleben schau-

rige Szenen des Leids und des Schmerzes, sie erleben aber auch viel aufopfernde Hilfe. Von außen sind Rettungsgruppen in das Chaos eingedrungen. Ärzte, Schwestern, Rot-Kreuz-Helfer versorgen Brandwunden und lindern den unerträglichen Schmerz hinter den Augenlidern. Manchmal findet sich sogar ein Lager für eine Mutter und ihr Kind in einem vom Minendruck durchgeblasenen Haus, das der Brand nicht hatte erfassen können. Der Tag kommt mit einem schwarzen, rauchstinkenden Himmel über den leeren Mauerschalen eingebrochener Häuser. Die Kellerdecken haben meist standgehalten. Was unter ihnen war, ist zu Asche zerglüht oder in Klumpen geschmolzen.
Der Innenstadt sind nur eine Handvoll Dächer geblieben. Über allem, wie eine Trutzburg, das unversehrte Gefängnis — Absicht, ein Wunder, genug Hände zum Löschen? Die „Krone" ist erhalten und die Metzgerei nebenan; und daneben das Molkereiwarengeschäft. Aber das wird Tage später von selbst angehen und abbrennen. Am Woog und in der Soderstraße stehen auch noch ein paar Häuser, und hinter dem ausgebrannten Finanzamt am Meßplatz blieb der backsteinrote Postblock übrig — sonst ist Darmstadt eine verkohlte, rauchende Wüstenei. Von der Hindenburgstraße bis zur Heidenreichstraße, vom Prinz-Emil-Garten bis zum Herrngarten das gleiche Bild. Das äußere Bessungen, Teile des Johannesviertels und des Martinsviertels sind ein wenig besser davongekommen, „besser". Die Geretteten reißt es hoch: Zurück. Suchen.
Am Morgen des zwölften September ist ein erster Überblick möglich; eine schaurige Bilanz. Die Beschöniger, Durchhalter und Endsieger gehen an ihr immer schwieriger werdendes Werk, während die Bergungstrupps von außerhalb ihre grausige Arbeit beginnen — bis zu fünftausend Mann sind es zeitweise — und gefangene Russen auf dem Waldfriedhof das große Grab auszuheben beginnen. Chlorkalk wird angeliefert. Im Laufe des Tages etablieren sich erste Versorgungs- und Verpflegungsstellen. Es gibt kein Wasser, kein Gas, keinen Strom. Man verteilt Berge von belegten Broten. Brunnen werden geöffnet, Notkrankenhäuser eingerichtet, Leichensammelstellen markiert. Säle in den Vororten sind zu Massenquartieren geworden.
Am Hauptbahnhof warten graue Gruppen von Obdachlosen auf ihren Abtransport irgendwohin — nur weg. Und überall in den Straßen tasten sich Überlebende unter dem reißenden Krachen einstürzender Häuserfronten ihren Fluchtweg zurück und mustern auf der Suche nach Angehörigen mit der Sachlichkeit der Erstarrten die furchtbare Ernte des Todes. Überall hängt sein ekelhaft süßlicher Gestank in der Luft. Es wird berichtet von herzzerreißenden Szenen des Wiedersehens, von tagelangem, vergeblichem Umherirren, von dem Augenblick der Gewißheit angesichts eines bizarr verkohlten Menschenleibs. Es wird berichtet von Waschbütten-Beerdigungen ganzer Familien, vom Warten vor ausglühenden Kellern, vom ersten Einrichten in der

Gartenhütte, vom Auszug der Zehntausende aus ihrer totgebrannten Stadt.

Zurück bleiben Lattenkreuze auf den Trümmerhalden. Und an den Sandsteinbögen zusammengebrochener Torhallen berichten Kreideinschriften, diese einzigen Verständigungsmittel der ersten Wochen, vom Tod und vom Leid auseinandergerissener Familien und vom Beginn einer oft jahrelangen Odyssee.

DIESER BERICHT wurde im Jahre 1964 geschrieben. Er stützt sich auf das verfügbare amtliche Material aus deutschen und englischen Quellen, vor allem aber auf Tagebuchnotizen und Briefe, die unmittelbar unter dem Eindruck der Zerstörung Darmstadts von Augenzeugen verfaßt worden sind. Zeitungsberichte und Polizeiakten aus diesen Tagen unterstützen mit statistischem Material den folgenden Versuch einer sachlichen Darstellung der Brandnacht vom 11. September 1944.

Die Toten

Die offizielle Darmstädter Statistik gibt als Opfer des Luftangriffs vom 11. September 1944 an:

Tote 6049
Verwundete 3749
Vermißte 4502

Da die Vermißten in der Regel als tot gelten müssen, liegt die Zahl der polizeilich registrierten Todesopfer dieses Angriffs bei

10 551

Die Vernichtung ganzer Familien, nach denen nicht mehr geforscht werden konnte, die Anwesenheit von Urlaubern und durchreisenden Truppenverbänden, Verluste in der Garnison, unter Kriegsgefangenen, Zwangsverschleppten und Fremdarbeitern lassen es als sicher gelten, daß die tatsächliche Zahl der Todesopfer wesentlich höher liegt. Hans Rumpf schätzt in dem Buch „Das war der Bombenkrieg" für Darmstadt

12 300 Tote

Die Zahl der Obdachlosen lag nach dem Angriff des 11. September bei 70 000. Darmstadt hatte Anfang September 1944 — mit den eingemeindeten Vororten Arheilgen und Eberstadt und dem ortsansässigen Militär — 115 211 Einwohner. Am 1. März 1945 empfingen in Darmstadt noch 51 750 Menschen Lebensmittelkarten.

Von hundert Todesopfern starben beim Ausbrennen der deutschen Großstädte durchschnittlich 15 durch Sprengbomben, 15 verbrannten, 70 erstickten. Auf hundert registrierte männliche Opfer kamen in Darmstadt 181 Frauen — das ist der höchste bekannte Prozentsatz in deutschen Großstädten.

Rund zwanzig Prozent der Opfer waren Kinder bis zu sechzehn Jahren.

AUGENZEUGEN

Die wenigen Widersprüche in den folgenden Augenzeugenberichten, die meist noch unter dem unmittelbaren Eindruck der Brandnacht geschrieben worden sind, erklären sich aus der chaotischen Verwirrung und dem nahezu vollständigen Schweigen offizieller Stellen über diese Nacht und ihre Opfer. Wir haben auch hier nichts geändert.
Die Zeiten, Zahlen und Daten des einführenden Berichtes dürfen nach dem Vergleich aller verfügbaren Quellen als gesichert gelten.

Jakob Schütz: Die Nacht des Grauens

„Mit Wucht soll Babylon, die große Stadt, hinabgeworfen werden."

Apokalypse

Die menschliche Sprache birgt viele Worte für Schrecken und Entsetzen. Überreich hat die dunkle Quelle des Leidens ihre Wortströme in die Sprache der Menschen ergossen. Schmerzen ohne Zahl spiegelt der düstere Grund. Könnte man alle Bezeichnungen des Furchtbaren und Gräßlichen, alle verzweifelten Angstschreie, stöhnendes Wimmern, teuflischstes Grauen und jammervollste Erschütterung — alles, was Hölle, Qual, Inferno heißt — in einem einzigen fürchterlichen Ausdruck zusammenfassen, es wäre die Nacht auf den 12. September des Jahres eintausendneunhundertvierundvierzig in Darmstadt.

Unmöglich, das Grauen dieser Nacht, und was dahinterstand, auch nur halbwegs sichtbar zu machen. — Die letzten Dinge vor der Katastrophe waren von einer eigenartigen Ironie. Am Morgen fand in der großen Ludwigskirche ein Totenamt statt, das der alte Organist sich und der Kirche als Schwanengesang spielte. Am Nachmittag und frühen Abend war ich mit vielen jungen Menschen zusammen, die nicht im leisesten an Tod und Untergang gemahnten. Am späten Abend hörte ich im Funk einige Gesänge aus der sinnenfrohen Rokokowelt des „Rosenkavaliers" in Straußens zauberischer Musik. Ich hörte noch kurz die Nachrichten und ging zur Ruhe.

Knapp eine Stunde vor Mitternacht heult die Sirene. Das Haus schreckt aus dem Schlafe. Lichter blitzen, übernächtigte Menschen öffnen die Türen und steigen zum Keller hinab. Wie schon so viele hunderte Male werden Koffer und Körbe abgestellt, man setzt sich müde auf Stühle und Bänke. Ich versuche, weiterzuschlafen, ziehe eine große Decke über den Kopf und gleiche in dieser Vermummung einem venezianischen Totengräber. Ein Lachen flimmert auf, das letzte Lachen für Tage und Wochen. Der Versuch, zu schlafen, will nicht gelingen. Ich ziehe die Decke wieder herab und brüte vor mich hin. Da meldet der Funk: Kampfgeschwader an der Bergstraße mit Kurs Nordost und bei Oppenheim in Ostrichtung. Jäh dämmert es manchem, was dies bedeuten könnte.

Noch einige Minuten banger Erwartung, und es bricht ein fürchterlicher Angriff los. Schweres Dröhnen in der Luft läßt aufhorchen. Das Dröhnen wird stärker, unheimlich kreist es über uns und sucht gierig nach Beute. In wenigen Sekunden ist die Nacht taghell erleuchtet von den Lichtzeichen der Angreifer. Eine fliegende Armee des Todes steht über der Stadt. Wie gelähmt stehen Häuser und Türme in grellem Lichtschein.

Hunderte von Hirnen in den Maschinen hören einen Befehl, Hunderte von Armen greifen nach einem Hebel, kalt lösen sich die glatten Bomben und schleudern Brand und Vernichtung auf gelähmte Wehrlosigkeit.

Wir hören ein Rauschen in der Luft. Gebannt und versteinert die Blicke, und dann das berstende Krachen! Krachen und Bersten überall, zuckende Detonationen, lodernde Feuerblitze. Steine und Balken wirbeln, klirrende Scheiben stürzen, die Keller taumeln und schwanken. Staubsäulen steigen wie Fontänen, Lichter erlöschen, Häuser brechen zusammen.

Das Inferno ist entfesselt, mechanischer Totentanz menschengelenkter Maschinen. Wogende Todesflügel tosen durch den Raum und wirken grauenvolle Zerstörung. Die Menschen fallen nieder vor dem namenlosen Entsetzen, ziehen die Köpfe ein zu sinnlosem Schutz. Schreie, Gebete, Stöhnen entringen sich den gequälten Seelen. Herzklopfen, Schwächegefühl in Knien und Magen.

In unserem Keller sind die Menschen verhältnismäßig ruhig. Ein Kind schreit bei jedem Einschlag laut auf. Seine Mutter beruhigt es. Aber in einer endlosen Kette wiederholt es angstvoll: „Mein Jesus, Barmherzigkeit, Barmherzigkeit, Barmherzigkeit!" Schlimm ist die Passivität, mit der man den Angriff über sich ergehen lassen muß. Könnte man nur etwas dagegen tun, und wäre es auch etwas ganz Aussichtsloses. Die kleinste Tätigkeit wirkt befreiend: Schutzbrillen und Stahlhelme werden angelegt, Tücher angefeuchtet und vor Mund und Nase gehalten. Staub und Brandluft dringen ein, durch die Kellerfenster leuchtet roter Brand.

Wieder und wieder stürzen die Wellen der Tiefflieger über die wehrlose Stadt und reißen grausige Furchen in den steinernen Acker. Seltsam schießen die Gedanken durchs Gehirn. Kann man diesen schrecklichen Wahnsinn, der da draußen tobt, noch fassen? Oder muß man Geist und Seele krampfhaft schließen und die Pfeile der ungeheuren Erschütterung stumpf an sich abprallen lassen? Oder in verrücktes Stammeln oder Schreien verfallen wie jener hochgelehrte Mann, der in der Schreckensnacht, wahnsinnig geworden, durch die Straßen lief und schrie: „Tod den Mördern, Tod den Mördern!"

Auf der Eingangstreppe ein Gepolter von herabstürzenden Schritten. Ein Holländer, der früher im Hause gewohnt hat, stolpert mit aufgelösten Haaren die Treppe hinunter. Durch brennende Straßenzüge hat er sich im Bombenhagel geschlagen. Atemlos berichtet er: „Alles, alles brennt, nur die Kirche und eure beiden Häuser nicht."

Wie lange dauert eigentlich die Zeit? Sind Stunden verronnen, sind es Minuten, sind es Ewigkeiten? Erst dreiviertel Stunden seit den ersten Einschlägen. Ich pirsche mit andern zu dem Ausstieg im Nebenkeller und halte Ausschau. Das erste, was ich sehe: die Kirche brennt lichterloh. Aus der großen runden Kuppel schlagen hell die Flammen. Ich weiß, das Schicksal der Kirche ist besiegelt, denn die Konstruktion des Kuppelbaues ist aus Holz.

Draußen wirbelt toller Funkenflug. Brennende Stabbrandbomben, herabgestürztes Gebälk lassen die Straße wie einen zusammengestürzten Scheiterhaufen erscheinen. Ein Blick zum Hinterhaus: noch unversehrt. In der Luft ist es ruhiger geworden, der Angriff ebbt ab.

Ich versuche, zum Ausstieg hinauszukommen. Dort ist ein wenig freier Platz und, wie ich hoffe, bessere Luft. Im Keller ist es sehr stickig geworden. Nun zögere ich. Hat eine neue Angriffswelle begonnen? Ich höre stärkere Detonationen im Stadtgebiet. Dazu ein Dröhnen und Brummen wie von Fliegern. Das Dröhnen ist mir bald klar. Kälte der Luft und Hitze der Brände lassen einen heulenden Sturm entstehen. Der Holländer meint, es seien einstürzende Häuser. Ich denke an Spätzünder. Die Wirklichkeit aber ist, daß ein Munitionszug am Südbahnhof und eine Munitionskolonne in der Rheinstraße getroffen sind. Unter starker Explosion fliegen sie, Wagen für Wagen, in die Luft. Diese beiden Züge und der tobende Sturm haben Tausenden von Menschen heimtückisch das Leben geraubt. Denn viele wollten gleich nach dem Angriff ins Freie, aber Sturm und explodierende Züge täuschten ihnen neue Angriffswellen vor. Erschreckt zogen sich die meisten wieder in die Keller zurück. Als sie nach geraumer Zeit die Keller verlassen wollten, sperrten ihnen Flächenbrände und eingestürzte Häuser den Weg.

Andere wollten sich durch brennende Trümmer durchschlagen; aber Hitze, Angst und Sauerstoffmangel ließen sie bewußtlos hinstürzen. Sie verkohlten auf der Straße.

So kam jene apokalyptische Totenzahl zustande, die mir die Totengräber — berufenste Zähler dieser grausigen Ernte — auf fünfzehntausend schätzten. Fünfzehntausend Menschen in einer Stunde vom Leben zum Tod! Was sind die Totenheere wochenlanger Schlachten, was die Guillotinierten ganzer Revolutionen vor dieser entsetzlichen Zahl? Glücklich nur die Flüchtenden, die einen freien Platz erreichten. Oft über und über mit Brandwunden bedeckt, atmeten sie sich einen erquickenden Rest von Sauerstoff.

Mit dem Holländer war ich zum ersten Stock hinaufgestiegen. Aus der Wohnung schlagen uns lodernde Flammen entgegen. Heimlich wie ein Dieb ist das Feuer über uns eingebrochen, während wir nichtsahnend im Keller saßen. Gebannt starren wir in die züngelnde Glut. Löschen oder Retten von Werten ist völlig aussichtslos. In den nächsten Minuten kann das Feuer zum Erdgeschoß durchgebrannt sein; wir stürmen wieder hinab.

Ich mache den Vorschlag, zum Ausstieg hinaus auf den Platz hinter der Kirche zu flüchten. Denn jetzt geht es um die Rettung des nackten Lebens. Man entschließt sich aber, den Keller des noch nicht brennenden Hinterhauses aufzusuchen. Kaum öffnet sich vor dem Sturmdruck

die Türe. Ich schnalle meinen Rucksack über, mein „Sturmgepäck", nehme noch schnell ein wertvolles Buch von meinem Kellerbücherbrett, dazu zwei Koffer, und hinaus geht's so schnell wie möglich.
Der Boden des Hofes ist übersät mit feurigen Holzstücken, herabgestürztem Mauerwerk und klirrendem Glas. Die Funken wirbeln uns wie ein rasender, heißer Schneesturm um die Köpfe, krachende Balken brechen ringsherum ein. Der Hinterhauskeller wird erreicht, das Gepäck verstaut, und gleich beginnen wir, das Gebäude zu sichern. Denn es ist eingetaucht in den Wirbeln des Feuersturms, und ein alter, großer Baum zwischen den beiden Häusern verspricht, eine willkommene Leiter für den übergreifenden Brand zu werden. Ich steige zum Speicher empor, schütte Wasser auf das Treppenhaus. Die anderen helfen mit, holen Bettzeug und Kleider aus den oberen Stockwerken in den Keller, löschen kleinere Brandstellen. Auf dem Speicher herrscht Glutofenhitze. Ich schaue zum Dachfenster hinaus: ringsum brennen die Häuser. Ein kleiner Holzsteg zwischen Kamin und Dach steht in glimmenden Flammen. Mit einigem Sand ist er gelöscht. Ich steige wieder hinab.
Nach kurzem Kriegsrat wird unbedingter Aufbruch vorgeschlagen, die Aufforderung in den Keller hinabgerufen. Ich stecke noch schnell meine Jacke ins Wasser, greife meinen Rucksack, stürme mit noch einem Mann voran. Über den brennenden Hof, zwischen dem Feuerbrand des Vorderhauses, durch die große Torfahrt. Rauch, Funkenflug, Geröll und herabstürzende Steine sind unsere Begleiter. Endlich ist der freie Platz erreicht. Vor einem Gartenzaun sinkt man aufatmend nieder.
Ein paar Minuten verschnaufen wir beide. Das brennende Rund der Kirche überstrahlt gewaltig die ringsum lodernden Häuserbrände. Teuflisch schön ist dieses Bild! Menschenleer der Platz. Wie eine Feuerschlange wälzt sich der rote Brand, hebt und duckt sich vor dem grellen Fanal der gebieterisch auflodernden Kirche. Ich stehe gebannt in diesem feurigen Kreis. Feuer, nur Feuer und immer wieder Feuer! Ein Lodern und Brennen, ein Züngeln und Lecken, ein Knistern und Krachen. Rote, gierige Höllenrachen würgen ihre Beute. Die Flammen schlagen empor zu den Sternen. Zu den Sternen? Gäbe es denkende Wesen dort oben, könnten sie wohl den Widerschein dieser Erdbrände sehen? Nein. Wie ein Nichts wäre dieses Feuermeer vor den Dimensionen des Alls. Es toben die kleinen Menschen, es wüten die Elemente, aber die Sterne ziehen weiter ihre kalten Bahnen, und der ewige Geist thront in erhabener Ruhe.
Noch immer stehen wir allein. Wo bleiben die andern? Hat der Mut sie im letzten Augenblick verlassen? Ich stelle meinen Rucksack hinter eine Litfaßsäule und eile zurück. Vorüber an der Sakristei. Ihr Boden gleicht einer lodernden Kohlenschicht, die Schränke alle verbrannt. Noch einmal durch die Brandfackel des Hauses in den Hinterhaus-

keller, ein nochmaliges Auffordern zum Aufbruch. Wieder das Vorausstürmen, aber niemand folgt. Mittlerweile waren jedoch unter Führung eines anderen Mannes vier Frauen ins Freie gelangt und hatten sich in anderer Richtung durchgeschlagen.

Eine kleine Weile sitzen wir hinter der Litfaßsäule, allmählich kommen einige Menschen aus Nachbarhäusern kofferbeladen hinzu. Kinderschwestern bringen Säuglinge aus einem nahen Kinderheim und legen sie mir zu Füßen. Eine Viertelstunde bin ich Kinderhüter. Wir sichern die ruhig schlafenden Kleinen so gut es geht mit Decken gegen den Funkenflug. Dann versuche ich, einen besseren Aufenthaltsort zu finden. Über umgestürzte Bäume klettere ich die Riedeselstraße hinab. Alle Häuser brennen. Der Rauch und die dicke Luft zwingen mich zur Umkehr. Ich taste mich die Wilhelminenstraße hinauf. Linkerhand die lodernden Häuserreihen, aber auch rechts aus den Villengärten Funken und Rauch. Weiter geht es über Baumstämme hinweg bis zur Heinrichstraße.

Dort ist eine Mauer, hinter der an die hundert Menschen einigermaßen gesichert umherliegen. Ich kehre zurück zur Litfaßsäule, hole die zwanzig Menschen mit den Kindern. Es war wohl Zeit, denn das Haus hinter der Säule, als einziges noch unversehrt, steht nun in hellen Flammen. Ein Kind an der Hand, eines auf dem Arm, erreichen wir langsam die schützende Wand.

Apathisch liegen die Menschen umher. Ein alter Großvater und eine junge Frau wimmern leise wegen ihrer Brandwunden, die nur notdürftig verbunden sind. Mehrere Bekannte treffe ich an der Mauer. Ein Vater mit seinem Sohn ist gerettet, Frau und Tochter in den Flammen aufgelöst.

Das Seltsamste aber inmitten der passiv Herumliegenden ist dies: eine Kuh, von irgendwoher zugelaufen, steht still unter den leidenden Menschen. Ein Bild des Friedens und der Beruhigung, jenes geduldigste aller Tiere. Wie ein guter Talisman erscheint das heilige Tier Indiens, und die stumme Kreatur strahlt Frieden und Trost aus.

Man macht mich auf ein Springbrunnenbecken aufmerksam, das in einem der Gärten liegen müsse. Ich mache mich auf den Weg. Über eine gestürzte Mauer, über Bäume und Geröll, durch einen großen Bombenkrater. Eine flammende Villa ist mir Richtungsweiser. Die glitzernde Fläche eines runden Wasserbeckens schimmert auf. Wie eine Erlösung ist es, als ich mitsamt den Kleidern in die kühlende Flut springe. Sie reicht mir bis zu den Hüften, auch der Oberkörper wird übergossen. Herrlich gelabt entsteige ich dem Becken und fülle meinen Stahlhelm mit Wasser. Über die Trümmer geht es zurück.

Noch immer grollen die Detonationen des Munitionszuges und lassen die Menschen zusammenschrecken, gaukeln ihnen neue Angriffswellen vor. Allein bin ich losgezogen, allein komme ich mit dem Wasserhelm an. Wie man mir später sagt, fürchteten die anderen Blindgänger im

Park. Dankbar tauchen die Menschen ihre Tücher in den Helm, kühlen sich Lippen und Stirn. Andere spülen den Mund ein wenig aus. Bald ist das Wasser verbraucht. Wieder stolpere ich zum Becken zurück. Diesmal geht ein Mädchen mit und hat eine größere Dose, die zum kostbaren Wasserbehälter wird. Ein zweites und drittes Bad im Bassin, zurück an die Mauer und das Wasser verteilt. An die zwanzig Male geht es so, bis alle gelabt sind. Endlich erhält auch die Kuh als letzte ihren Trank. In vollen Zügen schlürft sie das laue Wasser.

Am Wasserbecken findet ein Mann seine Frau wieder. Wie nach jahrelanger Trennung umarmen sich beide, neugeboren. Ich treffe einen bekannten Jungen und ein Mädchen. Wie träumend schlendern wir im Brandgebiet umher. Nur die nächste Umgebung ist gangbar, sonst sind alle Straßen durch Flammen und Geröll abgeriegelt. Wir suchen nach bekannten Häusern. In einer Gartenhütte wartet eine Familie auf den Anbruch des Tages, auf einem Gartentisch liegt schlafend ein Major. Wir stoßen auf einen Baron, der mir vor kurzem zwei Päckchen achtzigjährigen ungarischen Tabaks aus seinem alten Schloß geschenkt hatte. Der Tabak ist dahin, wir müssen beide hellauf lachen ob des großen Verlustes.

Unsagbar aber sind die Nachtszenen, die sich überall im weiten Stadtgebiet abspielten. Der übliche Gang des Sterbens war dieser: Man blieb zu lange im Keller wegen des Munitionszuges und des Sturmes. Als man dann endlich hinauswollte, gab es kein Durchkommen mehr. Der Keller wurde zur Totenkammer, zum Grabe und meist auch zum Krematorium. Für den Sterbenden war der Tod nicht immer so grauenvoll, wie ihn der Überlebende aus der Rückschau sieht. Nur Todesangst ließ Wimmern und Schreie der Verzweiflung aus manchem Keller dringen.

Menschen, die der Tod unsanft gestreift, die schon ohnmächtig geworden waren, haben mir berichtet, wie der Mangel an Sauerstoff und das Einatmen von Kohlenmonoxyd bei ihnen schnellere Herztätigkeit und eine gewisse Beklemmung verursacht hätten. Schmerz sei es eigentlich nicht gewesen. Nur ein öfteres Absinken des Bewußtseins ins Bodenlose. Wo ein Volltreffer das Haus zerstörte, geschah das Sterben meist sehr schnell. Wieder andere verließen den Keller, drangen durch einige Straßenzüge, aber Rauchgas und Hitze raubten ihnen das Bewußtsein. Sie stürzten zu Boden, und am Morgen fand man sie als verkohlte Mumien.

Ein Mann rettet aus einem Keller noch achtzehn andere Menschen, nachdem er dort Frau und Sohn tot aufgefunden. Ein Elternpaar mit Söhnen schlägt sich durch mehrere Kellerdurchbrüche. Der eine Sohn bleibt unterwegs ohnmächtig liegen, wird gerettet, die Eltern und der andere Sohn kommen um. Ein Apotheker wird mit durchschnittener Kehle gefunden, das blutige Rasiermesser in der Hand. Das Haus war über ihm zusammengestürzt, die anderen im Keller durch Lungenriß getötet. Er stand allein, gefangen in diesem Todeskeller inmitten der umherliegenden Leichen. Verzweifeltes Grauen drückte ihm das Messer in die Hand.

Alle Varianten des Schicksals tobten sich aus. Soldaten kommen von der Front und sind die einzig Überlebenden großer Familien. Wochenlang noch suchen Menschen ihre Angehörigen, die vermißt sind, wie vom Erdboden verschwunden, vielleicht auf der Flucht in andere Keller geraten, von zusammenstürzendem Mauerwerk begraben, unbekannt schlummernd bis zum Jüngsten Tage.

Auf dem Kapellplatz werden viele Menschen gerettet, indem Feuerwehr sie ohne Unterlaß mit Wasser übergießt. Auf einem anderen Platze ist ein flaches Wasserbecken, in dem sich ein halbes hundert Menschen wälzt. Zu ihren Häupten das schwertgestützte Denkmal Bismarcks. Unbeweglich schaut es auf die lodernden Brände und die Qual der Menschen. Fünfzig stiegen in den Brunnen, zwölf nur erheben sich am Morgen aus diesem Grabdenkmal.

In einem großen Keller der Rheinstraße zerspringen die Rohre der Heizung. Siedendes Wasser zischt über die Leiber der sechzig Eingeschlossenen. Als am Morgen Männer an Strickleitern hinabsteigen, finden sie nur noch völlig verkochte Menschenteile. Das Schauerlichste aber spielte sich an anderer Stelle ab. Zwei junge Frauen, die in Hoffnung waren, stürzten ohnmächtig auf der Straße nieder. Bei verbrennendem Körper geschah die Frühgeburt. Das neue Leben, totem Leibe entquollen, verbrannte ebenfalls. Ehrfurchtsvoll ließ man dieses Grauen noch einen Tag auf der Straße liegen. — Wehe den hoffenden Müttern in jenen Tagen!

Kann die Feder dieses Gräßliche schildern? Alles Schauerliche und Entsetzliche? Wird Kunst wieder Chaos, Dissonanz, stammelndes Geschrei und hilfloses Lallen? So wie es nach dem ersten großen Kriege war? Wird sich endlich aus dem Blut der Getöteten und den verkohlten Gebeinen ein millionenfacher Schrei erheben gegen den Wahnsinn des Krieges und gegen jene, die ihn verschuldeten?

Auch diese Nacht ging vorüber. Eine fahle Dämmerung zeigte das Kommen des neuen Tages. Ich ging zurück zum Hinterhaus. Es steht noch wie eine kühle Oase in der Wüste ausgebrannter Ruinen. Die Zurückgebliebenen haben Äußerstes geleistet bei der Rettung des Gebäudes.

Unter den umherliegenden Ästen suchte ich mir einen Knotenstock und schickte mich zu einem ersten Rundgang durch die Trümmer an. Die Feuer waren überall herabgebrannt, die Häuser eingestürzt, und ein dichter Rauchnebel lag über der Stadt. Mit Mühe nur kam ich über Geröll unter herabhängenden Drähten vorwärts. Ich wanderte den Berg hinab, dem Mittelpunkt der Stadt zu. Rechts und links alles niedergebrannt. Auf den Straßen lagen die verkohlten Leichen. In der Düsternis mußte man aufpassen, daß man nicht über sie stürzte.

Eine junge Frau lag da wie eine ungut geratene Plastik. Die Beine mit verkohlten hohen Absatzstiefeln nach hinten in die Höhe gestreckt, die Arme wie zur Abwehr hoch erhoben. Das Gesicht noch andeutungsweise, aber verkohlt erhalten, der Mund mit bräunlichen Zahnreihen weit geöffnet, so daß man nicht wußte, ob dieses Antlitz lachte oder schrie. Wie eine schwarze Schneiderpuppe lag dieser Menschenrest am Boden.
An anderen Stellen lagen Leichen, die aus den Kellern geborgen waren. Unverbrannt, blaurot aufgedunsen. Noch acht Tage lang lagen manche an solchen Sammelstellen. Das Gesicht mit steinbeschwerter Pappe bedeckt, einige mit Blumensträußen, die eine Freundeshand niedergelegt hatte. Menschen suchten ihre Angehörigen unter diesen oft übelriechenden Leichen und fanden sie nicht.
Da lag ein sehr dicker Luftschutzmann. Die Laterne neben sich am Boden, die Hände friedlich über den hochgewölbten Bauch gefaltet. Wie ein satter Schläfer im Schlaraffenland. Grausige Ironie. Ich taste mich weiter zum Ludwigsmonument. Der Blick fällt auf die ausgebrannte Post, streift die Runde des Platzes, wo Ministerium und Ämter standen. Die große Rheinstraße hinab steht kein einziges Haus mehr. Auch das Schloß ist ein Raub der Flammen, dahin die Tausende von Büchern der Bibliothek mit ihren wertvollen Beständen. Der Turm des Landesmuseums ist zum abgebrannten Stahlskelett geworden, das Gericht ein stummer Zeuge. Die beiden Theater glimmen noch leise, an der Hochschule versucht man vergeblich zu löschen.
Endlich, nach halbstündigem Weg, stoße ich an der Elisabethenkirche auf die ersten unbeschädigten Häuser. Da wurde mir klar, daß der größte und wesentlichste Teil der Stadt vernichtet war. Im Norden ist noch ein heiler Fleck, der eine Woche später schwer angeschlagen wurde. Ich wandere weiter nach Westen. In den wenigen erhaltenen Häusern schlafen jetzt die Menschen nach dem Schrecken der Nacht. Ich komme zum Industrieviertel in der Nähe des Hauptbahnhofes, der nach zwei Tagen stark mitgenommen wurde. Auch dort ist vieles vernichtet. Die Fabrikschlote ragen wie Fanale einer technisierten Zivilisation, die in dieser Nacht ein selbstmörderisches Harakiri an sich vollzogen hatte.
Wieder zurück nach Osten. Am zerstörten Stadtkrankenhaus treffe ich einen jungen Arzt. Wir suchen nach seiner Mutter. Ihr Haus ist ausgebrannt, vielleicht lebt sie. Wir finden sie auf dem großen Marienplatz, wo die erste ambulante Behandlung der Verwundeten eingesetzt hat. Tränenvolles Wiederfinden, das sich in diesen Morgenstunden bei Tausenden wiederholt.
Ich beende meinen Rundgang nach dem Süden zu und komme zur Erkenntnis, daß acht Zehntel der Stadt völlig zerstört sind. Von den acht evangelischen Kirchen sind sieben nicht mehr benutzbar, bei den katholischen ist es ähnlich. Das Gefängnis steht fast unbeschädigt in-

mitten der ausgebrannten Altstadt. Keinem der Gefangenen war auch nur ein Haar gekrümmt. Ganz vereinzelt steht ab und zu einmal in den Randbezirken ein nicht verbranntes Haus.
Die Krankenhäuser der Umgebung sind angefüllt mit verletzten Menschen. Ihre Brandwunden schmerzen und riechen nun fürchterlich. Sehr viele sterben noch in den nächsten Wochen.
Was am Morgen und in den ersten Tagen so auffallend in die Augen springt, ist der chaotische Zug, den das ganze Leben jetzt erhalten hat. Die Hilfsstellen versagten und mußten versagen, da fast sämtliche Ausweichorte in der Stadt getroffen waren. Chaos, Durcheinander, alle Gesetze scheinen aufgehoben. Man fährt ohne Fahrkarte, auf den Trittbrettern, in den Güterwagen. Man fährt mit dem Rad auf den Fußsteigen, gegen Einbahnstraßen, mit Autos über die Blumenbeete der Parks. Die Eisenbahnen haben keine Fenster mehr, die Trittbretter durch den Tagesangriff auf den Hauptbahnhof verbogen, die Gleise oft nur schwer befahrbar. Keine Ärzte, keine Schulen, keine Kaufhäuser. Keine Post, kein Telefon, kein Telegraf. Die Post wird zweimal zerstört. Briefe aus Nachbarstädten sind mehrere Wochen unterwegs. Man scheint völlig von der Umwelt abgeschlossen.
Noch schlimmer ist das Fehlen der einfachsten Lebensdinge. Kein Wasser, kein Licht, kein Feuer. Eine Kerze wird zur Kostbarkeit, ein Ziehbrunnen ist Reichtum. Auf den Trümmern sammeln Kinder und alte Leute Holzscheite von Fensterrahmen, um damit zu kochen.
Aus dem Chaotischen aber wird das Primitive, Improvisierte, das Einfache geboren. Ein Omnibus wird zum Postamt, eine hölzerne Schreibmaschinenhülle zum Briefkasten. Symbol einer ganzen Zeit, da wir mit Gewalt aus raffinierten Überfeinerungen zum Urtümlichen gezwungen werden. Mensch werde wesentlich.
Auch Besitz und Eigentum werden neu erlebt. Mit einer ungeheuren Wucht verspürt man den Besitz als etwas von oben Geliehenes, jederzeit kündbar. Absolutes Eigentumsrecht gibt es nicht. Viele Menschen jammern um den Verlust ihrer Habe, andere lächeln ingrimmig darüber, daß sie nun aller Verwaltungssorgen ledig geworden seien. Nur wenige haben die innere Freiheit des großen Armen, Francesco von Assisi, der singend in den hellen Morgen schreitet. Eines aber ist sicher: eine ganze Stadt ist über Nacht zum Proletarier geworden.
Ein anderes jedoch ist beglückend: Bruder Mensch. Einen Freund zu treffen, der noch lebt, ist frohestes Ereignis. Die Überlebenden rücken sich näher, Menschen sind wieder Brüder. Man hört die ersten Namen von Toten aus dem Freundeskreis, jeder Lebende aber ist wie eine gewonnene Schlacht. Gewiß, auch die ganze Häßlichkeit eines brutalen Egoismus wird sichtbar, mehr aber das ewig Gute im Menschen, das sich in so vielen Einzelzügen, wie Hilfeleistung, Gastfreundschaft und Schenken, äußert.
Ich schließe den Kreis meines Rundganges. Zwischen beschädigten

Möbeln und herumsitzenden Menschen nähere ich mich dem Ludwigsberg. Da steigt eben über den ausgebrannten Fassaden und rauchenden Trümmern der Runden Kirche der feurige Sonnenball empor und beleuchtet dieses schwelende Bild eines fahlen Weltunterganges noch schauriger als in der Nacht die blutroten Flammen.

Am Tage sah ich auf der Straße in den glimmenden Ruinen einen blöden Knaben. Er taumelte unsicheren Schrittes vorüber und lachte grell auf. Das Spiel der Zerstörung schien ihn zu erfreuen.

Es begannen die ersten Ausgrabungen. Eine gefundene Porzellantasse wird zum Wert, ein Teekessel zum unschätzbaren Besitz. Schwieriger ist die Bergung der Menschen. Hilfskräfte und Hilfsmaterial sind nicht genügend vorhanden. Ein Vater gräbt mit Soldaten zehn Tage lang nach Frau und Tochter. Er findet eine Uhr, zwei Schlüssel und wenige verkohlte Knochen. Erschütternd stehen wir vor den Resten dieser einst so blühenden, schönen Leiber. Schmerzhafte Melancholie überfällt uns, trostlos wie sinkender Novembernebel.

Einmal kam ich durch eine menschenleere enge Gasse. Ringsum die Trümmerberge von Schutt und Geröll, hochragende Fassaden mit leeren Fensterhöhlen. Ein beängstigender Engpaß. Kein Laut, kein Mensch, kein Tier. Seltsam, wie der blaue Septemberhimmel über mir lastet und die Sonne unwirklich tiefe Schatten wirft. Da, ein knirschendes Geräusch. Erschreckt schaue ich mich um in der unheimlichen Einsamkeit und erblicke zwei Männer. Mit Spaten schaufeln sie schwarze Menschenknochen in eine Zinkbütte. Knarrend stürzen die Totenschädel in den Knochenhaufen, jeder Spatenwurf ist wie ein Keulenhieb. Gehetzt eile ich davon aus dieser gespenstischen Totenschlucht.

Auf dem Friedhof sah ich einen Eimer stehen, darin einige Knochenkohlen mit der Zettelinschrift: 28 Personen aus dem Hause Kiesstraße. Nebenan eine Margarinekiste ähnlichen Inhalts. Der alte Friedhof selbst ist stark verwüstet. Die Leichen in der Leichenhalle sind gewaltsam begraben durch einen Volltreffer.

Flüchtende verscharren notdürftig in irgendeinem Winkel des Gottesackers die spärlichen Reste ihrer Lieben. Glücklich die Bevorzugten, die von einem Schreiner der Vorstädte sich einen Sarg beschaffen oder die ihn sich selbst zimmern konnten. Mit eigener Hand müssen sie das Grab schaufeln und den Toten hineinsenken. Auf Handkarren werden die Leichen zum Friedhof gefahren; die meisten aber, von Bergungskommandos ausgegraben, werden ohne Särge auf Lastautos zum Waldfriedhof gebracht und in die Furchen des Massengrabes gelegt. Furche um Furche wird umgegraben, und die Leichen werden mit Erde zugeworfen.

Einmal begann es gerade zu regnen, als man die Furche zuschaufeln wollte. Die Leichen blieben offen liegen und muteten in ihrer chlorkalküberspritzten Verwesung an wie schimmelnder Dünger. Goyas Gespensterbild „Ein Karren für den Friedhof" ist ein Idyll gegen dieses summierte Grauen. Männer der Bergungskommandos, abgehärtete Naturen, versagten, fielen in Weinkrämpfe und erlitten Nervenzusammenbrüche.

Schön war auf den Friedhöfen die Eintracht der getrennten Glaubensbrüder. Katholische Priester begruben Protestanten, evangelische Pastoren Katholiken. Beim Begräbnis eines befreundeten Hauses, als in einem Sarge zehn Tote lagen, brach der Schmerz der Überlebenden erbarmungswürdig aus. Während der Ansprache und der Gebete standen alle in stiller Trauer. Als dann die Angehörigen Blumen auf das Grab legten, richtete sich eine der Frauen plötzlich krampfhaft auf, warf die Arme empor, und mit einer Stimme, die durchbohrend zu Herzen drang, gellte sie den Ruf heraus: „Oh, wenn ihr doch alle, alle wieder auferstehen könntet!"

Die Abgestumpftheit der Menschen aber ist manches Mal sehr groß. Wenn der körperliche Schmerz eine bestimmte Höhe erreicht, verliert der Mensch das Bewußtsein. Wenn der seelische Schmerz seine Intensivitätsschwelle überschritten hat, stumpft der Mensch ab. Man rechnet ganz kalt: dieser Mann hatte drei Söhne, Frau und Sohn hat er verloren, bleiben ihm immerhin noch zwei Söhne. Besser als gar nichts. Die Abgestumpftheit steigert sich oft bis zur Roheit. Ein Mann, der Frau und Kind verloren, erzählte mir, wie im Hofe eines Amtes ein Beamter sagte: „Dort in jenem Keller sind auch noch zehn verreckt." Der arme, gequälte Mann hielt sich an einem Baum fest, um nicht dem Sprecher an die Kehle zu springen. — In anderen Ämtern war man jedoch freundlich und hilfsbereit.

An den Häusern entstehen die ersten Inschriften. Wo ist Dr. Kunz? Eine andere Hand schreibt lakonisch: tot. — Wir sind munter, wir leben alle, wir befinden uns da und dort. Wilhelm Buschs pessimistisch grinsender Vers taucht auf: Hier sieht man leere Trümmer rauchen, der Rest ist nicht mehr zu gebrauchen... Nach einigen Tagen sind die Häuserreste ein steinernes Adreßbuch.

Dazwischen schrillen wieder die Sirenen ihre Heultöne. Gehetzte Menschen strömen in langen Kolonnen in die Felsenkeller, die einzig sicheren Räume der Stadt. Herzklopfend und schweißtriefend steigen sie die feuchten Treppen hinab. Zwei, drei Stunden untätig umhersitzend, dann eine Stunde zu Hause, dann vielleicht wieder Alarm, und das nervenraubende Spiel beginnt von neuem.

Am Nachmittag des ersten Tages setzt die Massenflucht in den Odenwald ein. Ich fahre mit dem Rad den Flüchtenden entgegen. Jegliches Gefährt und jegliche Verpackung konnte man da sehen. Hochbepackte Leiterwagen werden mühselig gezogen, Handkarren den Berg hinaufgedrückt. Übervoll geladene Fuhrwerke werden von Lastautos überholt, auf deren Schutzblechen Menschen kauern. Elegante Personenautos sind vollgepfropft mit Koffern und übernächtigten Menschen. Männer, Frauen und Kinder sind beladen mit Rucksäcken und Handtaschen. Andere schleppen Säcke oder Tuchballen auf dem Rücken wie Zigeuner. Unsicher ist menschliche Existenz wieder geworden, hingeworfen auf die Straße.

Ich fahre in die nachtdunkle Stadt ein, man hat mir abgeraten. Über Glasscherben und Drähte hinweg. Der uralte Mond ist aufgegangen und schlingt sein Silberband friedlich um die Ruinen. Die Schattenrisse der zerstörten Häuser und Schornsteine scheinen einen milden Schlummer zu schlafen. Und doch das Grauen der trümmerbedeckten einsamen Leichen in der Nacht.

In einem der wenigen erhaltenen Häuser finde ich bei befreundeten Menschen gastliche Aufnahme. Wir sitzen beim Abendbrot, es spielt der Funk. Sonderbar: es ist wieder das Schlußduett des „Rosenkavaliers". Die Genußwelt des Wiener Rokoko in den rauchenden Trümmern. Gericht oder Ironie?

Ich gehe zur Ruhe. In der Nacht ein wilder Sturm. Die Scheiben klirren, eine Fassade irgendwo in der Nähe stürzt krachend ein. Ein deutsches Flugzeug braust im Tiefflug über uns hinweg und wirft eine rote Leuchtkugel, die gespenstisch die Nacht erhellt.

Dieser Tage kam mir ein Brief eines vielgewanderten, weisen Mannes in die Hände. Und seltsam. Ich muß ihn immer und immer wieder lesen, als stehe in ihm eine Antwort und eine Deutung. Er schreibt: „Als ich um die Jahrhundertwende durch die deutschen Städte kam, hatte jede Stadt ihre Seele und ihr eigenes Gesicht. Als ich kurz vor diesem Kriege die gleichen Städte besuchte, da schien es mir, als wären ihnen Seele und Gesicht abhanden gekommen, als seien sie innerlich tot. Nun aber, da ich die zerstörten Städte durchwandle, geht mir die grausigste aller Erkenntnisse auf. Diese zerstörten Städte haben jetzt nur eine Wahrheit verwirklicht, die schon vor dem Kriege bestand: aus den lebenden Leichnamen sind nun tote Leichname geworden."

Carolin Schaefer: Die Hölle Innenstadt

Der Wagen war längst im Kriegseinsatz, und das Fahrrad half mir, schnell die beiden Buben in Sicherheit zu bringen. Der Keller der Schwiegereltern in der Saalbaustraße war tief und gut ausgebaut, mit Gastüren und Ausstieg. Also fuhren wir dorthin. Ein Kind vorn im Körbchen, der größere hinten auf dem Gepäckträger. Manchmal blieben wir auch zu Hause in der Weiterstädter Straße, hatten aber nie ein gutes Gefühl.

In jener verhängnisvollen Nacht wunderte ich mich, daß Vater noch nicht angerufen hatte, denn es blubberte schon so komisch aus der Ferne. Die Kinder schliefen wie immer in ihren Trainingsanzügen, die Schuhe vor dem Bett — fluchtbereit.

Um 22.20 Uhr wurde das Geräusch stärker, unheilvoll, tiefbrummende

Motoren. Ich riß die Kinder aus den Betten, packte die Tasche mit den Familienpapieren, eine andere mit Brot, Butter und Messer, und wir rannten in den kleinen Mausefallenkeller. Fast gleichzeitig gab es endlich Vollalarm, da fielen aber auch schon Feuer- und Sprengbomben. Getöse über uns — unter uns. Neben uns. Wir konnten nur warten und beten.

Die Buben verlangten zu Oma in den Keller, ich mußte sie trösten, daß das heute unmöglich sei. Bei jedem Schlag versteckten sie die Köpfe in meine Kleider. Ich habe sie auf einem Kissen vor meinem Stuhl knien lassen und hielt meinen Kopf dicht über ihre Köpfe. So hatte ich sie mit den Armen umfaßt; im Endfalle wären wir wenigstens zusammen gestorben.

Ein älteres Ehepaar und noch eine junge Soldatenfrau mit ihrem Baby befanden sich unter uns. Die junge Mutter weinte um ihr Babybettzeug, das sie nicht mitgenommen hatte. Ich konnte es nicht mehr mit anhören, und als ich glaubte, daß ein wenig Ruhe eingetreten sei, gab ich meine Buben in ihre Obhut und rannte in den zweiten Stock, das Babybettzeug zu holen.

Über uns war die Hölle los. Das Haus voll Rauch. Ich war so verzweifelt, daß ich den Brandgeruch erst spürte, als ich endlich das Bettzeug in den Treppenschacht geworfen hatte. Schnell riß ich die Bodentüren auf und sah die hellen Flammen überall. Verzweifelt schüttete ich Sand, die Flammen haben sich auch mit dem Sandvorrat nicht ersticken lassen. Ich hatte schon alle verfügbaren Eimer Wasser verbraucht, da kam mir ein Mann von der Straße zu Hilfe. Wir mußten aber schnell wieder in den Keller zu den alten Leuten und Kindern, weil erneut Bomben fielen. Es war wohl inzwischen dreiviertel Zwölf. Die junge Soldatenfrau bekam einen Herzanfall vor Angst und Schrecken. Wir betteten die Ohnmächtige auf eine Kartoffelkiste, auch die ältere Frau hatte Zustände. Tapfer waren die Buben, jeder Handgriff saß, um den ich sie bat. Der Mann von der Straße trug einen Armverband, und ich sah jetzt erst, daß es ein Mann aus dem Krankenhaus war. Er trug Krankenhauskleider, also ein verwundeter Soldat. Er sprach hastig auf uns ein, daß wir hier nicht bleiben könnten. Kein Wasser mehr zum Löschen, eine aussichtslose Situation.

Immer noch zuckten wir bei jedem Schlag zusammen, konnten das Wüten da draußen hören, mit allen Sinnen sannen wir auf Rettung. Kurz entschlossen nahm ich die Buben, hängte eine Decke, die ich im Wasserbehälter des Kellers pitschnaß gemacht hatte, über sie und schob sie vor mir her, dem Kellerausgang zu. Schutt und Geröll lagen schon auf der kleinen Treppe, der Rauch wurde unerträglich. Da gab es furchtbar harte Donnerstöße irgendwo. Knapp, kurz und furchtbar. Wir rannten zurück und steckten unsere Köpfe wieder zusammen wie vorher.

Plötzlich eine unheimliche Stille, uns kam es jedenfalls so vor. Und

Flammen, Flammen überall, die kleinen Kellerfenster flossen über, wie Wasserfälle kamen die Flammen herunter. Schon brannte eine Stange voller Kleider, die eine Frau dort aufgehängt hatte. Und jetzt husteten wir alle und rangen nach Luft. Jeder wollte zuerst an der Treppe sein. Der Soldat schaffte es. Ich habe ihn nie mehr gesehen. Als ich die Flammen oben sah, hielt ich die anderen mit zornigen Schreien zurück. Sie hätten sich furchtbare Brandwunden geholt. Ich bat sie, Vernunft anzunehmen und einzeln mit nassen Decken nach oben zu springen und den anderen zu helfen. So drängte sich alles in dem kleinen Gang zusammen, der noch nicht von den Flammen erreicht war. Zuerst schaffte ich mit Hilfe meines größeren Jungen die zwei alten Leute nach oben in den Garten. Mit einer brennenden Decke kam ich dort an. Keuchend fielen wir alle auf die Erde. Rasch warf ich die Decke in die Regentonne, warf sie wieder über und holte die junge Frau mit dem Kind auf dem Arm und meinen kleinen Jungen. Wir betteten sie alle draußen auf den Rasen. Der Himmel war ein Feuer, ein Orkan tobte in der Luft. Erst später wurde mir klar, daß das alles die furchtbaren Brände in der Stadt verursacht hatten.

So ähnlich stellt man sich den Weltuntergang vor. Alle Bäume des Gartens fingen Feuer, wir haben in dieser Nacht wohl hundertmal den Platz wechseln und dauernd mit einem nassen Tuch die Funken ausschlagen müssen, die immer und immer wieder über uns fielen. Daß dieser Garten unsere Rettung war, haben wir erst am frühen Morgen sehen können.

Schwarze Gesichter, rotentzündete Augen, nahe an einer Rauchvergiftung — so fand uns der Morgen. Schreckliche Schmerzen in meinen Füßen. Erst jetzt empfand ich das und schaute an mir herunter. Unsere Kleider nur noch Fetzen, voller Brandlöcher. Meine hohen Stiefel, die ich stets bei Alarm trug, sahen kläglich aus. Mein großer Junge wollte sie mir vom Fuß ziehen und hatte nur den Schaft in der Hand. Schuh- und Fußsohlen gab es nicht mehr, nur rohes, blutiges Fleisch. Hellwach schaute ich auf die rauchenden Trümmer des Hauses — also Phosphor. Herrgott, das auch noch. In den Luftschutzübungen hatte ich genug gelernt, aber jetzt in der Praxis sah das ganz anders aus. Nun konnte ich mir auch diese Kaskaden der Flammen erklären. Das lief ja wie Wasser. Und ich bin ein paarmal hin- und hergelaufen, immer mittendurch. Ich hatte doch auch versucht, aus den Parterrewohnungen Bettzeug usw. herauszuholen.

So kam der Morgen des 12. September, und wir fielen uns alle um den Hals, daß wir dies überstanden hatten. Vorsichtig lösten wir die Strumpffetzen von den Wunden und suchten alle Taschentücher zusammen, um einen notdürftigen Verband anzulegen. Im Schuppen, der nur angesengt war, fanden wir Holzsandalen, die bei der Gartenarbeit getragen wurden. Die konnte ich dann über die wunden Füße binden. Unter Tränen suchten wir die Habseligkeiten zusammen, die man in der Nacht einfach in den Garten geworfen hatte. Dann habe ich die Kinder bei den beiden Frauen gelassen und bin angsterfüllt über die Bismarckstraße gehumpelt, wollte durch Kasino- und Rheinstraße zur Saalbaustraße. Ich mußte nach den Eltern meines Mannes sehen, nach den Geschwistern und den anderen allen. Aber es war ganz unmöglich, durchzukommen. Die Stadt war ein Flammenmeer, die Gehsteige heiß und brodelnd, man konnte keinen Fuß darauf setzen. Ich kämpfte mich durch bis zur Rheinstraße, dort versperrte SA alle Zugangsstraßen.

„Sie können unmöglich da weiter — Leute, seid vernünftig. Bleibt zurück. Ihr setzt euer Leben aufs Spiel. Dort kann niemand mehr helfen, der ganze Straßenzug brennt. Das Pflaster ist glühend, hohe Wände stürzen ein, was wollen Sie da?"

Fassungslos sah ich das Bild der Verwüstung, der Zerstörung — Wohnstätten alter Leute und Kinder. Die Männer waren draußen an der Front, und hier brieten sie im Fegefeuer. Grauenvolle Bilder sah man. Man hatte Angst, wahnsinnig zu werden. Auf dem glühenden Belag der Straßen standen verkohlte Leichen, die Arme noch im Laufen angewinkelt oder gräßlich verzerrt, die Hände zum Himmel hebend. Gebückte Gestalten, im Lauf vom Feuer verkohlt, wie ein Denkmal. Schreckliche Hitze überall — ein Inferno des Wahnsinns. Dann ein Schrei irgendwo: „Sie kommen wieder!" Alles rannte irgendeinem rettenden Loch zu. Keller gab es fast keine mehr. Ich lief, so gut meine Füße mich trugen, zurück zu meinen Kindern, zurück in den Garten, der unsere einzige Hoffnung war. Wenn die Flugzeuge jetzt wiederkamen, wo wollten wir noch hin? Es gab ja nichts mehr. Es blieb aber ruhig. Meine Schmerzen wurden stets ärger. Unterwegs hatte ich auch Verwundete getroffen. Sie sagten, daß das Krankenhaus auch nicht mehr stehe. Nutzlos, da Hilfe zu suchen. Krampfhaft überlegte ich, was nun zu tun sei. Wenn ich schon nicht zu den Verwandten konnte, mußte ich wenigstens meine Kinder in Sicherheit bringen. Im Garten war mittlerweile der Bruder unseres Nachbarn aufgetaucht und nahm die beiden alten Leute mit fort. Die Tochter nahm sie auf, sie hatte zum Glück weniger Schaden.

Die junge Frau wollte zum Bahnhof, raus aus der Stadt mit dem Baby. Ich humpelte mit, die Kinder an der Hand. Rasch verband ich dem Älteren mit einem Kopftuch die Augen, dem Kleinen ebenfalls mit einem Taschentuch. Sie sollten diese Leichenhaufen an den Straßenrändern und diese verkohlten Menschen, im Laufe stehend, nicht sehen. Sie würden ja ein Leben lang nicht mehr froh werden können. So kamen wir, die Hände vor den Mund gepreßt, bis zum Bahnhof. Auch dort war ein Chaos. Menschen, halb angezogen oder im Nachthemd, eine Decke umgeworfen, andere laut vor sich hinweinend — alles auf der Flucht aus dieser brennenden toten Stadt. SA sperrte ab, weil die Frauenklinik von Dr. Sachweh in die Wartesäle gebracht

31

wurde. Viele Mütter, die in der Nacht geboren hatten. Manche schrien nach ihren Babys. Erschütternde Szenen überall.
Eine ältere Frau in Schwälmer Tracht mit dem Haarknoten oben auf dem Kopf, den schwarzen Bändern und orangefarbenen Strümpfen war mit einem Frühzug gekommen. Sie hatte in der Nacht von dem Angriff auf unsere Stadt gehört und suchte nun ihre Tochter, die in Darmstadt verheiratet war und mit dem Baby bei Dr. Sachweh lag. Schreiend lief sie durch die Menge und suchte ihr Kind. Ob sie es fand, weiß niemand, denn es wurde inzwischen Mittag, und es gab neuen Alarm. Wir rannten in die Keller des Bahnhofshotels, das noch stand. Voll Schrecken hörten wir die Vernichtungswelle erneut über uns. Viele waren vor Verzweiflung fast versteinert. Stumm hielten sie die Köpfe gesenkt. Jeder hatte sicherlich eine Mutter, einen Vater oder Geschwister irgendwo und wußte nichts von deren Schicksal. Ich weiß auch nicht mehr, ob wir Stunden dort verbracht haben. Es war ja alles so egal geworden, wo sollten wir jetzt hingehen?
Wieder versuchten wir, herauszukommen, aber die SA hinderte jeden am Weggehen. Sie gaben rote und grüne Karten aus, eine Art Suchkarten, die man an die Front oder an Verwandte schicken könne — ohne Porto. Große Kästen standen da, ich habe auch zehn Stück ausgefüllt. Die roten an Front-Feldpostnummern, die grünen an meine Eltern im Erzgebirge und sonstigen Verwandten. Wenigstens ein Zeichen, daß wir lebten, noch lebten. Aber nie kam eine dieser Karten an. Auch andere Leute haben mir das bestätigt.
Ich weiß nicht mehr, wie viele Tage und Nächte wir herumgeirrt sind, von Keller zu Keller, von einer SA-Gulaschkanone zur anderen. Einmal gab es Grützsuppe, einmal Brot und etwas Margarine, manchmal auch Bohnensuppe. Es war ja alles so egal. Abgestumpft und ohne Tränen, mit unsäglich alten Gesichtern, standen die Kinder zwischen den Erwachsenen. Man konnte nicht mehr verhindern, daß sie Grauenvolles sahen, hörten.
Nie vergesse ich den Morgen. Es mögen drei Tage, also am Donnerstag, gewesen sein, als ich wieder einen Vorstoß in die Saalbaustraße machte. Immer noch versuchten wir verzweifelt, etwas über das Schicksal der Schwiegereltern zu erfahren. Da der Keller dort so gut war, hegte ich leise Hoffnung, daß sie irgendwo in Sicherheit waren. Auch waren gute Durchbrüche nach beiden Seiten, sie konnten sich bis zum Marienplatz durchgekämpft haben.
Wenn auch alle SA-Männer mir diese Hoffnung nahmen, konnte ich es nicht glauben. Immer noch schwelten und sengten die Flammen in den Trümmern. Ich konnte noch nicht ran. Die ganze Innenstadt war ein Bild der Verwüstung und des Grauens. Nur der Lange Ludwig stand allein auf weiter Flur — wie ein vergessener Wächter seiner Stadt.
Lastwagen mit verkohlten Menschenfetzen fuhren auf den Waldfried-

hof. Die Männer und Frauen gruben nach ihren Toten. Überall Leid und Tränen. Ecke Georgenstraße und Rheinstraße holte man die armen verbrühten Fetzen aus den eingefallenen Heizungskellern. Schnell nahm ich die Kinder beiseite — das sollten sie nicht sehen. Das Erinnern würde später schrecklich genug sein. Eine Bekannte kam uns entgegen. Sie schob ein Fahrrad. Beide Reifen waren verkohlt und verschmort. Auf dem Gepäckträger hatte sie einen Persilkarton. Stumm zeigte sie darauf und fiel mir um den Hals. Dann laut weinend: Da drin ist mein Mann, ich will zum Friedhof. Es gibt keine Särge. —
Männer trugen Badewannen vorbei. Man sah Hände und Füße und andere Teile. Auch kleine Puppen, die einmal frohe und lustige Menschen gewesen waren. Eingeschrumpft — tot.
Mittlerweile waren meine Füße ohne Medikamente so schlimm geworden, daß ich fast nicht mehr laufen konnte. Eine Bereitschaft der NSKK brachte alte und kranke Menschen zuerst aufs Land. Auch Mütter und Babys. Dort habe ich mich dann gemeldet, und wir wurden auf Lastwagen geladen und auf Umwegen durch die rauchenden Trümmer aus der Stadt gefahren. Ständig mußten die SA-Männer Drähte und Mauersteine wegräumen, wir kamen nur langsam voran. In dem kleinen Rieddorf, nahe bei Gernsheim, gab man uns ein Zimmer, ein leeres Zimmer mit einem kleinen Eisenofen. Erst dort habe ich zum ersten Male die Nerven verloren und bitterlich geweint. Was sollten wir mit einem leeren Zimmer, wie sollten die Kinder schlafen? Die Nächte waren schon kalt.
Das einzige: man schickte mir einen Arzt, und der half mir, so gut er konnte. Aber alle Salben halfen nichts, es war ein unhaltbarer Zustand. Eine andere ausgebombte Frau lieh mir ein Fahrrad, und ich versuchte, zu einem Arzt an die Bergstraße zu kommen. Man schickte mich in die Pflegeanstalt Heppenheim. Die hatten auch keine Medikamente mehr. Man probierte alles Mögliche, es half aber nichts. Das Fleisch fiel fast von den Knochen. Man sagte mir, daß der linke Fuß evtl. verloren sei. Dann fand ich einen Arzt in Zwingenberg an der Bergstraße. Der hatte noch einen Vorrat Fissan-Lebertransalbe. Er machte mir unförmige Verbände mit Papierwatte, stellte den Fuß in einen Brei von dieser Paste, und endlich, nach vier qualvollen Tagen und Nächten, war Besserung zu sehen.
Ich schöpfte neuen Mut und wartete von Tag zu Tag, bis ich wieder versuchte, auf meinem Fahrrad mit meinen Verbänden in die Stadt zu kommen. Diesmal durfte ich durch bis zur Saalbaustraße und fand nur Geröll, Schutt und Leichen — unkenntlich aufgedunsen, verbrannt, verkohlt. An Kleiderfetzen versuchte ich meine Lieben zu erkennen. Vergebliche Mühe. Der ganze Straßenzug war eine Grabstätte, keiner hatte überlebt in all den vielen Häusern und in all den guten Kellern. Unerklärliche Unruhe trieb mich wieder mit dem Fahrrad in die Stadt. Immer noch hatte ich Hoffnung, wenigstens Bekannte zu treffen. Auch

warteten wir auf Nachricht von meinem Mann oder den Verwandten. Wie konnten wir ahnen, daß unsere Karten niemals ankamen? Der Arzt hatte auch an meines Mannes Einheit geschrieben und Bombenurlaub gefordert, da ich verletzt und seine Eltern vermißt waren. Ich fuhr also wieder zu der Stadt, zu der armen, gemarterten, lieben Stadt. Ihre Wunden waren zahllos. Und nur am Rande in den Vorstädten war noch Leben. Ich konnte ja nicht laufen, konnte mich nur auf dem Fahrrad halten. Das Treten war wohl schmerzhaft, aber es ging — mußte gehen.

Plötzlich ein bekanntes Gesicht aus der Saalbaustraße. Rasch rief ich hinterher, der junge Mann drehte sich um, und neue Hoffnung belebte mich. Es war der Sohn eines Mieters. Wenn er lebte, wo waren die anderen?

Aber er schüttelte traurig den Kopf, noch ehe ich sprechen konnte. Er war in der Nacht nicht zu Hause gewesen. Auch seine Eltern und Geschwister waren tot. Mit Tränen schilderte er mir, daß der gewaltige Flammensog durch die Durchbrüche kam und die meisten Ausgänge verschüttet waren. Nur meines Mannes Vater sei oben bei den Luftschutzleuten gewesen, der müßte leben. Aber auch er wußte, wie die armen Menschen auf den Straßen verbrannten. Ich hoffte, daß unser Vater evtl. Schutz auf dem Marienplatz gesucht hatte.

Nun begann ich zu forschen und zu fragen, und irgendwer erzählte von einem alten Mann, der halbverbrannt im Marienhospital liege. Eine Krankenschwester hätte ihn auf dem Marienplatz gefunden und mit einem Handwagen weggebracht. Er hätte aber sein Gedächtnis verloren und sei blind geworden. Sofort habe ich mich dorthin bringen lassen und fand in dem armen Menschenwrack meinen Schwiegervater wieder. Nur seine Augen schauten leer und ausdruckslos aus den Verbänden. Bis zum Leib war er wie eine Mumie verwickelt. Aber er erkannte meine Stimme und zitterte am ganzen Körper. Der Schock der Freude, daß wir lebten, gab ihm neuen Mut, und er schaffte es in vielen Monaten des Krankenlagers.

Es werden tausende Schicksale ähnlich sein und alle die lieben Toten unvergessen bleiben und das, was sie erlitten haben.

Unser Schicksal änderte sich auch an dem Tage, da mein Mann endlich Urlaub bekam — wenn auch nur fünf Tage. Er kam von der Front und fuhr mit einem Wehrmachtswagen durch die Neckarstraße, entlang den Ruinen und menschenleeren Straßen. Unwillkürlich fuhr er ganz langsam und hielt den Atem an. Er hat mir gestanden, daß es an der Front damals besser gewesen sei als der Anblick dieser toten Stadt mit den vielen Tausenden armer unschuldiger Frauen und Kinder in ihrem Massengrab.

Erschüttert fuhr er weiter und erkannte plötzlich in einem müden verweinten Mann meinen Vater aus dem Erzgebirge und meine Schwester. Die hatten im Radio von dem Totalangriff auf Darmstadt gehört

und waren Hals über Kopf mit einem D-Zug von Chemnitz bis Frankfurt gekommen. Von dort ging es nur stückweise vorwärts, da die Gleise zerbombt waren. Das letzte Stück sind sie gelaufen und standen dann vor dem Schutthaufen unseres Hauses. Verzweifelt haben sie mit den Händen die verkohlten Balken weggeräumt und den Kellereingang gesucht, dasselbe dann in der Saalbaustraße bei den anderen Eltern versucht und nichts als Trümmer gefunden. Nun glaubten sie an unseren Tod und irrten überall umher, bis sie auf eine Frau stießen, die ihnen versicherte, daß viele verwundet seien und in den Kreiskrankenanstalten lägen. Als mein Mann sie zufällig traf, waren sie schon viele Tage, fast ohne Schlaf, unterwegs gewesen — überall auf der Suche.
Erschöpft sind sie zu uns aufs Land gekommen und haben Tränen der Freude und Erleichterung bei unserem Wiedersehen geweint. Sie nahmen mich und die Kinder mit ins Erzgebirge, weil damals dort noch alles ruhig war. Aber kaum war ich geheilt, ging auch dort die Hölle los mit dem Angriff auf Chemnitz, dann noch Dresden und kleinere Städte, und dann kam der Russe. Wieder floh ich mit meinen Buben bei Eis und Schnee westwärts. Unsere Stadt, wenn auch eine tote, wollten wir wieder erreichen.

Ernst Luckow: Flammender Kapellplatz

Das Pfeifen und Heulen der stürzenden Bomben, Kanister und Brandstäbe mischte sich mit dem Zerplatzen der Sprengkörper und dem Stürzen der Mauern. Der Keller bebte. Seine sehr dicken Wände schienen allerdings vom Getöse manches ferngehalten zu haben, denn so gewaltig wie andere den Höllenlärm geschildert haben, erschien er mir nicht.
In unserem engen Schutzraum saßen die Frauen dicht zusammengekauert und teilweise kniend vorgebeugt; Dr. R. lag auf dem Gang lang auf dem Boden; wo Her W. war, erinnere ich mich nicht; H.J.R. kauerte mehr, und ich stand immer wieder einmal auf, um die Lage zu überprüfen, warf mich dazwischen stets hin oder kauerte auf der Erde. So sah ich auch, daß es um uns bereits brannte. Ich sagte aber zunächst nichts, da der Fluchtweg noch offen stand, so oft ich nachsah. Als der Angriff nachließ, gingen wir Männer im Haus hoch. Das obere Stockwerk brannte und war ohne Hilfe nicht zu retten. Von allen Seiten stoben Flammen auf unser Haus zu, unser Gartenhaus brannte wie eine Pechfackel, desgleichen unseres Nachbars Holzstapel im Hof. Flammenzungen von überall her. Die Funken schwirrten wie Regen. Was tun?
Ich machte die Dummheit, den Gartenschlauch anzuschrauben, um Kellertreppe und Keller naßzuhalten. Das war sinnlos. Denn was

konnte solchen Brand aufhalten? Wertvolle Minuten gingen verloren — zudem war das Wasser sehr bald zu Ende.
Nun also sich retten: die gepackten kleinen Luftschutzköfferchen wurden ergriffen. Ich hoffte noch, der Keller würde vom Feuer verschont. Die Funken und der Brand von oben verlöschten in dem von mir verspritzten Wasser. So räumte ich im Keller Gehortetes rasch in eine „sichere" Ecke — auch den Kasten mit meinen letzten etwa 100 Dias vom alten Darmstadt, die damit aufgegeben waren. (Ein ganz besonders wertvolles Dia war dabei: das vom brennenden Darmstadt vom ersten Angriff — vom Dach unseres Hauses aufgenommen.) Wäre ich doch nicht so leichtfertig hoffnungsvoll gewesen.
Während die Frauen aus dem Keller drängten, stürzte ich noch in die Wohnung und versuchte, einiges herauszuholen. Über zerborstene Türen und Möbelstücke steigend, packte ich im Schlafzimmer die Steppdecken ins Bettuch und die eine der dreiteiligen Matratzen. Kleider, Strümpfe, Schuhe — das Wichtigste vergaß ich. Mit meiner „Beute" eilte ich auf den Kapellplatz, wo die Bäume schon brannten und mein Bettzeug Feuer fing.
Ich löschte es rasch und suchte den Weg zum Woogsplatz vor der früher bereits ausgebrannten Turnhalle. Dort schien der Aufenthalt günstiger zu sein als im ringsum von Flammen umgebenen Kapellplatz. Unsere Nachbarhäuser waren bereits eingestürzt. Die Trümmer sperten die Straße und mußten überstiegen werden. Ganz gefährlich war die Straßenkreuzung Soder-/Mühlstraße, denn dort standen hochragende Mauerreste in der Flammenhölle bedrohlich nah vor dem Einsturz.
Der Sturm — durch die Riesenbrände verursacht — war so stark, daß ich mit meinen Sachen nur schwerlich vorwärtskam. Die Hitze war mächtig, der Rauch beißend, die Flammen peitschten weit in die Straße, man ging in ständigem Funkenregen, den ich nur durchqueren konnte, weil ich meinen Bademantel naß gemacht hatte im bereitstehenden Wasserfaß im Keller. (So habe ich ulkigerweise meinen Bademantel gerettet.)
Diesen schwierigen Weg von unserem Haus zum Woogsplatz mußte ich mehrmals zurücklegen, um das gerettete Bettzeug dorthin zu bringen. Ich war erschöpft, und als ich dann noch einmal aufbrechen wollte, um Wichtiges zu holen, ließ Wilma es nicht zu. Und wahrlich, jeder weitere Gang hätte das Leben kosten können. So erfuhr ich später, daß der Sohn E. — vom Retten erschöpft — auf der Straße zusammenbrach und verbrannte. Und unser Nachbar W., dem ich auf meinem letzten Rettungsgang begegnete, als er auch noch einmal zu seinem Haus hinstrebte, war lange verschollen, bis man seine Leiche unter den Trümmern seines Hauses fand.
Was hätte man schließlich noch retten sollen? Allzu gemütlich war der Aufenthalt auf dem Woogsplatz auch nicht. Unsere Matratze, auf der

wir kauerten, mußten wir mehrmals hin- und herschleppen, denn es war ein Blindgänger an einer Ecke des Platzes gefunden worden, und die Funken mußten ständig ausgeschlagen werden. Man suchte nach Stellen, die ungefährlicher waren. Die Häuser ringsum brannten lichterloh. Von Zeit zu Zeit zerknallten Zeitzünder, oder ein Haus stürzte zusammen.

Der Platz war gefüllt mit Gruppen von Ausgebombten, die, stehend, kauernd, sitzend vor ihrer eigenen Habe, abenteuerlich bekleidet, mit umgehängten Decken oder Kopftüchern — im Flammenschein vor den Trümmern —, den Vorwurf zu einem gewaltigen Gemälde darboten. Mit mir hatte auch Wilma aus der Wohnung einiges zu retten versucht und die Daunendecken ergriffen. Sie brachte sie aber nicht durch die Tür. Schon damals nicht mehr leichtfüßig, war ihr der Weg zum Woogsplatz schwer geworden. Ihr Pelzmantel fing Feuer, sie mußte ihn wegwerfen. Sie selbst stürzte und vertrat sich den Fuß, kam aber, wenn auch mühsam, zum Woogsplatz.

Dort saßen wir stundenlang. Einen Weg zur Pestalozzischule zu suchen, er war gefährlich, konnte jedoch gewagt werden. Die Brände hatten nachgelassen, der Sturm sich etwas gelegt, und es wurde kühl. Man fing an zu frieren. Die Schule war auch ausgebrannt, aber der Keller stand. Ich machte den Weg zur Schule mehrmals, um unser Zeug dorthin zu schleppen. Wilma ließ sich durch H. J. R. hinführen über die hohen Trümmermassen an der Ecke Soderstraße. Im Schulkeller konnte sie sich ein wenig hinlegen. Es war ihr recht elend. Der Kopf schmerzte sehr, sie hatte wohl eine leichte Rauchvergiftung. Nun fand sie etwas Erleichterung.

Daß ich kurz vor dem 11. September ein kleines Leiterwägelchen geliehen bekommen hatte, erwies sich jetzt als ein Gnadengeschenk. Ich brachte auf diesem Wägelchen zwei Koffer mit Wäsche, mein selbstgefertigtes Silberschränkchen, einige Bücher und meine Ahnengalerie in den Schulkeller — dazu einen Anzug.

Der Morgen offenbarte dann das gewaltige Ausmaß des Unglücks dieser furchtbaren Nacht. Als erste Neuigkeit erfuhren wir, daß mein Fahrradlieferant in der Stiftstraße in seinem Keller verschüttet worden war, als er — bereits aus dem Keller heraus — nochmals hineinstieg, um seiner Frau herauszuhelfen. Wir suchten den Weg durch die Nieder-Ramstädter Straße. Grausig, dieser Weg. Überall Leichen, zur Unkenntlichkeit verkohlt, und so unglaublich klein, daß man's kaum verstehen konnte, die Leichen ausgewachsener Menschen vor sich zu haben. Dann aber auch wieder hier und da kleine Häuflein Menschen auf der Straße, bei geringer Habe sitzend. Was sollte nun mit uns werden?

Meine Frau hatte sich wieder etwas erholt und sprach das große Wort: „Jetzt brauchen wir uns um nichts mehr zu sorgen, denn wir haben ja nichts mehr."

Georg Dümas: Bilder vom Feuersturm

Wir sind davongekommen. Aus dem brennenden Haus auf der Mathildenhöhe haben wir an Hab und Gut fast nichts retten können. Wir erlebten, wie das im Innern mit edlen Hölzern verschwenderisch ausgestattete Gebäude Stockwerk für Stockwerk funkensprühend herunterbrannte bis auf das massive Erdgeschoß... Vieltausendfaches Schicksal in jener Nacht. Zwei schauerliche Momente akustischer Art aber verfolgen mich, obwohl sie nur relatives Gewicht besitzen: einmal, als mein schöner Flügel in den Flammen abstürzte und im Aufprall noch eine chromatische Harfentonfolge — wie einen letzten Seufzer — von sich gab; und zum anderen, als durch das Toben des Feuersturms das Dackelchen des Hausherrn, das sich verängstigt unter dem Küchenherd verkrochen hatte, vom Feuer erreicht, elendiglich zu schreien begann und jammerte, bis es endlich verstummte.
Die Nachbarin aus dem Alexandraweg, der wir behilflich sein wollten, weil die Kellerräume des Hauses noch zugänglich waren, fing bei unserem Anblick an, hemmungslos zu weinen. „Das Haus?... Nein, das ist es nicht!... aber die Bilder, die Bilder... sie sind mir, ehe ich mich aus dem Luftschutzraum heraustraute, in ihrer Kiste verbrannt — zwei alte Italiener... nicht die wertvollsten, aber immerhin ein Tintoretto und ein Salvator Rosa — das ist alles so furchtbar!" Von dem Ausmaß der menschlichen Katastrophe, die über die Stadt hereingebrochen war, konnte sich die alte Dame zu jener Stunde noch keine Vorstellung machen. Und — Duplizität der Ereignisse — kurz nachher wankte ein alter, gebrochener Mann den Nikolaiweg herab, verzweifelt vor sich hinmurmelnd. Ein Glas Weinbrand aus einer Flasche, die von einem Nachbar gestiftet worden war, rüttelte den Greis so weit auf, daß seine stockende Rede verständlich wurde: „...alles egal ...alles egal...nur das Stück vom Parthenon-Fries, das hätte nicht verbrennen dürfen... es hat mich mein ganzes Leben über begleitet..."
Der Funkensprühregen hatte sich gelegt. Nur die Kupferbekleidung der Schwurfinger des Hochzeitsturmes glühte noch brennend in fanatischem Giftgrün. Ich machte mich auf, in die Stadt hineinzukommen ...vergeblich. Es muß etwa vier Uhr gewesen sein. Verstörte, rußbeschmierte, totenbleiche Menschen, Verwundete auf primitiven Bahren, alle in unwirklichem, stumpfem Schweigen in einer geradezu penetranten Stille, die durch das eintönige Prasseln brennenden Holzes noch potenziert wurde — das war das Bild des frühen Morgens am 12. September im Jahre des Unheils 1944 in den offen bebauten Teilen der Stadt. Dann aber kamen die Bilder der Innenstadt: heller und erlöschender Feuerschein aus Trümmern und hinter gespenstischen Fassaden; dann wieder Häuserwände, kreuz und quer, meterhoch die

Straßen und Gassen der alten Stadtteile sperrend; glühender Asphalt — ein schauerlich flammenbeleuchtetes Menetekel: „Bis hier und nicht weiter." Kein Gedanke, nach den Freunden in der Innenstadt zu sehen. Und immer wieder peinigend: diese unwirkliche Stille... dies eintönige Knistern.

Im fahlen Licht der rauchverschleierten Sonne wurde deutlich, was in der Nacht geschehen war. Ein Paar feste Schuhe an den Füßen, war es mir gelungen, über rauchende Trümmer auf den Straßen in die Innenstadt zu gelangen. Das letzte an nächtlicher Unwirklichkeit war dahin; man war mit einer apokalyptischen Realität konfrontiert. Schauerlichste Momente: da waren Hände und Beine, die aus den Schuttbergen der Ludwigstraße ragten: auch der Kopf eines bis an das Kinn verschütteten Mannes mit glasig-starren, offenen Augen; da lagen bereits geborgene, halbverbrannte Leichen in Reihen im Palaisgarten, darunter eine Frau, die im Inferno der Nacht geboren hatte, mit dem verkohlten Kind.

Keine Spur von den Freunden und näheren Bekannten. Ich stand überall vor herabgebrannten oder zertrümmerten Häusern. Da und dort Leichen in allen nur denkbaren Stadien der Verbrennung; zum Teil schon mit Namensschildchen versehen: einige Geschäftsleute darunter, die man oberflächlich kannte. Männer der Technischen Nothilfe aus Idstein im Taunus standen auf den Straßen um den Palaisgarten herum, sichtlich konsterniert ob der Ohnmacht des Nichthelfenkönnens. Auf die Trümmer eines Hauses aufmerksam gemacht, in dem ich am Abend vor der Katastrophe noch zu Besuch gewesen war, versuchten zwei Idsteiner durch eine schmale Fensteröffnung mit Rauchmasken in den Keller zu gelangen. Nach einer Minute schon kamen die beiden Männer kopfschüttelnd zurück: „Da unten ist noch nichts zu machen... glühender Koks versperrt den Weg." Und so war es fast überall in den zerstörten Teilen der Geschäftsstadt.

Erst 36 Stunden nach der Katastrophe war es möglich, systematisch Nachforschungen nach seinen Freunden anzustellen. In dieser Zeit hatte ich die eigene Familie notdürftig in einem unzerstörten Souterrainraum des Hauses untergebracht, diesen mit Luftschutzmobiliar „ausgestattet", im Garten eine Feuerstelle aus Trümmersteinen und dem Gitterdeckel eines Wasserabflußschachtes gebaut; mehrfach Eintopfessen im Garten des Elisabethenstiftes bei den vollständig erledigten und schweigend austeilenden Schwestern gefaßt, und schließlich mehrmals am Tag Wasser aus einem zehn Minuten entfernten Pumpbrunnen geholt. Auf mehreren Gängen in die Stadt, die Schuhe an den Füßen schon stark angesengt, konnte ich dann nach und nach erfahren, daß niemand aus meinem kleinen Bekanntenkreis mehr eine Wohnung besaß; soweit die Freunde noch lebten, hatten sie schon die Stadt verlassen. Auf einem Trümmerhaufen fand ich an einem Baumast ein Pappschild: „Mutter und ich davongekommen, Vater, Tante und Anni vermißt" — wie man noch hoffte. Von da und dort noch verstört herumirrenden Nachbarn, die in improvisierten Wohnhöhlen, Hinterhauskellern und Garagen hausten, erfuhr ich nach und nach die Schicksale der alten Freunde.

„Ja die... die liegen hier unter den Trümmern... man kann noch nicht an sie heran..." war die meist schon stereotype Antwort. Oder man bekam den Bescheid: „Die müssen verbrannt sein...", was sich später dann meist als richtig erwies. So auch bei der Familie A. B. Der Vater hatte ganz offensichtlich versucht, seine verängstigten Angehörigen aus dem Keller des brennenden Hauses herauszuholen; er hatte sich umsonst geopfert. Oder der Fall der tapferen L. B., die, selbst bereits im Freien und in Sicherheit, noch einmal in den Luftschutzraum eines Hinterhauses zurücklief, um eine Freundin zu retten — sie ist dabei geblieben; man fand von beiden in späteren Tagen nicht die geringste Spur mehr. Auch die gute alte Inhaberin eines Tabakladens in der Dieburger Straße — manches Päcklein Grobschnitt hat sie mir zugesteckt — hatte wie so viele den Mut nicht aufgebracht, aus dem Keller herauszulaufen, und war dann an Sauerstoffmangel gestorben und verbrannt.

Die schrecklichsten Schicksale aber erlitten zwei Familienväter aus meinem Bekannten- und Freundeskreis. In der Heinrichstraße wohnte der eine, ein Verwaltungsbeamter. Mit Frau und vier kleinen Kindern glücklich aus dem zertrümmerten Haus ausgebuddelt, verließ er auf Bitten seiner Frau die Familie, um nach der acht Minuten entfernt wohnenden Schwägerin zu sehen. „Ihr geht jetzt hier hinauf zum Paulusplatz, dort kann Euch nichts mehr passieren", verabschiedete er sich von den Seinen, die tapfer losmarschierten. Er hat nie wieder etwas von ihnen gesehen. Ein ähnliches Verhängnis traf meinen Kollegen, der die Woche über befehlsgemäß in der Gegend von Fulda ein Amt zu versehen hatte. Nachdem er von der Katastrophe Darmstadts gehört hatte, war er auf dem schnellsten Weg in einem Dienstwagen hierher geeilt. Er fand in seinem halbzerstörten, aber nicht verbrannten Haus in der Grafenstraße einen beinahe sauber aufgeräumten Luftschutzkeller vor. Seine Nachfragen bei zurückgebliebenen Hausgenossen und Nachbarn ergaben, daß Frau, Söhnchen und Töchterchen, ohne im geringsten gefährdet zu sein, den Keller mit ihrem Luftschutzgepäck verlassen hätten, weil ihre Mansardenwohnung zerstört war. Mehr erfuhr er nicht trotz tagelangen verzweifelten Suchens und Nachforschens. Auch sie müssen in den Sog der Flammen und Luftböen gekommen und verbrannt sein wie so unendlich viele Unglückliche, denen es noch nicht einmal vergönnt war, ein bescheidenes Plätzchen unter den Tausenden zu finden, die in dem großen Grab unter den Baumwipfeln des Friedhofs ruhen.

Karl Deppert: Funkenorkan um den Langen Ludwig

Der Drahtfunk gab beunruhigende Meldungen. Erregt, wie sonst selten, fing ich an, den Durchbruch zur Hauptpost abzutragen. Schon fielen die ersten Bomben. Geröllstaub drang in den Keller, die Wände bebten, mit jedem Einschlag schien das Verderben näher zu kommen. Bis nach endlosen Minuten der Keller regelrechte Sprünge machte und die Wände sich schräg zu stellen schienen. Immer noch brannte das elektrische Licht, und das Radio warnte monoton: „Darmstadt, luftschutzmäßiges Verhalten unbedingt erforderlich!" Dann eine fürchterliche Detonation, völlige Dunkelheit.

Kurz vorher aufgeregte Rufe aus dem Durchschlag zur Hauptpost: „Haut durch, wir sind verschüttet und eingeschlossen!" Mein Sohn Fritz kletterte hoch, räumte Steine weg. Eine Anzahl Frauen und Männer aus der Post kletterten herunter, und wir suchten gemeinschaftlich unsere Notausgänge ab. Der Keller schien noch unversehrt. Nur die Verbindungstüren waren herausgerissen und dichter Geröllstaub überall. Von dem Durchbruch zur Hauptpost kam starker Zugwind, mit ihm dunkler Rauch. Trotz großer Taschenlampen war die Sicht kaum drei Schritte.

Vor dem Ausstieg zum Hof brannte es lichterloh, der Durchbruch zum Nachbarhaus war noch unversehrt. Ich gab Klopfzeichen, erhielt aber keine Antwort. Alle tot! So blieb nur die schiefhängende, aus ihren Befestigungen gerissene Kellertreppe. Die Postleute verließen das Haus. Einer kam zurück: „Verlaßt den Keller, die ganze Stadt steht in Flammen. Los! Los! Es ist höchste Zeit!" Wir tasteten uns hinauf. Alles so sorgsam Bereitgestellte blieb liegen. Nur eine Tasche mit wichtigen Papieren und Lebensmitteln schleppte meine Frau mit, da ich selbst alle Mühe hatte, Holztrümmer und Steine aus dem Weg zu räumen.

Taghell brannte die Rheinstraße. Dachbalken stürzten lodernd auf sie herab. Die Bäume glichen knisternden Fackeln. Unser Haus stand in hellen Flammen. Auf der gegenüberliegenden Seite brannten die Häuser schon bis in die Schaufenster, unter ohrenbetäubendem Lärm brach das Haus der Firma Papier-Lautz zusammen.

Mächtige Flammenwände ringsum. Ein orkanartiger Feuersturm jagte über die mit brennenden Trümmern übersäte Straße. Wir warteten noch einige Minuten in der Torhalle. Immer noch krepierten Bomben und Zeitzünder. Endlich wagten wir, uns zum Monument durchzuschlagen. Ein Feuersturm überfiel uns, ließ uns wie Betrunkene wanken, wer fiel, starb. Funken, brennende Holzstücke, Fetzen lodernder Dachpappe prasselten auf uns herab. Der erste Plan, uns zum Schloß durchzuschlagen, blieb undurchführbar, da die obere Rheinstraße nur noch ein brüllendes Feuermeer war. So versuchten wir, den Mathil-

denplatz zu erreichen. Funken brannten in meinem Haar, immer wieder von meiner Frau ausgeschlagen. Auf dem Wege war ein vermummtes Mädchen zu uns gestoßen und flehte: „Nehmt mich mit. Ich komme aus der Grafenstraße, Bäckerei T., dort schmoren schon die Zuckersäcke im Keller, und niemand traut sich heraus!"
Zu sechst, fest an den Händen gefaßt, um im Feuersturm nicht umgerissen zu werden, strebten wir dem Mathildenplatz zu. Um den „Langen Ludwig" brüllten die Spiralen des Funkenorkans. An seinen Auftritten kauerten Tote. Von den Dächern der Ministerien fielen große, brennende Dachpappenstücke, hängten sich mit ihrem flüssigen Teer an die Kleider, mußten heruntergeschlagen werden. Unsere Lebensmitteltasche fing Feuer, auf meinem Sohn hing plötzlich ein großes Stück brennender Dachpappe, versengte die Kleider und brannte Blasen auf seine linke Hand, ehe ich es herunterschlagen konnte. Überall Funken wie große Hagelkörner, stürzende Mauern und Flammen, immer wieder lodernde Flammen.
Endlich der Mathildenplatz. Wir warfen uns in das Gras. Immer noch knatterten Schüsse, krepierten Bomben. Rings um den Platz brannten Gebäude. Verzweifelte Menschen schrien nach ihren Angehörigen, schleppten weinende Kinder herbei oder bargen die spärlichen Reste ihrer Habe. Sieben Hengste aus dem brennenden Marstall jagten auf dem Platz umher, stiegen im Funkenflug wiehernd in die Luft. Aber es waren gutmütige Tiere, die sich immer wieder formierten, um aus dem Feuerring auszubrechen. Nur der Brunnen dort half uns noch. Wir tauchten Tücher und Kleidungsstücke hinein, um uns zu kühlen und die Funken zu löschen, die immer wieder auf unseren Kleidern, im Haar, im Gras und in den Büschen kleine Flämmchen aufflackern ließen. Die Hitze wurde immer unerträglicher, der Atem ging schwer, nur die angefeuchteten Stoffe brachten Erleichterung.
Erschütternde Bilder ringsum, und immer wieder die vor Angst aufwiehernden dunklen Pferde. Ein Luftschutzwart tauchte auf und rief, unter der „Seufzerbrücke" des Gerichts sei ein Durchkommen zum Herrngarten möglich. So entkamen wir der Feuerhölle durch Phosphorgestank und Qualm und waren, fast blind vor Rauch und Hitze, dem Verderben entronnen.

Hanna Schnabel: Palaisgarten in Flammen

Wir zogen wie immer in den Keller, in der Hoffnung, nach einer bestimmten Zeit wieder nach oben gehen zu können. Als dann aber der Drahtfunk durchgab, daß ein Verband von Frankfurt in südlicher Richtung, ein anderer von Oppenheim in östlicher und noch einer von

Mannheim—Heidelberg in nördlicher Richtung fliege, da wußten wir, daß wir nun „dran" waren.

Es blieb noch eine Weile still. Dann aber ging es Schlag auf Schlag; das Licht ging aus, wir verspürten eine dichte Staubwolke im Keller, trotz Taschenlampe war fast nichts mehr zu sehen. Wir saßen oder lagen alle ganz eng aneinandergedrückt auf der Erde. Selterswasser, das wir immer im Keller hatten, tat uns gute Dienste. Die Detonationen der Bomben nahmen kein Ende.

Mein Vater, der kurz entschlossen noch einmal hinausgelaufen war, kam wieder mit der Meldung, daß unser Haus wohl einen Treffer bekommen haben müsse, aber nicht brenne. Da rief unser kleines Lehrmädchen Anni: ich glaube, es brennt doch, es riecht nach Rauch. Tatsächlich war bald ein starker Brandgeruch zu verspüren. Wir mußten versuchen, hinauszukommen. Die Kellertreppe stand noch, war nur von Steinen etc. überschüttet. Wir liefen erst noch nach einem Keller, der nach hinten lag, mußten aber dort feststellen, daß durch das Kellerfenster schon starker Funkenflug kam, der den Koks darin leicht in Brand setzen konnte.

Nun kann ich eigentlich vorerst nur von mir berichten. Ich lief die Kellertreppe nach oben in die Torhalle; dort schlugen mir aber schon die Flammen entgegen. Ich lief wieder in den Keller zurück, immer nach meinen Angehörigen und der kleinen Anni rufend. Es war mir trotz meiner Verwirrung klar, daß wir nur durch die Flammen noch einen Ausweg finden konnten. Ich lief wieder zurück über die Treppe, und da sah ich plötzlich eine Tür, die — wie ich annahm — vom Luftdruck herausgeflogen war. In Wirklichkeit hatte sie mein Vater, wie ich später erfuhr, mit einer Axt aufgeschlagen. Von der Tür aus konnte man auf die brennende Elisabethenstraße sehen; allerdings war die nur zu erreichen, wenn man den Mut hatte, durch den dazwischenliegenden, gleichfalls brennenden Laden zu laufen.

Der Zugang zum Laden war durch ein Regal versperrt. Ein unbekannter Herr half mir, das beiseite zu schieben, und ich half zwei oder drei folgenden Frauen — wahrscheinlich aus dem Nachbarhaus — heraus, dabei immer wieder nach meinen Angehörigen und der kleinen Anni rufend. Dann aber wurde die Hitze so unerträglich und die Angst der Frauen so groß, daß ich nur noch schreien konnte: „Ich laufe jetzt durch die Flammen, wenn ich durchkomme, dann müßt ihr mir alle nach!" Meine Decke, die ich in einer im Keller stehenden Bütte naß gemacht hatte, nahm ich fest um mich und lief los.

Auf der Straße brannte alles, ich lief über Balken, Bretter, Latten etc., die alle brannten, und dann erfaßte mich plötzlich ein rasender Feuersturm und schleuderte mich fast zu Boden. Mit letzter Kraft erreichte ich dann doch noch den gegenüberliegenden Palaisgarten. Dort rannte ich bis zur Mitte, wo sich eine Bretterbude befand, die Tiefbauarbeitern als Abstellraum diente. Dort stand ich nun in glühender Hitze,

rings um den Palaisgarten brannte alles. Die Hütte war voll von Menschen mit kleinen Kindern. Die Hitze wurde immer unerträglicher. Da erbot sich ein junger Mann, in dem neben der Bauhütte liegenden Wasserbassin, das erst halbfertig war, aber einen Wasserhahn hatte, Wasser zu holen. Nach langer Zeit kam er zurück, und wir konnten wenigstens unsere Tücher wieder naß machen.
Plötzlich brannte ein Holzstoß vor der Hütte lichterloh. Und bald ertönte der Schreckensruf: „Die Hütte brennt". Hinaus — aber wohin? Sämtliche Häuser um den Garten und das Palais selbst standen an allen Ecken in Flammen, nirgends der geringste Ausweg. Von meinen Lieben sah ich niemanden. Ich hatte schon damit gerechnet, daß ich alleine aus dieser Hölle entkommen sei. In mir war alles wie tot und erstorben. Es war kein Schmerz, es war einfach eine Dumpfheit. Ich entfernte mich mit den anderen von der Hütte, und da geschah dann das Wunder: plötzlich stand ich, mitten in der Hölle des Palaisgartens, vor meiner Mutter! Wir waren erschüttert, nur unsere gegenseitigen Fragen nach den anderen, die konnten wir beide nicht beantworten.
Nun aber fing unser Martyrium erst an. Über Leichen und jammernde Menschen stiegen wir bis zur Mauer des Palaisgartens; an sie drückten wir uns ganz eng, um etwas Schutz vor dem rasenden Sturm mit seinem Funkenflug zu haben. Meine Wolldecke war mir vom Orkan wie ein Stück Zeitungspapier weggerissen worden. Meine Mutter hatte auch keine mehr. Ich legte mich halb über sie, um sie vor den Funken zu schützen. Da fing vor uns das Gebüsch an zu brennen. Wir krochen an den Stamm eines großen Baumes, um den ich mit Hilfe eines Mannes große Blechscheiben, die da lagen, aufstellte, hinter die wir uns legen konnten. Aber auch das war nur von kurzer Dauer. Auf dem Boden liegendes Holz, Äste von den Bäumen etc. fing zu unseren Füßen an zu brennen, und wir mußten weiter.
Wir krochen zur Mauer zurück, immer den Kopf auf den Boden drückend. Ich bekam einen Schüttelfrost, und es wurde mir schlecht. Als ich meinen ganzen Galleninhalt von mir gegeben hatte, wurde mir wieder besser. Dann wurde aber die Mauer so heiß, daß wir wieder in die Mitte des Gartens zurückkriechen mußten. Dort waren wir in der Hölle. Einmal kam eiskalte Luft, dann kam es wieder glühend heiß. Jedesmal glühender Aschenregen, weil die Häuser anfingen, zusammenzustürzen. Wir hatten nur damit zu tun, uns der Funken zu erwehren. Erstaunlich und geradezu schauerlich war dabei die Totenstille, die trotz der Anwesenheit vieler Menschen im Palaisgarten herrschte. Im Garten selbst hörte man keinen Laut, kein Jammern — nichts. Nur aus den Kellern der Peter-Gemeinder-Straße gellten schreckliche Schreie und Hilferufe. Und man konnte doch keinem Menschen helfen.
Mittlerweile war es drei Uhr geworden, der Sturm ließ nach, und auch die Hitze wurde erträglich. Von den grauenhaften Bildern, die wir

beim Suchen nach unseren verlorengegangenen Kopftüchern noch sehen mußten, will ich nicht berichten. Ich wünsche, daß wir sie selbst bald vergessen mögen. Unsere Augen brannten dann so, daß wir kaum noch sehen konnten, trotz Schutzbrillen...
So nach und nach ließ dann der Brand nach. Unser Haus war schon längst zusammengestürzt. Es war dann so gegen fünf Uhr, als wir beschlossen, aus dieser Hölle herauszukommen. Wir faßten uns fest an den Händen und stiegen und kletterten über Trümmer und Trümmer und verkohlte Leichen durch die zum Teil noch brennenden Straßen mit dem Ziel Marienplatz. Dort fanden wir das gleiche Bild, wie wir es im Palaisgarten verlassen hatten. Wir versuchten, zu einer in der Nähe wohnenden befreundeten Familie zu kommen, aber deren Haus brannte und davor lagen Trümmer, die nicht zu übersteigen waren. Nun wankten wir die Heidelberger Straße hinaus: nicht ein Haus, das noch ganz war oder nicht brannte. Vollkommen erschöpft, nahm uns dann ein Herr mit in sein schwer beschädigtes Haus; er gab uns Wein, und wir saßen wohl eine Stunde zusammen auf einem Sofa.
Es war nun bereits Tag geworden. Die Sonne stand von Dunst und Rauch überschleiert im Osten, und schließlich kamen wir zu dem Haus einer Tante jenseits der Landskronstraße, das zwar beschädigt war, aber doch noch stand. Wir konnten das Tageslicht nicht mehr vertragen und gingen daher in den Keller. Die Tante hatte sich sofort nach der Stadt aufgemacht, um nach unseren Lieben zu forschen. Nach Stunden kam sie zurück mit dem Bescheid, daß es unmöglich war, in den brennenden Keller zu kommen...
Später gingen wir dann in das Marienhospital, um unsere halbblinden Augen behandeln zu lassen. Dort sahen wir wieder nur Bilder des Grauens und des Schreckens. Selbstverständlich suchten wir unter den vielfach gräßlich verstümmelten Menschen nach unseren Lieben, aber vergebens... Die Tante war rührend um uns besorgt. Als wir nach zwei Tagen, die wir in ihrer Obhut verbracht hatten, gerade das Haus verlassen wollten, lief uns unser im Rodgau wohnendes älteres Lehrmädchen Marie, die uns einen Nachmittag, einen Abend lang und am folgenden Morgen gesucht hatte, gerade in die Hände. Sie ließ nicht locker, wir mußten mit ihr nach Hause in das Rodgaudorf. Auch dort, bei ihren Eltern, fanden wir eine rührende Aufnahme. Gefunden hatte uns Marie, weil die Tante zwischen den Trümmern unseres Hauses in der Elisabethenstraße einen kleinen Pappkarton mit ihrer Adresse und der Nachricht angebracht hatte, daß meine Mutter und ich gerettet seien...

In der brennenden Soderstraße

Wir waren siebzehn Erwachsene, vier Kinder und ein Säugling, verteilt in zwei Kellerräumen. Die Männer gingen wie immer auf die Soderstraße. Nach fünfzehn Minuten gab der Drahtfunk die Meldungen: Kampfverband im Raume Mannheim, Kurs Nordost; Kampfverbände in Bingen, Mainz, Alzey, Kurs Ost. Da kamen die Männer in den Keller, und wir bereiteten uns vor. Wir legten unsere Läufer auf den Boden, setzten unsere Mützen auf und banden nasse Binden um Mund und Nase. Da krachten schon die ersten Bomben. Schnell legten wir uns auf die Erde — aus Mangel an Platz übereinander wie die Dachziegel.

Was nun kam, ist nicht zu beschreiben. Die Bomben fielen in einem solchen Hagel, daß der Durchbruch zum Nachbarhaus hereingeschleudert wurde. Die Luftschutztür, die mit zwei festen Türklinken und guten Falleisen versehen war, wurde dauernd auf- und zugeworfen, die Grundfesten erzitterten. Da plötzlich, wir spürten es, mußte ein schwerer Kanister in unser Treppenhaus gefallen sein. Rauch kam auch schon vom Nachbarhaus durch den Durchbruch in unseren Keller. Die Männer sprachen vom Flüchten.

Der Hauswart schlug den Durchbruch vollständig auf und kletterte mit einem Nachbarn, der in unserem Keller Schutz gesucht hatte, in den Nachbarkeller. Mein Mann hatte den Mut, die Kellertreppe hinaufzuspringen. Er sah schon Riesenflammen aus dem dritten Stockwerk schlagen. Er sah auch, daß die Nachbarhäuser schon viel stärker brannten. Er rannte in den Keller und rief: „Alles muß so schnell wie möglich über die Kellertreppe hinaus." Ich setzte meinen Rucksack, der mit unseren Gebrauchsschuhen gefüllt war, auf, nahm meine Tasche mit den Lebensmittelmarken in die eine Hand und Karlheinz an die andere Hand und rannte die Treppe hinauf ins Freie. Mein Mann ließ sich von mir noch den Kellerschlüssel geben, denn wir hatten alles im Keller, und er wollte doch noch etwas retten.

Herr und Frau V. standen oben schon auf der Treppe; sie hatten aber nicht den Mut, durch das Feuer zu laufen und ließen uns nicht durch. Als mein Mann das sah, kam er zu mir, nahm Karlheinz an der Hand, in die andere Hand die Schreibmaschine und meine Hausschuhe (sie hatten im Luftschutzkeller gestanden) und rannte mit uns durch das Feuer auf die Teichhausstraße bis zur Adolf-Spieß-Straße. Hier gab er Karlheinz die Schreibmaschine, mir die Hausschuhe und ließ uns rennen. Wir zwei rannten bis zum Mercksplatz. Dort wollten wir auf meinen Mann und die anderen Leute warten. Die Hitze war jedoch so stark, und der Sog nahm uns die Luft weg. So rannten wir weiter, die Landgraf-Georg-Straße hinauf bis zum Ostbahnhof. Dann weiter bis zur Rosenhöhe. Vom Bombenfallen bis dahin war kaum eine halbe

Stunde vergangen. Wir gingen in eine Villa zu Bekannten und ließen uns etwas Wasser zum Frischmachen unserer Binden geben. Dann gingen wir an den Ostbahnhof zurück und setzten uns dort in den Zementgang. Erst um 5.30 Uhr konnten wir zurück auf den Mercksplatz, wo wir dann endlich meinen Mann fanden.

Er war, nachdem er uns herausgebracht hatte, wieder zurück in den Keller gerannt. Inzwischen waren alle Leute über die Kellertreppe ins Freie gelaufen. Fast alle hatten Koffer mitnehmen wollen, sie jedoch beim Anblick des Feuers stehen lassen. Wegen dieser Koffer stürzte mein Mann in den Keller, riß einiges herunter, rannte heraus, die Teichhausstraße hinunter und legte alles auf dem Mercksplatz ab. Das hat er dreimal gemacht. Beim drittenmal fingen die Säcke in unserem Keller schon an zu brennen; die Flammen klopfte er mit den Händen aus. So hat er fast alle Geschäftsbücher gerettet, etwas an Kleidern, einen Anzug, einen Koffer mit Strümpfen und den Kassetten. Als er zum vierten Male ins Haus wollte, sah er an der Ecke einen Mann mit den Armen vor dem Gesicht umfallen. Schnell rannte mein Mann hin, nahm ihn auf den Rücken und schleppte ihn zum Mercksplatz. Dort kam er nach zwei Stunden zu sich. Mein Mann versuchte noch einmal, ins Haus zu kommen, doch vor seinen Augen stürzte das Treppenhaus ein. Nach zwei Stunden stand der Keller in Flammen. In unserem Haus hat sonst keiner etwas gerettet.

Um 5.30 Uhr gingen unser Hauswart und noch ein Mann zurück und wollten sehen, ob etwas zu retten sei. Mit ihnen ging ich zurück und traf meinen Mann endlich nach den schrecklichen Stunden wieder. Wir rafften unsere paar Habseligkeiten zusammen und hasteten die Landgraf-Georg-Straße hinunter (die große Akazie am Schwimmbad lag brennend quer über der Straße), am Schloß und am Theater vorbei in die Hochschule zu meines Mannes Bruder. Wir mußten über brennende Balken, über Trümmer, unter niedergerissenen Kabeln durchschlüpfen. Der Hochschulkeller stand noch. Karlheinz und ich ruhten uns hier eine Stunde aus. Karlheinz schlief fest auf einem Teppich. Mein Mann ging inzwischen in den Betrieb, um nachzusehen, was dort passiert war. Wenn er noch stünde, wollten wir dort wohnen. Als mein Mann nach einer Stunde kam, sagte er uns, daß der Betrieb noch steht, aber daß wir hier nicht bleiben würden. Darüber war ich sehr froh, denn das Erlebte war so grauenhaft, daß ich nur mit Zittern und Zagen noch in der Stadt geblieben wäre.

Mein Mann hatte sich einen Leiterwagen geliehen. Wir packten alles darauf. Einige Sachen vom Betrieb hatte er schon mitgebracht. Und nun zogen wir wie die Zigeuner aus unserer brennenden, lieben Heimatstadt. Es war schon wieder Alarm, als wir durch den Herrngarten zum Rhönring und dann im Sturm den Rhönring hinaufrannten. Wir fuhren am Botanischen Garten vorbei, und nun ging es durch den Wald bis nach Traisa. Zum Teil mußten wir quer durch den Wald, denn Bäume lagen um, und Brandbomben steckten zu Haufen in der Erde. Alle 50 Meter mußten wir halten, denn die Strapazen hatten uns zu sehr mitgenommen.

Auf dem Wege begegneten uns viele Leute, die nach den Wohngegenden ihrer Angehörigen fragten, Angst auf den Gesichtern. Viele Darmstädter überholten uns, denn die meisten hatten kein Gepäck mehr. Sie hatten das nackte Leben gerettet. Eine Bauersfrau kam aus der Stadt, sie hatte ihre Angehörigen nicht gefunden. Sie gab uns das erste Stückchen Brot, denn ihren Leuten hatte sie es nicht geben können. So kamen wir bis nach Traisa, wo wir bei Bekannten die erste Nacht verbrachten. Am nächsten Morgen ging es weiter, ohne Aussicht auf ein Dach über dem Kopf. Unterwegs trafen wir Bekannte aus Asbach, die uns hatten suchen wollen. Da hörten wir, daß wir fürs erste unterkommen würden. In einer kleinen Kammer wohnten wir acht Wochen, bis wir unter viel Mühe ein schönes Zimmer bei lieben Leuten erhielten. Bei all diesen Aufregungen und bei der Flucht hat unser Karlheinz keine Träne vergossen; er war so tapfer, wie ich es von keinem Kind, auch nicht von meinem eigenen, erwartet hätte.

Ein paar Tage später hatte Darmstadt wieder einen Angriff. Die Firma Merck wurde zerstört, und unser Betrieb bekam auch seinen Teil. Eine Mine traf das an der Seite gelegene Treppenhaus und riß auch einen Teil der Werkstatt in die Tiefe. Mein Mann fuhr nun jeden Tag nach Darmstadt und schraubte Maschinen ab, die er zum Fenster herabließ. Immer Alarm. An der Feuerwehrleiter kletterte er bis in den zweiten Stock, und die Fahrerei mit dem Fahrrad hatte meinen Mann doch wieder sehr mitgenommen. Die Webstühle im Werte von etwa 35 000 Mark mußten stehenbleiben; dazu hätte man einen Flaschenzug und Personal gebraucht. Wir werden warten müssen, was das Schicksal übrig läßt. M. R.

Maria Tevini: Jeder sah dem andern ins Gesicht

Wir waren kaum im Keller in der Zeughausstraße, als es auch schon losging. Es dröhnte, es prasselte, es kam Schlag auf Schlag. Schon ganz zu Anfang, als der Turm des Museums getroffen wurde, riß es unsere sämtlichen Türen aus den Angeln, obwohl wir einen ziemlich sicheren Keller mit gewölbten Gängen hatten. Den Kleinen (anderthalb Jahre) haben wir unter den Kissen im Waschkorb versteckt; die Mutter mit dem Mädchen (viereinhalb Jahre) pferchten wir in den kleinen Raum, der für evtl. Notdurft vorgesehen war. Mein Vater und ich stemmten uns mit aller Kraft gegen die Tür und fingen die Schläge ab. Unser Ausstieg brannte — überall sah man Feuer.

Als die Detonationen nachließen, hörten wir Menschen näherkommen; es waren Leute aus dem Wehrmeldeamt, Zeughausstraße 3. Sie wollten sehen, ob bei uns eine Bleibe sei. Aber sie gingen rasch weiter und baten uns, nicht zu bleiben, weil wir sonst nicht mehr herauskönnten. Wir schafften uns dann auch durch brennende Türen in unseren Innenhof: ein einziges Feuer. Alle Schuppen links der Mauer entlang waren prall gefüllt mit Winterbrand. Hasen- und Hühnerstall waren ein Flammenmeer. Teile des Museumsdachs, eine schmelzende Masse, lagen in unserem Garten. Es gab nur noch die Torhalle zum Entkommen, darüber brannte das ganze Gebäude.
Wir schafften es ins Freie bis zum Paradeplatz hin. Dort stand ein leerer Autobus und wir stiegen ein, um vor dem feurigen Wind geschützt zu sein. Mehr Menschen kamen; schließlich war der Wagen gefüllt mit dem beißenden Geruch von angesengten Kleidern. Jemand sagte, unser Aufenthalt sei gefährlich, weil die Räder Feuer fangen könnten. Dann kamen einige Männer — ich glaube, sie hatten etwas mit der Feuerwehr zu tun; die holten uns aus dem Wagen und erklärten sich bereit, uns nach dem Herrngarten zu führen. Wir hatten viel Mühe und Not, diesem Ziel schrittweise näherzukommen. Dies Stück Weg ist so kurz und war doch so unendlich lang, weil man alle Kraft brauchte, um sich auf den Beinen zu halten. Der Orkan warf einen um, wenn man sich nicht dagegen stemmte. Mit den beiden kleinen Kindern war es für mich besonders schwer.
Ich sah, daß alte Leute Kleider und Mäntel wegwarfen, weil sie zu brennen anfingen. Man mußte die Kleider stets im Auge behalten, weil die Luft nur noch aus Feuer zu bestehen schien. Schließlich haben wir den Weg geschafft, vorbei am brennenden Museum, ein Baum lag quer über der Straße, ein Straßenbahnwagen stand in hellen Flammen, das Zeughaus, das Schloß, das Theater, überall das gleiche Bild, untermalt von der schaurigen Musik dieses Orkans. Weiter entfernt hörte man noch Detonationen — später erfuhr man, daß dies ein Munitionszug gewesen sein soll, der nach und nach in die Luft ging.
Im Herrngarten sah es aus wie in einem Heerlager der früheren Zeit. Menschen kamen aus allen Richtungen, nur mit dem Nötigsten bekleidet. Insassen des Krankenhauses kamen mit dem Bettzeug und suchten Zuflucht. Wir waren müde und erschöpft. Man setzte sich auf die Erde, um ein wenig auszuruhen. Aber kaum hatte man sich an die Umgebung gewöhnt — es war ja Nacht —, da konnte man auch sehen, daß der Garten mit Brandbomben geradezu gespickt war. Man wußte nicht, ob sie noch gefährlich waren, und aus lauter Angst vor einer Explosion gingen wir weiter in Richtung Herrngartenteich. Die Augen brannten von dem Rauch, und die Sehnsucht nach Wasser war groß.
Meinen Vater hatte ich kurz vorher verloren — er wollte noch einmal zum Haus zurück und sich dann mit uns treffen. Wir hatten uns aber verfehlt. Durch einen querliegenden Baum, den meine Mutter mit den

beiden Kleinen überkletterte, verlor ich auch sie aus den Augen, da ich mich rechts hielt zum Wasser hin. Ein etwas verwachsener Mann schenkte mir ein Taschentuch, in diesem Augenblick ein Vermögen; denn in der Eile vergißt man das Nötigste. So konnte ich mir wenigstens die brennenden Augen etwas kühlen.

Ich war nun mit meinem kleinen Päckchen allein — der Junge hat sich nicht gerührt, er hat nicht geweint, aber er hing wie eine Klette an meinen Kleidern, so daß ich nicht in der Lage war, ihn auch nur für einen Moment auf den Boden zu stellen. Die Arme taten mir weh, denn er war ziemlich schwer, aber es ging nicht. So trottete ich in Richtung Kirche nach dem Ausgang. Frauen kamen mir entgegen. Sie nahmen mir kurzerhand das Kind ab und beruhigten es. Das Versprechen, uns in ein Haus zu bringen, das nicht brennt, klang fast wie ein Märchen. Ich fragte, ob es so etwas überhaupt noch gebe.

Am Ausgang bei der Elisabethenkirche war ein großes Eckhaus. Darin fanden wir unser erstes Quartier. Der Kleine bekam Brot und Obst, und ich erzählte, woher wir kommen. Es stellte sich heraus, daß man meine Eltern kannte.

Ein Gendarmerieoffizier kam in den Keller und forderte mich auf, mit dem Kind mitzukommen. Mit gemischten Gefühlen ging ich und war freudig überrascht. Man hatte in einem nur leicht beschädigten Zimmer ein Bett hergerichtet, in das ich mich mit dem Kleinen legen durfte. Aber ich blieb fast angezogen; ich mußte ja meine Angehörigen suchen gehen. Lange dauerte es, bis der Junge fest eingeschlafen war. Ich lag daneben und lauschte. Man hörte eine Mischung von Glockenläuten, Sirenen und Motorenlärm. Wenigstens ging es mir so. Es brauste, daß man glaubte, Wasser müsse in Mengen verspritzt werden; dabei war das der unheilvolle Sturm.

Der Morgen graute, als ich mich aufmachte, um die Angehörigen zu suchen. Man konnte die Menschen bereits erkennen, die einem begegneten. Jeder sah dem anderen ins Gesicht, um sicher zu sein, ob es ein Bekannter ist. Man fragte sich gegenseitig, wo ist dieser, wo ist jener. Erschütternde Wiedersehen erlebte ich auf diesem Wege. Man weinte einmal vor Freude und einmal aus Leid — wie es jeden der armen Menschen erwischt hatte. Meinen Vater fand ich zusammengesunken auf einer Bank am Ausgang nahe dem Gericht. Er hatte einen Stahlhelm über seinem Hut und schlief total erschöpft. Ein Bild zum Lachen — aber das hatte man in wenigen Stunden verlernt. Ich weckte ihn und mußte hören, daß er beinahe verschüttet worden war. Er wollte in das Anwesen zurück; überlegte kurz vor der Torhalle, ob es ihm wohl noch gelingen würde, weil das ganze Gebäude am Abbrennen war. Während er noch unschlüssig dastand, brach alles vor seinen Augen zusammen, so daß er ein zweites Mal davongekommen ist.

Er hat dann nach uns gesucht und ist schließlich auf der Bank eingeschlafen, bis ich ihn aufgestöbert habe. Die Suche nach Oma und

Enkelin war zunächst erfolglos. Schließlich kamen sie von der Frankfurter Straße her, wo sich meine Mutter die Augen pflegen ließ, weil sie nichts mehr sehen konnte.

Gemeinsam gingen wir zu unseren Trümmern; ich kletterte in den Keller und fand glücklicherweise unsere Vorratstasche. In unserem Quartier kochten unsere netten Gastgeber Kaffee, und wir erholten uns von dieser schrecklichen Nacht. Wir freuten uns, daß wir keinen Schaden erlitten hatten, und trösteten uns mit den vielen, denen es so gut oder so schlecht ging wie uns.

Lautsprecherwagen fuhren durch die Stadt und gaben bekannt, wann und wo Möglichkeiten zur Evakuierung geboten waren. Wir wollten nicht so weit weg von Darmstadt und entschlossen uns, nach Nieder-Ramstadt zu fahren, wo wir bei Verwandten unterkommen konnten, wenigstens für die ersten Tage. Gegen Abend gingen wir zum Ostbahnhof und warteten auf den Zug, der gegen 7 Uhr abgehen sollte. Es verging Stunde um Stunde. Der Zug kam nicht. Es war schon dunkel, als es endlich wahr wurde. Aber bis dahin hatten sich so viele Menschen angesammelt, daß es unmöglich schien, alle mitzunehmen. Wir hatten Angst um die Kleinen und reichten sie durch ein Fenster. Im Gepäcknetz haben sie die Fahrt einigermaßen gut überstanden.

Auf dem Bahnhof trafen wir unseren Nachbarn mit seiner Frau, die auch mit dem Zug fahren wollten. Er konnte nicht mehr sehen und weinte wie ein Kind, als die Frau ihm sagte, daß wir auch da seien.

In den folgenden Tagen führte mein Weg öfter in die Stadt. Täglich mußte ich Tote passieren. Den Anblick werde ich mein ganzes Leben lang nicht vergessen. Am Roßdörfer Platz lag ein Mann, aufgedunsen und übelriechend. Er lag lange Zeit da, und jeden Tag, wenn wir den Weg machten, wurde es mir schon vorher übel, wenn ich daran dachte, daß ich wieder vorbeigehen mußte. Ich kannte ihn, er hatte in der Nähe gewohnt. Weiter vorn, an der Hoffmannstraße, lag eine Frau, deren Anblick nicht ganz so schlimm war. Ihr gegenüber eine verkohlte Leiche — nicht viel größer als eine Puppe. Sicher hatte man zunächst keine Zeit, sich um diese Toten zu kümmern, weil zuerst den noch Lebenden geholfen werden mußte...

Wilhelmine Wollschläger: Die Stille des Todes

Als wir bis zur Mittagszeit des 12. September kein Lebenszeichen von unseren Angehörigen erhalten hatten, machten meine Mutter und ich uns aus der Waldkolonie auf den Weg in die Stadt. Wir nahmen Brote und heißen Tee mit; man wußte ja gar nicht, wie alles ist. Bis in die

Höhe der Feldbergstraße konnten wir in der Rheinstraße ziemlich gut laufen. Aber dann mußten wir Schutzbrillen aufsetzen und uns Tücher vor Mund und Nase binden, denn überall rauchte und schwelte es.
Die Fahrbahn in der Rheinstraße war nur noch ein schmaler Streifen, und die Oberleitungen der Straßenbahn hingen herab. Wir schwammen gewissermaßen gegen den Strom — alles strömte zum Hauptbahnhof, um die Stadt zu verlassen. Rechts und links nur Trümmer. Wir hasteten vorwärts, so gut es ging. Ecke Rhein- und Georgenstraße (heutige Gagernstraße) sah ich voll Schaudern die ersten Toten unter Decken liegen. Eine einsame Frau saß auf einem Sofa und bewachte ihre Habseligkeiten. Rechts am Luisenplatz lagen an der eisernen Einfriedigung der Anlagen Tote. Ich erinnere mich an ein gespenstisches Bild: ein rotgerösteter Mensch, bizarr verrenkt, leuchtete auf dem Rasen. Voll Schauder eilten wir weiter.
Am Faix-Eck (heute Kaufhof) war noch ganz dicker Qualm und Rauch, aber auf dem Marktplatz konnte man etwas freier atmen. Da waren die Feuerwehren aus der ganzen Umgebung Darmstadts angefahren, ohne wohl helfen zu können.
Dann ging's die Landgraf-Georg-Straße hinauf zum Meßplatz. Hier ruhten sich gerade viele RAD-Männer vollkommen erschöpft aus. Eine Freundin meiner Tante kam auf uns zugestürzt und fragte nach ihr. Aber wir wußten ja selbst noch nichts. Dann ging es über die Teichhausstraße, Adolf-Spieß-Straße zur Stiftstraße. An dieser Ecke war ein Schreiner- und Beerdigungsgeschäft. Ich hörte in der Totenstille ein regelmäßiges Klicken. Jemand hatte noch ein ganzes Regal mit Eingemachtem in den Hauseingang gebaut, und in der Hitze des brennenden Haus zersprang ein Glas nach dem anderen. Sonst war Totenstille in der Stiftstraße, niemand begegnete uns.
Wir kamen an Nummer 97. Gott sei Dank, die zugemauerten Kellerfenster sind aufgeschlagen. In der Aufregung beuge ich mich in eines hinein und rufe: „Großmutter, Großmutter!" Auf dem Boden des Kellers züngeln kleine Flammen. Jemand reißt mich zurück. Die Trümmer des brennenden Hauses könnten ja einstürzen. Wir laufen in den Hof des Anwesens, an den Seitenbau, wo meine Großmutter und Tante gewohnt hatten. Alles eingestürzt und brennend, nirgends eine Menschenseele. Meine Mutter glaubte in der Aufregung und Verzweiflung, im Haus Nummer 99 Auskunft bekommen zu können. Wir eilen durch das offene Tor in den Hof. Hier ein verkohlter Baum, angelehnt ein Fahrrad und an diesem eine Aktenmappe, alles unversehrt. Rundum Totenstille.
Meine Mutter ruft: „Herr K., Herr K." Nichts. Da — ein paar Stufen hinunter in den Garten. Hier liegt der verkohlte Nachbar, den meine Mutter gerufen hatte. Voller Entsetzen verlassen wir auch diese Stätte des Grauens. Als wir die Straße betreten, sitzt auf einem Koffer mitten auf der Straße ein Mann und weint wie ein Kind: „Die Hunde haben

meine Frau und meinen Jungen im Keller umkommen lassen. Ich habe am Samstag an den Westwall gemußt."

Wir gehen die Stiftstraße zurück. Vorher hatten wir in der Eile und Sorge um unsere Lieben hier nichts weiter wahrgenommen. Nun das Grauen. Keine Menschenseele. Vor dem Lebensmittelgeschäft Sch. liegt eine verkohlte Frau mit ihrem verkohlten Kind. Ein paar Schritte weiter ein kleines offenes Hoftor zu dem Grundstück Stift-/Soderstraße. Wir schauen in den Hof. Da liegen unter einem nicht beschädigten Glasdach, das den Hauseingang überdeckt, wie ein Scheiterhaufen geschichtet, menschliche Gerippe. Es schüttelt uns. Wir überqueren die Soderstraße. Auf der anderen Ecke liegen drei verkohlte Menschen, ein Mann und zwei Frauen.

Niemand begegnet uns. Wir gehen in die Rundeturmschule, wo — wie uns die Freundin meiner Tante gesagt hatte — Auskunft über Evakuierte zu erhalten ist. Aber wir können nichts erfahren. Im Hof der Schule kauern zwei junge Männer und betrachten Hände voller Schmuckstücke. Leichenfledderer oder Plünderer? Das Grauen hat mich so gefangengenommen, daß ich nichts mehr weiter in Erinnerung habe, lediglich, daß wir zum Schluß auf das Postamt am Hauptbahnhof gingen und Suchkarten an alle auswärts wohnenden Verwandten aufgaben — wegen Großmutter und Tante, die bis auf den heutigen Tag als vermißt gelten.

L. Arnold: Gefangen in der Mauerecke

Hauptalarm. Wir gingen schnell in den Keller. Das Kind hatten wir in einem Körbchen. Nach fünf Minuten bekam unser Haus in der Saalbaustraße schon einen Volltreffer. Durch das Kellerfenster flog ein brennender Hund, Flammen schlugen herein. Hier konnten wir nicht bleiben. Wir gingen nach dem Garten zu. Ich trug das Kind, meine Tochter hatte ein Köfferchen mit den wichtigsten Sachen für das Kind, und meine Mutter hatte eine Tasche mit den Papieren. Wir konnten auch hier nicht bleiben, denn die Rückwand des Hauses drohte einzustürzen. Die Bomben fielen weiter: Phosphor-, Brand- und schwere Bomben. Hinten im Garten an einer Blechgarage war noch keine Bombe gefallen, dahin wollten wir.

Während ich schon fortlief und mich nach einigen Schritten umdrehte, sah ich, daß meine Tochter und meine Mutter mir folgten. Ich eilte weiter, um mich mit dem Kind in Sicherheit zu bringen. Als ich an der Garage ankam, drehte ich mich nochmals um und sah die beiden nicht mehr, nur die Flammen. Ich nahm an, daß sie nach einer anderen

Richtung gegangen seien, die ihnen sicherer schien. An der Blechgarage konnte ich auch nicht bleiben, da meine Kleider durch den Phosphor zu brennen anfingen. Die Flammen kamen an das Körbchen des Kindes. Ich sah neben der Garage einen Erdhügel, den ging ich hinauf und wollte mit dem Kind im Körbchen über die Mauer in den Nachbargarten, da ich annahm, daß auf der anderen Seite der Mauer auch eine Anhöhe sei, und stellte das Körbchen über die Mauer. Aber auf der anderen Seite war es vier Meter tief, und das Körbchen fiel hinunter — zum Glück auf den Boden, so daß das Kind nicht hinausfiel. Ich sprang nach, dem Kind war nichts passiert.

In der Mauerecke lag ich die ganze Nacht bis morgens um sechs Uhr, um mich herum nur Flammen und stürzende Mauern. Die Hitze war so stark, daß ich nicht glaubte, den Morgen zu erleben; das Kind atmete schwer, und ich fürchtete, es würde jeden Augenblick sterben. Als es dämmerte, hörte ich Stimmen. Sie kamen auf mich zu. Sie brachten mich durch schwelende Trümmer zum Marienplatz. Von dem Arzt bekamen wir gleich Spritzen und wurden auf einem Lastwagen in das Krankenhaus nach Eberstadt gebracht. Dort gab man uns gleich wieder Spritzen, denn das Kind war beinahe tot, und ich konnte kaum mehr atmen. Man legte mich ins Bett, wir konnten beide keine Nahrung zu uns nehmen. Der Arzt stellte schwere Rauchvergiftungen fest. Eine Schwester brachte uns nach Bensheim; am Bahnhof fragte ich Bekannte, ob meine Tochter und meine Mutter schon in Bensheim seien.

Mein Schwiegersohn kam gleich aus der Garnison nach hier. Er fuhr fast jeden Tag während seines Urlaubs in ein anderes Krankenhaus der Umgebung, fand die beiden aber nicht. Nach und nach habe ich mich etwas erholt, aber mein Enkelkind wurde immer kränker. Der Arzt gab sich die größte Mühe, das Kind zu retten, und es gelang ihm. Nach acht Wochen sah man, daß sein Bemühen nicht umsonst war. Das Bangen um das Schicksal meiner beiden Lieben zermürbte mich bald; ich fand keine Ruhe, und sehr oft brachte ich das Kind morgens zu den Schwestern und fuhr nach Darmstadt in die Vermißtenstelle und an unsere Trümmerstätte, in der Hoffnung, irgend etwas zu hören oder zu finden — vergeblich.

Oft kam es vor, daß Hauptalarm war und kein Zug mehr fuhr. Ich wollte aber unter allen Umständen in der Nacht wieder bei meinem Enkelkind sein. So lief ich öfters von Darmstadt nach Bensheim; das dauerte manchmal sechs bis sieben Stunden, denn ab und zu kam unterwegs auch noch Alarm und ich mußte in einen Straßengraben.

Nach Kriegsende haben wir an der Stelle, da ich meine beiden Lieben zuletzt gesehen hatte, graben lassen. Auf dem Boden an der Stelle, an der die beiden zuletzt standen, sind die Leichen gefunden worden. Die hintere Hausmauer war zusammengebrochen und hatte die beiden unter sich begraben.

Rudolf Vock: Das große Grab

Die Kapelle des Alten Friedhofs brannte, das Pförtnerhaus brannte, das große Tor war aufgerissen, die Mauer nach Norden eingebrochen, es wurde heller. Leichenteile hingen in den Ästen der Bäume. Allein stand ich da, machtlos. Also lief ich weiter bis zur Darmstraße, um meine Mutter zu suchen, meine Frau immer tapfer neben mir. Die Tränen liefen ihr übers Gesicht. In Mutters Wohnung sackte, gerade als wir ankamen, der Küchenherd durch den Fußboden in den brennenden Keller. Von Mutter keine Spur. Rundherum brennende Häuser und verzweifelte Menschen. Wir kehrten um. Ich ging wieder auf den Alten Friedhof, meine Frau lief nach Hause in die Alte Niederstraße. Kaum war ich auf dem Friedhof, da kam der damalige Oberbürgermeister Wamboldt mit dem Personenwagen: „Vock, wir müssen so schnell wie möglich hundert Schaufeln auftreiben und nach dem Waldfriedhof bringen lassen; es kommen hundert gefangene Russen, die auf dem Waldfriedhof Gräber für die Opfer ausheben. Sie leiten die Arbeit." In der Rheinstraße fuhren wir schon an einer Reihe von Lastfahrzeugen vorbei, die mit Leichen vollgeladen waren.

Als ich an der Stelle auf den Waldfriedhof kam, wo heute der Ehrenfriedhof ist, wurde ich ganz steif und kalt, als ich meine Frau dort stehen sah. Mit starrem, kalkweißem Gesicht sah sie den Russen zu, wie sie die Toten von den Fahrzeugen nahmen und in den ersten Graben legten. Auf jede Reihe Toter kam aus Säcken Chlorkalk, dann wurden sie mit der Erde aus dem nächsten Graben zugedeckt. SS brachte und bewachte die Russen, Kriminalbeamte sammelten alle Wertgegenstände in Tüten, auf die sie die Namen der Toten schrieben — soweit sie bekannt waren.

Ein Lastwagen kam nach dem anderen, beladen von den Aufräumungskommandos in den Straßen der Stadt. Und jedes Auto wurde von mir und meiner Frau genau nach Angehörigen abgesucht. Aber wir fanden niemand und faßten Hoffnung. Tagelang ging das in gleichem Rhythmus. Mir war elend. Und nicht allein wegen des Anblicks der Opfer. Wir konnten nichts essen; wir würgten das Notwendigste runter. Nach zehn Tagen wurde ich vom Waldfriedhof abgeholt und im Eiltempo nach dem Alten Friedhof gebracht. Dort bekam ich das Kommando, da der Vorarbeiter noch immer nicht aufgetaucht war. Es war alles so jammervoll und elend. Ich mußte morgens vom Gefängnis zwölf Gestapo-Gefangene abholen, um mit ihnen den Alten Friedhof in Ordnung zu bringen. Hundert Mann hätte ich brauchen können, aber ich bekam nicht mehr Hilfe. So kamen für mich nun Nächte, die ich nicht vergessen werde, und wenn ich ewig lebte.

Am Tage ließ ich gegen den Befehl der Gestapo die Angehörigen der Gefangenen kommen, damit die Häftlinge von zu Hause mit Essen versorgt werden konnten; denn die Gefängniskost war noch schlechter als die unsrige. In dem Kindergarten bei der Pauluskirche bettelte ich Nachschub und half nun auch tagsüber den Leidtragenden und dem Pfarrer in unserer Holzhütte mit einer heißen Tasse Kaffee. Das Portal des Friedhofs stand im Halbkreis voll mit Särgen, Bütten und Kästen. In alten Eimern brachten die Darmstädter den ganzen Tag über ihre Toten. Oft lagen drei in einem Sarg. In einer Waschbütte eine ganze Familie, das heißt der Rest davon. Und ich saß jede Nacht bis zum Morgengrauen dabei und wachte wegen der streunenden Hunde und Katzen. Ich mußte auch achtgeben, daß niemand in den Nächten seine Angehörigen beisetzt; weil viele dabei waren, die kein Familiengrab hatten. An jeden Behälter kam der Name der Überbringer. So arbeitete ich wochenlang mit dem Herrn W. von der Friedhofsverwaltung zusammen, der sein Büro bei dem Steinmetz W. aufgeschlagen hatte.

In meiner Arbeitsgruppe waren Häftlinge aus dem Odenwald und aus Katzbach, Polen und Franzosen — alles durcheinander. Ich lieh einem Häftling täglich mein Fahrrad, damit er Frau und Kinder in Offenbach besuchen konnte. Das war sehr gewagt, aber es ging jeden Tag gut. Er war Jude und stammte aus Mühlheim bei Offenbach aus guter Familie. Er kam immer wieder zurück. Bis er eines Tages sagte: „Rudi, die Gestapo will mich morgen fortschaffen. Hilf mir, die legen mich um." Was sollte ich tun. Ich habe ihm zur Flucht verholfen, und ich bin ohne ihn ins Gefängnis gekommen. Da war der Teufel los. Ich wurde verhört von der Gestapo, und als ich nach ein paar Tagen wieder verhört, beziehungsweise verhaftet werden sollte, habe ich mich mit meiner Frau in die Tschechei als Hausmeisterehepaar abgesetzt und in Kubitzen bei Furt im Walde Unterkunft gefunden.

Als die Amerikaner kamen, wurden die hundert Schulkinder, die aus Hamburg da evakuiert waren, meine Frau und ich ausgewiesen. Es wurde ein langer Weg zu Fuß nach Darmstadt: 400 Kilometer.

Elsemarie Ullrich: Einer nach dem anderen verlor die Besinnung

Mitten im Stadtzentrum von Darmstadt, im Gebäude der Dresdner Bank, wo mein Vater seine Anwaltspraxis betrieb, hatten wir unsere Wohnung. Ich war sechzehn, als die Schreckensnacht über uns hereinbrach, die ich mein Leben lang nicht vergessen werde. Wir waren eine recht leichtsinnige Familie. Selten suchten wir bei Fliegeralarm den Keller auf. Auch am Abend des 11. September saßen wir wieder vor dem Radio, um die Richtung der eingeflogenen Verbände zu verfolgen. Da, wieder eine neue Meldung: „Die eingeflogenen Kampfverbände haben bei Bruchsal Nordkurs eingeschlagen."

„Wir wollen in den Keller gehen", sagte meine Mutter. „Heute gilt es uns." Sie hatte oft solche Ahnungen und sollte leider auch heute recht behalten. Wir waren kaum im Keller, da brach über uns die Hölle los. Gleich mit den ersten Treffern stürzte das Haus über uns zusammen, alles bebte und wackelte um uns. Aber die Decke unseres Kellers hielt stand. Wie lange noch? Angst und Entsetzen auf den Gesichtern — so saßen wir da, mit eingezogenem Genick und krummen Rücken in Abwehr gegen etwas, dem man doch völlig machtlos ausgeliefert war. Es dauerte Ewigkeiten, bis der Bombenhagel aufhörte, und es waren doch nur wenige Minuten.

Dann wurde es ruhig. Wir wollten heraus aus unserem Keller. Es war ein guter Keller, zwei Stock tief unter der Erde. Alle Zugänge waren mit schweren Eisentüren gesichert, jeder einzelne Raum noch einmal extra. Er hatte dem Bombenhagel standgehalten, aber jetzt sah es aus, als sollte er uns zur Mausefalle werden. Von einem Ausgang zum anderen zogen wir. Alle waren verschüttet, und über dem Schutt prasselten die Flammen. Immer schlugen wir — vom Grauen gepackt — die schweren Eisentüren wieder zu. Nach der Rheinstraße hätte man herausgekonnt, aber hier loderten die Flammen hellauf. Bäume brannten, der Asphalt brannte, und die Menschen, die verzweifelt Rettung suchten, glichen lebenden Fackeln.

Ein Heulen war in der Luft: der Feuersturm, der den Menschen die letzte Luft entriß, um sie zu vernichten. Da konnte man nicht durch, lieber zurück in den Keller. Lieber ersticken da unten, als noch länger in dieses Inferno schauen.

Eine Frau aus unserem Hause versuchte dennoch, zu entkommen. Von Panik ergriffen, stürzte sie durch die Flammen. Man hat sie nicht mehr gefunden. Wir anderen flohen zurück in die Keller, setzten uns nieder, warteten. Worauf? Rettung? Konnte es die noch geben? Stunden vergingen. Immer dünner wurde die Luft. Vom Stadthaus nebenan hatten sie die Mauer durchschlagen. Das brachte uns auch noch den Rauch, Übelkeit würgte in der Kehle, im Schädel dröhnte es, und das Atmen wurde zur Qual. Da griff meine Schwester in die Tasche ihres Schutzanzuges: „Und wir werden doch herauskommen", sagte sie, „ich habe eben einen Glückspfennig in der Tasche gefunden". Konnte man sich an so etwas klammern? Es wurde alles gleich. Wasser drang aus dem Heizungskeller ein. Wir legten uns hinein, weil man so, am Boden liegend, noch ein wenig Luft erhaschen konnte. Einer nach dem andern verlor die Besinnung.

Und dann kam doch Rettung. Einer der Herren von der Bank hatte nicht geruht, bis Soldaten, die zu Rettungsarbeiten in die Stadt gekommen waren, einen Ausstieg für uns freigelegt hatten. Durch eine Luke im Heizungskeller wurden wir ans Tageslicht gezogen. Aber was für ein Tageslicht! Der Himmel war dunkel von Rauch; die Grafenstraße völlig unpassierbar. Trümmerberge hatten sie restlos blockiert. Nur die

Rheinstraße war für die Lastwagen der Soldaten noch passierbar. Auf der Kreuzung liegend, fanden wir uns alle wieder. Herrlich, wieder atmen zu können. Doch nur für uns war es frische Luft, in Wahrheit war das alles nur Rauch und Gestank. Mit Lastwagen wurden wir auf den Griesheimer Flugplatz gebracht. Hier wurden Wunden verbunden und es gab etwas Tee.
Dann mußte jeder sehen, daß er bei Verwandten oder Bekannten unterkommen konnte. In Langen fanden wir bei lieben Freunden erste Aufnahme und Hilfe. Wir durften baden, doch acht Tage lang noch rochen unsere Kleider und Haare nach Rauch. Erst in Bad Nauheim bei unseren Verwandten fanden wir wieder so etwas wie eine Heimat. Viele halfen gern und selbstlos, doch mancher hatte viel und konnte doch nichts entbehren. Wir haben das eine und das andere nicht vergessen.

Auf der Suche nach Leben

Gleich hinter Griesheim begann das Inferno auf uns zuzukommen. Der Himmel wurde immer düsterer von dem schwelenden Rauch. Die Telegrafenstangen waren umgerissen oder standen schief, drohten jeden Augenblick zu stürzen. Die Telegrafendrähte hingen herunter. Menschen, verschmutzt, mit wirrem Haar, einige mit apathischem, andere mit verzerrtem Gesichtsausdruck, kamen uns entgegen, irgendein Bündel schleppend; andere zogen ein Wägelchen hinter sich her oder schoben einen Karren, beladen mit den wenigen Habseligkeiten, die ihnen wichtig schienen.
Als wir an dem ehemaligen Landwirtschaftsministerium ausstiegen — weiter konnte man ohnehin nicht fahren —, sah ich gleich auf der linken Seite der Rheinstraße den Sohn unseres Milchhändlers völlig verwirrt auf eine Frauenleiche zu seinen Füßen starrend. Ich sprach ihn an; er sagte nur: „Hier liegt meine Mutter, an der Reichsbank liegt mein Vater." Von seiner Schwester wußte er nichts.
Ich suchte meinen Weg über den Steubenplatz zur Friedrichstraße, um in die Kasinostraße zu gelangen. Aber die Häuser in der Friedrichstraße waren eingestürzt, brannten zum Teil noch. Ungeheure Schuttmassen lagen quer über der Straße, teilweise noch rauchend. Es war unmöglich, hinüberzuklettern. So versuchte ich, von der Bismarckstraße her in die Kasinostraße zu kommen. Schritt für Schritt tastete ich mich vor, immer ängstlich nach rechts und links zu den Häusern nach oben schauend, die jeden Augenblick einzustürzen drohten. Man konnte ohnehin nur mitten auf der Straße gehen. Plötzlich lagen vor mir zwei Pferdekadaver.

An der Ecke Friedrichstraße lagen die verbrannten, völlig zusammengeschrumpften Leichen dreier Frauen aus dem Eckhaus. Sie waren nur wenige Schritte aus dem Garten herausgekommen. Ich erkannte sie als unsere Nachbarinnen. Was mochte ich bei uns antreffen? Das Haus zerstört, ausgebrannt wie alle anderen. Ich versuchte, durch die Torfahrt vorzudringen bis in den Garten — unmöglich. Ein mächtiger Schutthaufen war nicht zu überklettern. Ich ging um die Straßenecke, um vom Nachbargarten aus einen Weg zu finden. Da kamen von der Friedrichstraße her drei Männer, die ersten Menschen, die ich antraf. Sie warfen eine Decke über die drei Frauen, nachdem ich sie ihnen identifiziert hatte. Dann halfen sie mir, in unseren Garten vorzudringen. Sie stiegen durch das Kellerfenster in den Luftschutzkeller. Die Treppe war abgebrannt. Der Keller, aus Natursteinen gewölbt, hatte gehalten. Sie holten vier tote, aber nicht verbrannte Frauen heraus und legten sie in den Garten. Sie waren wie schlafend, also rauchvergiftet. Das Ehepaar, das noch im Hause gewohnt hatte, hatte sich demnach retten können. Die vier Frauen, alle über 60, hatten wohl nicht den Mut dazu gefunden.

Anderntags hielt ich in dem Dorf, wohin ich mit meinen Schülern einige Zeit vorher evakuiert worden war, meinen Unterricht; die Jungen waren alle wieder zurückgekommen (denn ihre Eltern hatten ja auch keinen Platz mehr für sie). Aber am Nachmittag fuhr ich wieder nach Darmstadt, um zu sehen, was wohl für die Leichen getan werden konnte. Da traf ich eine Geschäftsfrau, bei der ich zu kaufen pflegte. Sie lief wir irr immer wieder durch die Bleichstraße und die Kasinostraße und suchte verzweifelt nach ihrem Mann, der doch gleich nach ihr aus dem Keller herausgeklettert sei. Sicher war er vom Sog in die Flammen hineingezogen worden und verbrannt, wie so viele gleich ihm.

Als ich die Rheinstraße hinaufging, sah ich, wie man aus dem Luftschutzkeller des Landtagsgebäudes (der als der sicherste galt) eine Leiche nach der anderen heraustrug und auf Lastwagen legte. Es sollen an die 200 gewesen sein. Gegenüber lagen im Hof der Werkstätte Opel auch mehrere Leichen nebeneinander, ebenso an dem Verkehrsbüro zwischen Schloß und Weißem Turm. Sicher waren es diejenigen, die in den umliegenden Geschäftshäusern in der Nacht Luftschutzwache gehabt hatten. Ich ging durch den Herrngarten, um über die Bismarckstraße zur Kasinostraße zurückzufinden. Da hörte ich aus einem der Keller in der Bismarckstraße Klopfzeichen. Anscheinend war der Ausgang verschüttet, aber noch Leben im Keller. Mit Steinen klopfte ich als Antwort, daß ich Hilfe holen wollte. Ich rannte zurück zum Landtagsgebäude, wo ich die Männer bat, mitzukommen und die Menschen zu retten.

Bis Samstag lagen bei uns die Leichen im Garten. Vorerst kamen russische Gefangene, um die vielen, vielen Toten aus der Kasinostraße auf

59

Lastwagen zu laden und auf den Friedhof zu fahren, wo sie in Massengräbern beigesetzt wurden. Zum Glück hatte ich schon zuvor einen Sarg ergattern können, um meine Schwester auf unserem Familiengrab beisetzen zu können. Wir mußten das Grab selbst graben, sie einbetten und wieder zuschaufeln.

Es war einige Zeit vergangen, da mußte ich zur Sparkasse; eine Zweigstelle war in der Bessunger Straße, am Ende des Orangeriegartens erhalten geblieben. Ich fuhr schon ganz früh mit dem einzigen Zug, der morgens verkehrte. Ich stand wie so viele andere in der Halle des Hauptbahnhofs herum, der ja wenige Tage nach dem Hauptangriff getroffen wurde. Dann ging ich die Rheinstraße hinaus. Bis zum Schloß sah man hier und da noch einen Menschen. Aber von da ab ging ich einsam den kaum getretenen Pfad zwischen den Trümmerhaufen der Kirchstraße und Karlstraße bis zur Bessunger Straße. Oft mußte man über Steinhaufen klettern. Kein Mensch war den ganzen langen Weg über zu sehen, kein Laut zu hören. Einsam auf dem Weg durch eine tote Stadt. Niemand kann diese Leere, diese Angst nachempfinden, der sie nicht selbst erlebt hat.

Einmal erlebte ich noch einen Alarm über der toten Stadt. Sirenen gab es nicht. Autos fuhren mit Sirenengeheul durch die Straßen. Tieffileger kamen gleich danach. Wo aber in den Trümmern ein Plätzchen finden, in das man flüchten konnte?

Es war noch im September, als ich wieder einmal durch die Kasinostraße und die Mornewegstraße zum Bahnhof ging. Die beiden alten Bahnhöfe — Main-Neckar-Bahnhof und Ludwigsbahnhof — und die Häuser ringsum, das katholische Pfarrhaus St. Fidelis waren zerstört. (Die Madonnenstatue an der Ecke zwischen Kirche und Pfarrhaus war unversehrt.) Zwischen Ludwigsbahnhof und dem Pfarrhaus waren Schrebergärten. Da sah ich plötzlich mitten in der Zerstörung einen Mann seine Beete umgraben. Kein Darmstädter dachte ja damals, daß seine Stadt, die doch ein einziges Trümmerfeld war, je noch einmal aufgebaut werden könnte. Ja, niemand wußte, was noch alles auf uns zukommen würde. Und da grub dieser Mann seine Beete für das kommende Jahr um. Nie konnte ich an diesem Garten vorübergehen, ohne an die Szene zu denken und das Wachstum darin zu beobachten.

Ludwig Prinz von Hessen und bei Rhein: Das war Darmstadt

Am 11. September 1944 war, wie in fast allen Nächten dieses Monats, nach Dunkelheit Fliegeralarm. In Wolfsgarten mußten die Patienten der dort einquartierten chirurgischen Abteilung des Stadtkrankenhauses Offenbach wie fast jede Nacht in die gewölbten Keller verfrachtet werden. Das war eine äußerst mühselige und anstregende Sache für die Schwestern und die wenigen männlichen Hilfskräfte, zu denen sich die alten Angestellten des Hauses, der Besitzer und die Besitzerin gesellten. Einige Zeit nach dem Alarm setzten mit dem entfernten Brummen der Flugzeuge die Detonationen ein. Meine Frau und ich gingen in den Splittergraben außerhalb der Häuser; wegen der Sicherheit und um diese überwachen und besser beobachten zu können. Explosionen erschütterten von Süden her die Erde. Als es etwa nach einer halben Stunde ruhiger geworden war — der Flugzeuglärm schien verstummt, nur einzelne fernher dröhnende Detonationen hielten noch an —, gingen wir an den Parkzaun und schauten in Richtung Darmstadt. Dort rötete sich der Himmel, noch immer von aus der Erde aufscheinenden Blitzen erhellt. Der Lichtschein wuchs und wuchs, bis der ganze südliche Himmel rot und gelb durchblitzt erglühte. Das Ausmaß des Brandes war ungeheuer. Über 15 Kilometer hinweg: Das war Darmstadt.

In der Dunkelheit am Parkzaun gesellte sich unser Frank zu uns, der viele Jahre meinem Vater und mir treu und redlich gedient hatte. Wir besprachen, daß er und ich mit der „Rolle", von unserem Kutscher Helmus gefahren, nach der Stadt vordringen wollten. So konnte Helmus seine Frau im Nordviertel, Frank seine Familie in Bessungen besuchen und ich nach meinen Freunden in der Wilhelminenstraße, der Zimmerstraße und um das Neue Palais herum schauen.

Wir spannten die Traber vor den offenen Rollwagen und legten unsere Fahrräder darauf. Ich zog mir militärische Erinnerungen an, denn ich war Anfang des Jahres ohne Begründung als Rittmeister aus dem Heere entlassen worden. So erschien ich nun in hohen Stiefeln, halbmilitärischem Ledermantel und Stahlhelm. Den aus Aluminium gemachten Friedensstahlhelm gab ich Frank zum Schutze gegen Funkenflug. Mit dumpfer Angst im Herzen setzte sie unsere Fuhre dem roten Licht zu in Bewegung.

Ob man so hinkäme, schien fragwürdig. Nach einiger Zeit des Zottelns auf der Chaussee war es uns auf Grund der scheußlichen Helligkeit klar, daß an unserer Stadt ein Todesurteil vollstreckt worden war.

Auf der Frankfurter Straße, an der Merckschen Fabrik, war der Feuerschein von der Stadt her schon so stark, daß wir links abbogen und auf Umwegen über Gichtmauer und Dieburger Straße auf die Rosenhöhe fuhren. Auf diesem Weg brannten in dem locker bebauten Vorort schon einzelne Häuser. Wir hielten am Verkaufsstand der Rosenhöhe. Ich ließ mein Rad dort, Helmus die Pferde, und jeder machte sich auf seinen Weg. Mein Verwalter Bux aus Kranichstein war auch eingetroffen und wir gingen zusammen los; zunächst nach dem Schloß Rosenhöhe, das noch brannte. Die Einwohner hatten allen erreichbaren Hausrat herausgeschafft. Herr und Frau Kulenkampf wirkten mit ihren Hausgenossen zusammen. Was noch zu retten gewesen war, schien gerettet, das Haus war beinahe ausgebrannt. Auf dem Weg lagen alle paar Meter Stabbrandbomben. Eine Sprengbombe hatte der großen Wellingtonia die Spitze gebrochen. Solche Beobachtungen waren möglich, weil der hellrote Himmel und einige noch wie Fackeln brennende Häuser Licht warfen.

Ich ging dann mit Bux über die Mathildenhöhe — das Ernst-Ludwig-Haus schwelend und ausgebrannt — das Ausstellungsgebäude zerstört, sogar der Hochzeitsturm qualmend. Kein Mensch weit und breit. Nach der Stiftstraße zu, wo die Häuser dichter stehen, wurde der Brand schlimmer. Bux und ich trennten uns. Ich versuchte, nach links über den Meßplatz in die Stadt zu kommen.

Auf dem weiten Platz war Leben. Die Häuser ringsum brannten noch oder rauchten. Mitten auf dem Platz hatten sich viele Menschen zusammengehockt mit ihrer geretteten Habe. Immer neue kamen hinzu, sie trugen alte Mütter, Möbel, Kinder, Kartoffelsäcke. Sie wollten dem Feuersturm entgehen, der in der Innenstadt raste. Nach dem Schloß zu durch die Altstadt war kein Vorwärtskommen, da brannte noch immer alles lichterloh.

Ich ging über den Meßplatz Richtung Heinrichstraße. Hier war es nicht so arg, aber alles schien zerstört. In der Gervinusstraße hörte ich Hilferufe aus dem Keller eines Hauses. Alte Damen versuchten, aus der Luke zu kriechen. Ich half ihnen dabei und dann über den eisernen Gartenzaun, da die Türe nicht zu öffnen war. Ich weiß noch, wie ich einer Alten, der ich mit großer Mühe wegen ihres erheblichen Gewichtes über das Gitter half, zurief, sie solle sich denken, daß sie jünger und ich ein reizender Kavalier sei, in dessen Arme zu stürzen ein Vergnügen wäre. Sie stürzte dann auch, und wir beide wälzten uns unverletzt auf dem Trottoir.

Die alten Damen strebten ganz instinktiv vom brennenden Haus weg dem Alten Friedhof zu, wo wieder eine Menschensammelstelle entstanden war. Hier saßen schon viele auf geretteten Stühlen und Sofas, oder sie lagen auf Matratzen am Boden und stierten wie hypnotisiert auf die Feuersbrunst, die sich nach Westen hin verstärkte.

Ich versuchte nun, von hier aus über die Heinrichstraße dem Stadtkern zu vorzudringen. Hier brannte alles noch lichterloh. Nicht weit von der Karlstraße war ich auf einmal vollkommen allein. Ein heulender Sturm rüttelte im Rücken und wollte mich in die Feuersbrunst reißen, die vor mir stand.

Am Alten Friedhof hatten mich irgendwelche Amtspersonen festgehalten, hatten aber vor Stahlhelm und Kommandoton kapituliert. Ich hätte ihnen folgen sollen. Mitten auf der Heinrichstraße, deren Häuser aus den Dächern rote Lohe sprühten, rannte mir ein Oberfeldwebel in Uniform mit weißverbundenem Kopf laut rufend und schreiend entgegen. Wegen des allgemeinen Lärms merkte ich das erst, als er an mir vorbeisauste. Er ließ sich nicht halten.

Dann schlug die ganze Vorderfront eines Hauses quer über die Straße.
Ich kehrte um — aus Verzweiflung Selbstmord zu begehen, schien unnötig, außerdem hatte man ganz gemeine Angst.
Vor der Heinrichstraße wandte ich mich wieder zur Roßdörfer Straße. Da brannte nicht die ganze Straße. Nahe dem Botanischen Garten stand ein kleines Einfamilienhaus in hellen Flammen. Ein älterer Mann im Schlafrock stand davor, sah es wie gebannt an und rührte sich nicht. Hier in der Nähe der Inselstraße soll mein alter Lehrer, Prof. Dr. Eugen Köser, in dieser Nacht, wild gegen die Machthaber fluchend, umhergeirrt sein.
Ich kam zum Woogsdamm — Beckstraße. Hier war die Feuerwehr damit beschäftigt, unter Zuhilfenahme des guten grünen Woogswassers ein Haus zu löschen — ein Haus zu löschen, während Tausende verbrannten. Ich kam wieder zur Rosenhöhe. Ich ging zu Frau Fritz Merck, wo im Keller Menschenmengen saßen — in fast fröhlicher Verzweiflung. Die rührende Frau Merck gab Brot und Wein. Es wurde langsam hell. Auf der Rosenhöhe fand ich mein Fahrrad und fuhr so wieder nach Hause. Ich hatte niemandem helfen können.
Nach Reinigung und kurzem Schlaf fuhr ich wohl gegen Mittag mit dem Fahrrad — von unserem Inspektor Wagner begleitet — zurück in die Stadt. Die Sonne schien. Dunstiger Rauch, gräßlicher Brandgestank in der Stadt. Wir fuhren oder gingen durch die Trümmer. Vor der Deutschen Bank am Luisenplatz (damals noch offiziell Adolf-Hitler-Platz) traf ich ihren Direktor, Herrn Bochow. Es liefen ihm die Tränen herunter. Er glaubte aber, man könne wieder anfangen, woran ich an diesem Tag zweifelte. Das Neue Palais war ganz ruiniert. Im Garten waren die Bäume abgebrannt. Zerstörte Autos standen unter ihnen. Daß dieses Haus, in dem ich geboren wurde und das ich verkauft hatte, so tüchtig zerstört wurde, war die einzige Genugtuung an diesem entsetzlichen Tag. Die Stadt, die das Haus gekauft hatte, hatte es der Gestapo übergeben müssen. Der Gedanke, daß in den Kellern, in denen mein Bruder und ich mit unseren Freunden lustig gespielt hatten, Menschen eingesperrt und gefoltert wurden... Nun hatte auch hier die Vernichtung einen Schlußstrich gezogen.
Vor ihrem Haus am Wilhelminenplatz lag auf einer Sprungfedermatratze die Frau meines Jugendfreundes, Heidi Schauroth, in Trainingshose und Pullover auf der Straße. Sie konnte erzählen, daß unser alter Freund, der Flügeladjutant meines Vaters, Massenbach, am Leben sei und ihr Mann ein Auto organisiere, um ihre wenigen geretteten Sachen wegzubringen. Wir verabredeten, daß die Familie, Herr Massenbach und die Sachen nach Wolfsgarten kommen sollten.
Ich suchte Fräulein von Rotsmann, aber die ganze Zimmerstraße, in deren Nr. 8 sie als mein Gast gewohnt hatte, war buchstäblich ein Trümmerhaufen. Von Fräulein Becht, die in dem gleichen Haus lebte, gab es keine Spur. Später kam sie aus Nieder-Ramstadt zu uns.

Wir kamen bis Bessungen und fanden dort Frank, der mit seiner Familie den ärgsten Brand in dem Haus am Orangeriegarten gelöscht hatte. Er trug noch den Aluminiumstahlhelm, unter dem sein Gesicht schrecklich blaß und verdreckt hervorstarrte. Der schwere Herzanfall, an dem er bald darauf starb, kündigte sich damals wohl schon nach Überanstrengung und Erregung an.

Auf dem Rückweg — die Wilhelminenstraße hinunter — merkte man eigentlich erst, daß Massen von Menschen auf den schmalen Gehpfaden zwischen den Trümmern unterwegs waren. Hunderte von Menschen, leise sprechend, erschüttert, verdreckt, Brüder und Schwestern. An der Ecke Heinrichstraße war eine Mutter in der üblichen Trainings- oder Skihose mit zwei kleineren Kindern, die einen staubigen Trümmerhaufen anstarrten. „Mama, warum is des Kind denn so schwarz?" Mama sagte nichts und ging weiter.

Damals schon, oder in den nächsten Tagen, lagen auch die Reihen versengter Leichen im Garten des Alten Palais und vor dem Schloß am Verkehrshäuschen. Die Menschen schoben sich vorbei. „Is des der Babba?" „Ach was, der hat doch e anner Hos angehabt." — Den Erkannten wurden Zettel mit Namen angeheftet.

Tage später betrat ich einmal den zerstörten Schloßhof. Dort war im alten Keller der Grafen von Katzenellenbogen irgendeine Leichenreinigungs- oder Desinfektionsstelle eingerichtet worden. Aus dem Keller trat ein weinender Junge in Luftwaffenuniform — einen zugedeckten Emailleeimer in der Hand. Man fragte ihn, um ihn zu trösten. Es waren seine Eltern gewesen.

Am Nachmittag des ersten Tages, also am 12. September, gab es wieder Alarm. Wir hatten auf unseren Fahrrädern bereits die Stadt verlassen.

Ich kam in dem Augenblick an, als das dreiundsiebzigjährige Fräulein von Rotsmann — von Helmus mit den Pferden vom Bahnhof Egelsbach abgeholt — gebracht wurde. Ich trug sie ins Haus. Sie konnte kaum noch sprechen, hatte nur: „Prinz Ludwig" — „Wolfsgarten" gesagt und war so — von rührenden Menschen immer wieder betreut — in dem vorher schon vorgesehenen, abgemachten Ausweichquartier angekommen. Sie war in der Bombennacht aus ihrem Gärtchen, durch Soldaten gerettet, am Löschteich auf dem Marienplatz gelandet. Dort wurde sie wiederholt mit Wasser übergossen. Trotzdem war ihr Haar abgebrannt. Sie hatte eine doppelseitige Lungenentzündung und konnte nur noch lallen. Ihr kleiner geliebter Hund kam nie wieder.

Fräulein von Rotsmann lebte bis zu ihrem Tode 1960 in Wolfsgarten, wie manche von den damals Ausgebombten es heute noch tun.

Dr. Fritz Krämer: Unbegreifliche Sorglosigkeit

Das Brummen war so laut und schütternd, daß man sich nur durch Schreien verständigen konnte. Zuerst fielen Spreng-, dann nach kurzer Pause Stabbrandbomben und Phosphorkanister. Es brannte vor unserer Kellertür, die aufgeflogen war, aber auch vor dem Ausstieg. Aber wir konnten nicht heraus, da bald darauf Minen heruntergingen. So oft eine heranrauschte mit dem Geräusch eines Schnellzuges in voller Fahrt, bückten wir uns ganz tief bis auf den Boden und hielten die Luft an. Das war zur Vermeidung von Lungenrissen empfohlen worden.

Die Erschütterungen waren weit stärker, als ich sie in den großen Materialschlachten des 1. Weltkrieges, in der Champagne 1915, an der Somme 1916 und bei Arras 1917 erlebt hatte, obwohl wir 16 und 17 mit 38er Schiffsgranaten beschossen worden waren. Man hatte im Keller das Gefühl, hochgehoben zu werden, wenn eine Mine zersprang. Dabei war die nächste immer noch 200 Meter weit von uns entfernt. Sie riß uns das Dach auf, brachte eine Wand zum Einsturz und zerriß alle Türen und Fenster. Nach den Minen kamen noch einmal Sprengbomben.

Als wir den Keller verließen und den Hof betraten, sahen wir erstaunt, daß unser Haus dunkel war. Wie sich später herausstellte, hatten drei Brandbomben nicht gezündet, zwei waren auf Beton ausgebrannt, ohne Schaden zu tun. Die nächsten Häuser brannten fast alle. Bei einem starken Wind lagen zwei bis drei Meter lange Feuerzungen waagerecht auf den Dächern. Der Feuersturm aus der Stadt, die einem Ofen glich, heulte wie ein überweltliches Ungeheuer. Das Prasseln der Flammen ringsum, das Stürzen der Balken, das Donnern der abrutschenden Ziegel hörte in den nächsten zwei Stunden nicht auf.

Am ganzen Steinberg brannte jedes zweite Haus, nur eines konnte ich mit meinem Mieter ablöschen. Doch blieben alle Häuser mit Betondecken im unteren Geschoß bewohnbar. In der unteren Fichtestraße, im oberen Steinbergweg und im Claudiusweg waren mehrere Häuser eingestürzt. Tote hat es Gott sei Dank nur zwei gegeben. Ich habe später festgestellt, daß auf meinem Gelände — auf 924 Quadratmeter — 52 Brandbomben niedergegangen waren, das heißt, eine auf knapp 18 Quadratmeter. Ein Nachbar mit doppelt soviel Land hatte dann auch über hundert Stabbrandbomben.

Am Mittwoch kam ich endlich dazu, in die Stadt zu gehen, um nach Freunden und Verwandten Ausschau zu halten. Überall furchtbare Verwüstungen und fürchterlich entstellte Leichen. In der Karlstraße blauviolett verfärbten Gesichtern, viele mit Kindern im Arm. Überall lagen sie reihenweise, Frauen mit entsetzlich gedunsenen Leibern und irrten weinende Menschen umher, die ihre Angehörigen suchten. Ich sah einen Mann, der einen Sack mit fünf oder sechs Ausbeulungen

schleppte, als habe er Krautköpfe darin. Es waren die Häupter seiner Angehörigen, einer ganzen Familie, die er im Keller entdeckt hatte, sonst war nichts übriggeblieben in der höllischen Glut. An der Ecke der Heinrich- und Karlstraße lag ein junges Mädchen, völlig verkohlt, auf dem Gesicht. Das eine Bein war ausgestreckt, das andere im Knie nach oben gebogen. Hier fehlte der Fuß. Das Schienbein sah weiß aus dem verkohlten Fleisch. Der ganze Körper war in seinen weiblichen Formen völlig erkennbar.
Überall an den Häusern standen mit Kreide angeschriebene Nachrichten: Hier alles tot; gerettet, nach Wembach verzogen; Herr P. als einziger gerettet, alle übrigen tot.
Weit im Ostviertel, wohin ich im strömenden Regen gekommen war, fand ich eine alte Freundin, mit ihrem blinden Mann in ihrem durch eine Mine halbzerstörten Haus. Es war von einer Seite derart aufgerissen, daß man in die Räume hineinsehen konnte. Im oberen Geschoß stand ganz vorne ein Kleiderschrank. Die alten Leute hatten eine einzige Tochter, die — ich glaube in Heidelberg — auf den Tod krank lag. Nun hatte Frau D. keine andere Sorge, als ihren Gatten für das zu erwartende Begräbnis würdig auszustatten. Sein Zylinder war in dem Schrank, der völlig frei in der Luft stand, da alles Gemäuer darunter herausgesprengt war. Nun, die alte Dame ließ mir keine Ruhe, bis ich hinaufkletterte und den kostbaren Zylinder holte. Es graust mir heute noch, wenn ich daran denke.
Da Gas, Wasser und Elektrizität ausgefallen waren, hatten wir eine schwere Zeit. Ich kochte auf der Gartentreppe, zwei Backsteine rechts, zwei links, darauf eine Abstellplatte unseres alten Gasherdes. Bei Regen legte ich ein großes Blech auf die Gartenmauer und beschwerte die eine Seite mit großen Steinen. Wasser gab es nur aus einem Ziehbrunnen bei Architekt Th. Dort standen wir vor fünf Uhr morgens Schlange. Waschen kam an letzter Stelle. Eine Dame aus der Nachbarschaft, deren Haus oben ausgebrannt war, lief noch tagelang schwarz wie ein Schornsteinfeger herum, weil sie von glücklicheren Nachbarn kein Waschwasser bekommen konnte. Da die Aborte nicht benutzt werden konnten, hatte sich jeder eine Gelegenheit im Garten gebaut. Ich hatte mich unter einem großen Holunderstrauch eingerichtet. Mein Nachbar zur Linken thronte keine fünf Schritte von meiner Kochstelle hinter einem halben Kleiderschrank, den er aus einem zerstörten Haus geholt hatte.
Daß in Darmstadt so viele Menschen ums Leben kamen — es waren wohl mit Urlaubern und Fremdarbeitern rund 12 000 —, lag an der sträflichen Leichtfertigkeit der damaligen Stadtverwaltung, die nicht einen öffentlichen Luftschutzbunker gebaut hatte; daß so viele unersetzliche Werte, kostbare Möbel, Teppiche, Musikinstrumente, Gemälde und andere Kunstwerke verbrannten, lag an der mir damals wie heute unbegreiflichen Sorglosigkeit gerade der besitzenden und

gebildeten Schicht, die es versäumte, ihre Werte auszulagern, solange noch Fahrzeuge zu bekommen waren. Viele beriefen sich auf die nahe Verwandtschaft des Großherzoglichen Hauses mit dem englischen Königshaus. Was ich an einfältigen Begründungen gehört habe, weshalb Darmstadt nie in die Gefahr eines großen Luftangriffes kommen werde, geht auf keine Kuhhaut. Und doch wären die Verluste an Menschenleben nicht entfernt so hoch gewesen, hätten die Leute die Keller verlassen, ehe alle Straßen mit brennenden Trümmern übersät und der Sauerstoff durch die riesigen Flächenbrände aufgezehrt war. Jedenfalls sind weit mehr Menschen erstickt, das heißt aus Mangel an Sauerstoff, vielfach ohne es zu merken, eingeschlafen, als durch Bombensplitter oder durch Verschüttungen zugrunde gingen.

Aber die Prüfungen der armen Stadt waren damit noch nicht zu Ende. Am 19. September, einem warmen und sonnigen Tag, arbeitete ich nachmittags zwischen drei und vier mit einem alten, halbtauben Arbeiter meiner Odenwaldheimat an Türen und Fenstern, als plötzlich vom Roßdörfer Wald her ein Pulk von etwa 15 feindlichen Flugzeugen auftauchte. Wir beobachteten sie eine oder zwei Minuten, da blitzte es plötzlich an den Maschinen auf, und sofort setzte das unheimliche Rauschen der Bomben ein. Der Wurf ging in das Nordviertel, wo nach heftigen Explosionen eine mächtige schwarze Wolke aufstieg. Getroffen wurde die Kahlertstraße mit dem Notpostamt, wo etwa 25 Menschen ums Leben kamen.

Hierunter war ein junger Mann aus Eberstadt, dessen Mutter, obwohl am 11. nicht betroffen, für ihren einzigen Sohn Heimaturlaub erwirkt hatte. Er wollte für seine Mutter auf der Post etwas erledigen und kam dabei um. Dagegen wurde ein Schalterbeamter, der bis kurz vorher im Westen als Major gedient und seine Arbeit bei der Post gerade erst wieder aufgenommen hatte, auf wunderbare Weise gerettet. Er hat es mir selbst im November beim Volkssturm erzählt. Er wollte seine Kasse zusammenpacken, als das Haus einstürzte. Nach kurzer Ohnmacht fand er sich oben auf dem Trümmerberg. Eine Tür lag über seinen Beinen, darauf eine tote Frau. Als er es nach und nach wagte, sich abzutasten und seine Glieder zu regen, stellte es sich heraus, daß er völlig unverletzt war.

Ähnlich war es in der Nacht vom 11. auf den 12. 9. einem mir befreundeten Maler ergangen, der in der Heinrichstraße 1 gewohnt hatte. Er war in den Kellergang hinausgetreten, als eine Mine das Haus zusammenschlug. Auch er lag unverletzt auf den Trümmern, als er zu sich kam. Seine Frau war mit allen übrigen Hausbewohnern zu Tode gekommen.

Am 12. Dezember 1944 erlebte Darmstadt seinen letzten schweren Luftangriff. Es gab schon lange vor Mittag Alarm, doch schien die Sache lange nicht bedrohlich. Kurz vor 12 Uhr wurde das Brummen so laut, daß ich in den Hof ging. Da stand über uns ein hakenförmiges

Rauchzeichen, West-Ost nach Süd-Nord; der Winkel etwa über dem Alten Friedhof. Gleichzeitig brauste von Westen ein Verband heran, genau auf dem Rauchzeichen. Die Flugzeuge wendeten an der Ecke des Zeichens, und schon rauschten und polterten die Bomben. Sie gingen ins Nordostviertel. Nach einiger Zeit fing ich an zu zählen und kam bis 12.30 Uhr auf 20 Teppiche. Es sollen aber 24 Bombenteppiche gewesen sein.

Da ein scharfer Nordwind wehte, wurden die Rauchzeichen immer näher zu uns und wohl zuletzt bis ans Böllenfalltor getrieben. Denn einmal wurde das Rauschen bedrohlicher, zum anderen klangen die Einschläge näher. Die uns nächste Bombe fiel in der Rundeturmstraße. Außer dem Musikerviertel links der Dieburger Straße war auch das Industrieviertel schwer heimgesucht. Man sprach von 300 bis 400 Toten.

Gerhard Hartmann: Rettender Kellerdurchbruch

Noch klang mir die Warnung des Lautsprechers in den Ohren, und ich nahm meinen Koffer auf, als man schon in der Ferne das dumpfe Brummen der Flugzeuge hören konnte. Alles war auf dem Weg in den Luftschutzraum. Mutter und die anderen vierzig Hausbewohner waren schon fast im Keller; ich war gerade auf den letzten Treppenstufen. Vater mußte noch einmal in die Wohnung, da er vergessen hatte, seine Schuhe anzuziehen, als es schon taghell wurde.

Mein Vater und ich gingen noch einmal in den Hof hinter dem Haus. Was wir sahen, ließ uns den Atem stocken: Der Himmel über der Stadt war taghell von Leuchtraketen, den „Christbäumchen", die die ersten Flugzeuge als Markierung abgeworfen hatten, um den nachfolgenden Bomberverbänden das Ziel abzustecken. Wir liefen in den Luftschutzkeller, denn nun war es klar, daß heute Darmstadt an der Reihe war. Noch auf dem Weg dorthin begann der Feuerzauber.

Die Kellerläden schepperten, das Licht erlosch. Es tobte, rauschte, pfiff und heulte. Staub und Mörtel flogen durch den Raum. Frauen weinten, Kinder — unter ihnen ein Säugling — schrien und jammerten. Mancher murmelte ein Gebet.

Ich saß auf einem Stuhl mit der Lehne gegen einen großen Kleiderschrank. Dieser Schrank schwankte wie eine Schiffschaukel, bis er sich nach vorn beugte, um zu fallen. Ein Glück, daß die Lehne meines Stuhles stabil genug war, sonst könnte ich dies nicht mehr schreiben.

Damals war es Luftschutzpflicht, daß es außer dem Notausgang nach der Straße noch einen Ausgang (Durchbruch, mit Ziegelsteinen leicht zugemauert) nach dem Nachbarhaus gab. Um der Falle des geschlossenen Raumes zu entkommen, schlugen ein paar beherzte Männer diesen Durchbruch auf. Aus unserem eigenen Keller konnten wir nicht mehr heraus, da die Treppe und schon ein Teil des Kellers in hellen Flammen stand. Dort das gleiche Bild. Wir alle machten Tücher in den Wasserbehältern naß, die in den Kellern standen, um überhaupt atmen zu können. Frauen und Kinder wurden in feuchte Decken eingehüllt. Als wir auf der Kellertreppe des Nachbarhauses ins Freie wollten, mußten wir erst einmal Stabbrandbomben ablöschen, die vor dem Ausgang lagen und Feuer sprühten. Als das getan war, entkamen wir der Todesfalle, zu der die Keller wurden. Aber was uns draußen erwartete, das war wie der Weltuntergang. Überall Trümmer, abgebrochene Äste, Bombenlöcher, nicht krepierte Stabbrandbomben, lautes Getöse, Bersten, Krachen und ein Sturm mit Funkenflug — es war die Hölle. Zum Glück war gegenüber die Landgraf-Philipps-Anlage, in die wir ausweichen konnten. Jeder lief um sein nacktes Leben, stolperte über alles Mögliche, fiel hin, rappelte sich wieder auf — nur ein Gedanke: hinaus! Aber wohin? Überall das gleiche Bild! Ein Blick ließ uns erschaudern. Was ein Achtfamilienhaus gewesen war, blieb nach wenigen Minuten nur noch ein brennender und rauchender Trümmerhaufen. Hier war nichts mehr zu retten als das Leben. Überall: Verwüstung, Zerstörung, Feuer, Krachen, Bersten, Splittern, Rauschen und Explodieren.

Durch dieses Chaos kamen wir zum Steubenplatz. Auch hier war es nicht anders. Wir mußten einen Augenblick verschnaufen — ebenso wie ein älterer Mann, der, an einen Baum gelehnt, dort saß. Ich wollte ins Gespräch kommen, aber er gab mir keine Antwort. Sollte er etwa schlafen bei diesem Untergang? Ich berührte ihn, er war tot.

Im Concordiasaal in der damaligen Waldstraße war ein Italienerlager untergebracht. Als die zweihundert Lagerinsassen ins Freie auf die Straße wollten, mußten sie einen Torbogen passieren. In diesem Augenblick stürzte das ganze Haus, Waldstraße 33, zusammen und begrub die Italiener unter sich.

Überall gellten Hilferufe, Wehschreie und Klagerufe in die Nacht. Auf den Straßen lagen verkohlte Leichen; uns begegnete ein Soldat auf Heimaturlaub von der russischen Front. Er sagte mit Tränen in den Augen: „Das habe ich noch nicht erlebt, das ist die Hölle! Hier ist es schlimmer als an der Front, schlimmer als draußen!" Der Soldat berichtete uns, daß ein Kriegsgefangenenlager mit russischen Insassen auf dem Exerzierplatz völlig ausgebrannt sei. Die Menschen brannten am lebendigen Leibe, liefen durch die Nacht wie brennende Fackeln. So war es in der ganzen Innenstadt.

Ein Bekannter von uns hatte sieben Kinder. Sein Mut und seine Selbstlosigkeit seien besonders hervorgehoben. Er rettete seine ganze Familie aus den Trümmern in der Grafenstraße. Die Kleider seiner Angehörigen standen in hellen Flammen. Er schaffte sie alle in die beiden Wasserbrunnen auf dem Luisenplatz, um die Flammen zu ersticken. Sie leben alle noch.

Wie wir damals in das Nordviertel zu einer Schwester meiner Mutter kamen, kann ich nicht mehr sagen. Wir kamen auf jeden Fall an. Dort stellten wir mit Schrecken fest, daß wir meine Mutter verloren hatten. Wo war sie geblieben? Lebte sie noch? Wir waren total erschöpft.
Als das erste Tageslicht anbrach, machten wir uns zurück auf den Weg, um zu suchen. Die Sonne hatte an diesem Morgen einen aschfahlen Schein, der Himmel war gelb-grau, die Luft verbrannt und schwer. Überall lagen Tote und verbrannte Leiber herum.
Auf vielen Umwegen kamen wir zu unserem Haus. Dort stand außer den Außenwänden nichts mehr. Keine Menschenseele — auch Mutter nicht. Unser nächster Weg führte uns zum Hauptbahnhof, denn wir hatten ausgemacht, daß — im Falle einer Trennung — der Treffpunkt die Dienststelle meines Vaters in der Fahrkartenausgabe sein sollte.
Wir erfuhren, daß meine Mutter kurz zuvor dort gewesen war und sich auf dem Weg zu ihrer Schwester befand. Das war wie ein Geschenk Gottes.

Jakob Glanzner: An der Grenze des Grauens

Die Hausbewohner Am Herrenacker 14 suchten in dieser Nacht zum erstenmal einen sicheren Luftschutzkeller in der Fabrik Göbel, Rösslerstraße — einem ehemaligen Brauereikeller —, auf. Ich sagte mir, einer muß der Haushüter sein, blieb also allein im Hause. Es dauerte nicht lange, und das Inferno begann. Ich saß gefaßt und ruhig in meiner Kellerecke und wartete, was da kommen sollte.
Als die Detonationen nachließen — sie hörten nicht ganz auf, weil ein Munitionsauto Ecke Rhein- und Hindenburgstraße und ein abgestellter Munitionszug südlich des Hauptbahnhofs die ganze Nacht hindurch weitere Explosionen verursachten — und ich mich dann endlich aus dem Keller herauswagte, brannte es ringsherum fast überall, nur nicht die Hausblöcke in meiner unmittelbaren Nachbarschaft und das, was nördlich von uns lag. Hier war also gerade die Grenze des Vernichtungswerkes. Nachdem ich mit Nachbarn einen Dachgeschoßbrand in unserem eigenen Block gelöscht hatte, und nach einer Kontrolle in meiner Wohnung, ließ ich meine weitere Hilfe Altersheim, Kloster und Kirche der Pfarrei St. Fidelis angedeihen.
Bei der nun folgenden Rettungsaktion hat eine über den Krieg bei den Schwestern lebende Frau Helfrich aus Köln große Tatkraft und Umsicht bewiesen. Zunächst beförderten wir alte Leute aus dem Feuerbereich. Frau Helfrich veranlaßte mich, mit ihr im Luftschutzkeller etwas von dem Gepäck der Heiminsassen herauszuholen. Die uns entgegenschlagende Hitzewelle oder der Sauerstoffmangel hätten mich

beinahe in Ohnmacht fallen lassen. Schnell hier heraus, es war nichts mehr zu retten. Dabei bekam ich einen Begriff davon, wie rasch man, ohne viel davon zu merken, dahin sein kann.

Im Kloster und Altersheim war vorerst nichts zu machen, also rüber zum Pfarrhaus. Dort brannte gerade das Treppenhaus herunter. Ich veranlaßte, daß man mit den Luftschutzspritzen den Treppenantritt besprüht — Wasser hatten wir zum Glück durch den Pfarrgartenteich —, was den Kellerinhalt und die dort lagernden Sachen eines jungen Ehepaares rettete. Das Haus selbst mit allem Mobiliar war nicht mehr zu erhalten. Pfarrer Danz meinte: „Ich bin gesund und besitze einen Apfel, was will ich mehr." Eine Helferin fiel bei dem Durcheinander in den Teich und war pudelnaß. Man besorgte ihr einige trockne Sachen, hatte sie doch, wie so viele, eben gerade ihre ganze Habe verloren.

Außer dem Kirchenraum, der nicht ausbrannte, gab es nur noch kahle Mauern. Das Hinterwohnhaus neben dem Kloster (Feldbergstraße) war fast unbeschädigt geblieben. Beide Häuser hatten eine zugemauerte Luftschutz-Notverbindung. Von hier aus versuchte ich mit einer Franziskanerin, den Klosterkeller zu erreichen. Die letzte Schutzmauer war bald durchschlagen, und — o Wunder — der Wirtschaftskeller mit allen Lebensmittelvorräten war noch heil. Die Schwester kroch hinter mir her in den Keller. Freudig erscholl ihr lautes Dankgebet über die nun doppelt kostbaren Schätze. Da gab es zunächst einmal eine Atzung für all das Volk, das da herumstand, zum größten Teil entblößt von aller Habe, außer den paar Kleidern auf dem Leibe.

Die Kirche wurde zum Notaufnahmelager. Ich schickte in der Nacht noch viele Menschen, die in der Hindenburg-Anlage und auf dem Exerzierplatz obdachlos mit ihrem Bündelchen Luftschutzgepäck herumstanden, zur Fideliskirche; nicht wissend, wie gefährlich es noch an der Ecke Rhein- und Hindenburgstraße war.

In der Nacht gesellte sich mein Schwager aus der Waldkolonie zu mir. Er wollte feststellen, wie es seinen Verwandten ergangen war. Gott sei Dank hatte niemand einen körperlichen Schaden erlitten. Gemeinsam versuchten wir zu helfen, wo noch zu helfen war. So bat uns eine Frau in der Feldbergstraße händeringend um Hilfe. Das Nachbarhaus brannte, und sie bangte um ihre eigene Wohnung und ihren gelähmten Mann darin. Mit einer einfachen Luftschutzspritze konnten wir die gefährlichen Anschlußstellen vom brennenden Nachbarhaus ordentlich naßhalten und so das gefährdete Haus retten. Bei dem darauffolgenden Tagesangriff auf Bahnhofsviertel und Waldkolonie konnten wir eine Häuserzeile in der Waldkolonie auf die gleiche Weise retten. Der gelähmte Patient wurde am folgenden Tage außerhalb Darmstadts in Sicherheit gebracht.

In der Angriffsnacht galt jedoch mein weiteres Interesse meiner Dienststelle, der Verwaltung der Süddeutschen Eisenbahngesellschaft

in der Neckarstraße 5. Also gingen wir zusammen dorthin. Der Einfachheit halber will ich vermerken, wie viele Häuser ungefähr noch heil waren, wobei zerbrochene Fensterscheiben und abgedeckte Dächer als Bagatellschäden anzusehen sind:
Zwischen Nordrand, etwa begrenzt durch Bismarck- und Dieburger Straße, und dem Südrand — etwa Wilhelmstraße und Herdweg — gab es in der Feldbergstraße zwischen Rheinstraße und Mornewegstraße eine Häuserzeile. Das nächste Wohnhaus war das Hintergebäude des katholischen Pfarrhauses bei der St.-Ludwigs-Kirche in der Wilhelminenstraße. Die Gefängnisgebäude in der Rundeturmstraße überstrahlten nun auf ein Jahrzehnt wie eine Gralsburg die Ruinenstadt wie zum Hohn, und einige Häuser um den Ostbahnhof, Gasthaus „Krone" in der Altstadt und der Neubau des Elisabethenstiftes. Alles andere waren Trümmer und nochmals Trümmer.
Die Häuser waren nun schon alle ziemlich heruntergebrannt. In den Straßen mußte man über Fahrzeuge, Trümmer, Leichen, Kadaver, Straßenbahndrähte usw. steigen. Die Ruinen strahlten noch eine Hitze aus, daß man nicht herankonnte.
Die Verwaltung der Süddeutschen Eisenbahngesellschaft besaß ein umfangreiches Planarchiv aus über fünfzigjähriger Arbeit. Ich hatte es kurz vorher aus irgendeinem Grund in den großen Vorderhauskeller, ein mächtiges Gewölbe, umgeräumt. Darunter viele Eisenbahn- und Straßenbahnprojekte, die zum Teil nie gebaut wurden — wie eine Straßenbahn Darmstadt—Heidelberg, Darmstadt—Gernsheim, die sogenannte Blaue-Ländches-Bahn bei Wiesbaden. Bensheim—Lindenfels, eine Bahnverbindung Reichelsheim—Fürth und viele andere. Auch Baupläne von bereits wieder stillgelegten Eisenbahnen. Eine Fundgrube für Historiker und Doktoranden. Alles unwiederbringlich verloren, jetzt ein Meter hoch Asche.
Die Hausbewohner des Gebäudes und die diensttuende Luftschutzwache konnten sich retten. Leider kam der Hausmeister mit seinem dreijährigen Sohn durch eine Luftmine um, weil er nicht, wie die anderen Hausinsassen, über Neckar- und Rheinstraße Rettung gesucht hatte, sondern die Adelungstraße hinuntergelaufen war. Ihre Leichen sah ich am anderen Tag, wie sie mit vielen anderen ohne Sarg zum Waldfriedhof abtransportiert wurden. Die Frau meines älteren Kollegen kam mit noch anderen an der gefährlichen Stelle Ecke Rhein- und Hindenburgstraße durch explodierende Geschosse des abgestellten Munitionswagens ums Leben.
Wir in der Heimat verbliebenen Bauingenieure, Maurer und Zimmermeister usw. waren kurz vorher verpflichtet worden, die Luftschutzkeller zu überprüfen und Verbesserungen und dergleichen anzuordnen. Ich prüfte unter anderem in der Rheinstraße unterhalb der Grafenstraße sämtliche Luftschutzkeller. Die Maßnahmen, die zu treffen waren, mußten zurückschauend in Anbetracht der kommenden, jeder

Phantasie spottenden Katastrophe, als dilettantisch bezeichnet werden. Kaum ein Mensch kam lebend davon. Selbst das damals repräsentativste Haus in der mittleren Rheinstraße, Ecke Saalbaustraße (ehemals Brauerei Hess, später Danatbank, mit seinen zwei Kellergeschossen und soliden Massivdecken) — also ein recht vertrauenerweckender Luftschutzraum —, bot nicht genügend Schutz, und es gab auch dort nur Tote.
Inzwischen war ein neuer Tag angebrochen. Die Sonne stand am Himmel. Aber sie konnte den über der Stadt liegenden Rauch und Dunst nicht durchbrechen.

Durch all dies Elend ...

Ein Opa kam in dem langen Zug aus der Stadt, sein Enkelkind auf einem Leiterwagen. Endlich kam auch eine Tante von mir, sie hatte nichts als einen blauen Luftschutzanzug am Leibe, einen Personalausweis bei sich und ein schwarzes Taschentuch in der Hosentasche. Sie kam, dank eines polnischen Fremdarbeiters, dem sie manches Mal über seinen Hunger hinweggeholfen hatte, als einzige Überlebende aus einem Geschäftshaus am Marktplatz. Der Pole reagierte sofort, als es brannte. Er kannte sich aus, denn er arbeitete im Hause und sprang die Treppen hoch. Meine Tante bat ihn, sie mitzunehmen, und er tat es. Sekunden später brach alles hinter ihnen zusammen. Sie verloren sich in diesem Feuersturm aus den Augen.
Am frühen Nachmittag erfüllte ich den Wunsch meiner Tante; ich glaube, es war am darauffolgenden Tag. Wir wollten sehen, ob wir nicht an den Keller herankonnten, in dem sich die Tasche mit Geld und Sparkassenbüchern befand. Wir kamen nach großen Strapazen bis zum Weißen Turm. Dort war ein Bild des Grauens. Soldaten räumten auf. Alte Bütten standen umher mit verbrannten Leichen. Ich wußte erst gar nicht, was es war, diese kleinen verkohlten Dinger. Kopf an Kopf lagen Tote auf den engen freien Straßen.
Plötzlich Flieger. Die Soldaten schrien: hinlegen! Ich konnte nicht — ich wußte nicht wohin — zwischen die Toten? Ein Soldat warf mich mit sich zwischen die Toten. Ich schrie, als würde man mich umbringen. Meine Tante war so kalt, sie lag zwischen den Toten als seien es Lebendige. Es war der Angriff auf das Bahnhofsgebäude. Ich sah, wie die Bomben aus den Flugzeugen fielen — es war furchtbar. Der Soldat drückte meinen Kopf immer wieder runter. Als es ruhiger wurde — denn Sirenen zur Entwarnung gab es nicht mehr —, liefen wir über rauchende Trümmer und zwischen den Toten weiter. Wir liefen bis zu der Stelle, von der wir annahmen, daß dort der Keller sei. Die Solda-

ten sagten schon, es sei sinnlos, und so war es auch. Wir zwei gegen meterhohe Trümmer. So mußten wir umkehren und durch all dieses Elend zurücklaufen.

Nachdem ein bißchen Ordnung war, wurden wir zur Sparkassenzweigstelle Hügelstraße geschickt. Immer wieder vorbei an Toten, Verbrannten, Tieren, weinenden Menschen, Soldaten, die auf Urlaub kamen und vor einem Nichts standen, die nicht wußten: leben die Angehörigen — oder nicht. Die Zweigstelle Hügelstraße war dank unseres Hausmeisters T. nicht so sehr ausgebrannt, denn er hatte Brandbomben hinaus auf die Straße geworfen und bewahrte durch seinen Einsatz den Tresor vor der Hitze, und viele Menschen, die er in die Kellerräume ließ, vor Verbrennungen. So konnten wir hier doch wenigstens die ersten Sparkassenarbeiten wieder aufnehmen. Wir zahlten im Keller den Ausgebombten, die nun von überall herkamen — sei es von den Vororten oder weit hinten vom Odenwald —, ihr bißchen Geld aus, das sie vielleicht ein Leben lang gespart hatten. Sie standen Schlange — durch den Keller, die Treppe hoch bis zur Straße. Und draußen lagen noch immer Tote, Bütten voll verbrannter Menschen standen auf den Trümmern — tagelang. Nur ein Zettel an den Bütten: 6 Tote, Haus Nr. . . . .

Noch eines ist mir in guter Erinnerung. Ein Soldat kam auf Urlaub. Er wußte nichts von dem Angriff; seine Frau sollte ein Kind gebären, deshalb der Urlaub. Es war Ecke Rhein-/Neckarstraße. Er kam vom Bahnhof und mußte hier irgendwo gewohnt haben. Ich sah, wie sein Gepäck zur Erde fiel und er über einer hochschwangeren Toten lag und weinte.

Wilhelm Steinmann: Am Rande des Infernos

Ich kam noch bis an den Herdweg, wo ich den Wagen wieder ein Stück außer Häuserweite zurückfahren mußte und abstellte. In die Stadt einzudringen, war unmöglich. Überall brennende und rauchende Häuser. Immer mehr Menschen kamen aus flammenden Häusern und gingen auf der Straße, wenn es noch gelang, nach der Außenstadt. Andere sahen aus dem Keller die brennenden Häuser und brennenden Balken auf den Straßen und glaubten, im Keller noch am sichersten zu sein. Bis sie in dichtem Rauch und aus Sauerstoffmangel ohnmächtig wurden und erstickten.

Viele Keller haben beim Einstürzen Menschen erschlagen, mehr noch waren durch die einstürzenden, brennenden Trümmermassen zugeschüttet, so daß ganze Familien darin erstickt sind. Flüchtende haben sich in den Toreinfahrten vor dem Funkenflug und vor stürzenden Häuserbalken und Ziegeln gerettet, bis die Wände einstürzten und sie unter sich begruben.

Vom Herdweg zurück kam ich an der Gastwirtschaft Heiß vorbei, die von oben herunter bis in den ersten Stock brannte, während im Metzgerladen unten noch die Wurst und das Fleisch hingen, in den feuerbeleuchteten Straßen ein seltsamer Anblick. Am Friedhof entlang lief ich oberhalb der Heinrichstraße bis an den Woog. Überall sah man die armen Menschen, oft nur notdürftig bekleidet, mit Koffern oder sonstigen eilig zusammengepackten Gegenständen herumstehen oder ankommen. Viele wurden unterwegs durch brennende, weggeschleuderte Häuserstücke umgerissen oder vom Rauch ohnmächtig und blieben auf der Straße liegen, wo sie nachher im Funkenflug Feuer fingen und verbrannten. Am Woog war der Luftsog nach der Altstadt so stark, daß man fast umgerissen worden wäre.

Ein Eindringen in die Stadt war auch durch die Landgraf-Georg-Straße nicht möglich. An den Felsenkellern der Dieburger Straße vorbei, wo ich meine Schwägerin mit Kindern geborgen fand, sah ich Hunderte von Menschen, die sich in dieser Gegend einigermaßen in Sicherheit gebracht hatten. Durch den Herrngarten kam ich später am Amtsgericht an, wo gerade das Haus der Fuchsschen Apotheke anfing, im Dachstuhl zu brennen. Ich versuchte mit den Leuten, die bei mir waren, alles Mögliche aus der Apotheke zu retten. Aus dem Amtsgericht holten wir Schreibmaschinen, die wir auf die Straße stellten. Kaum ein Mensch war anzutreffen.

Wir haben uns keine Zeit genommen, nach den Häusern zu sehen; es galt überall dort einzugreifen, wo Menschen Hilfe brauchten. Nach der Luisenstraße vorzudringen war zwecklos. Dort stand alles in Rauch und Flammen. Wir waren noch zu zweit und liefen durch den Funkenflug weiter in die Bismarckstraße, wo wir im Krankenhaus bei dem Herausbringen der letzten Kranken helfen konnten.

Sehr tapfer hat sich unterwegs die geborene W. aus Nieder-Ramstadt verhalten. Aus einem bis auf die Kellermauern abgebrannten Haus hatte sich eine verzweifelte Mutter mit einem Köfferchen durch das Kellerloch herausgeschafft und jammerte um ihr Kind, das noch im Keller war. Hier wollte das tapfere Mädchen hinein, obwohl der Keller voll mit Qualm war und jeden Augenblick zusammenzubrechen drohte. Auch einen alten Mann, der hinzukam und glaubte, auf ihn komme es nicht mehr an, hielt ich zurück. Ich kroch so gut wie möglich vor, leuchtete den Keller ab und stellte fest, daß das Kind erstickt war.

Am Alten Bahnhof vorbei kamen wir schließlich in die Hindenburgstraße. Auch hier im Außenbezirk waren Menschen mit ihren wenigen Habseligkeiten unterwegs. Hinter den Kasernen der Heidelberger Straße standen auf den Feldern Soldaten mit Pferden herum. Dazwischen saßen einige Familien. An der Bessunger Straße kamen wir heraus und gingen — ich glaube die Jahnstraße — hinauf in Richtung Friedhof, wo ich meinen Wagen wiederfand. Inzwischen hatte ihn ein Obermeister mit noch einer Familie benutzt, damit ihre Habseligkeiten

in Sicherheit zu bringen. Bekannte, ausgebombt, erkannten mich und kamen mit mir nach Nieder-Ramstadt. Wir fuhren auf zwei Reifen und zwei Felgen. Gegen 6 Uhr früh kamen wir an. Dem alten Herrn Wittersheim gab ich meinen Wagen, in zwei Stunden hatte er ihn wieder zusammen. Ich kam schwarz und dreckig zu Hause an.
Nach all dem war an Ausruhen nicht zu denken. Nach kurzer Zeit packte es mich, ich mußte auf dem schnellsten Wege nach Darmstadt. Da begegneten mir Feuerwehrtrupps und alle möglichen Transporte mit Wagen und Wägelchen. Große Lastwagen brachten die Leute in die Landgemeinden, wo in den Schulen Aufenthaltsräume und Durchschleusstellen eingerichtet wurden. In diesen Schulen und Kochstellen fanden sich neben dem Bürgermeister und seinen Helfern Frauen ein, die alle Ankommenden so gut wie möglich betreuten. In jedem Haus oder Haushalt wurden, wie ich feststellen konnte, Bekannte oder Verwandte aufgenommen oder auch Familien von Arbeitskollegen. Die Nieder-Ramstädter Schule mit allen Sälen war voll belegt. Es kamen stündlich Menschen dazu. Viele gingen weiter in den Odenwald.
In Darmstadt fand ich nichts mehr vom Büro der Kreishandwerkerschaft und nur sehr vereinzelt Bekannte oder Mitarbeiter. Die Technische Nothilfe und sonstige Formationen waren immer noch dabei, nach Menschen zu suchen, die gerettet oder in Sicherheit gebracht werden konnten. Hunderte lagen erstickt, verbrannt oder verkohlt auf den Straßen. Die Polizei hatte für jedes Revier einige Tausend Nummern ausgegeben, so daß man an manchen Toten schon in den ersten Tagen die Nummer um 24 000 lesen konnte; freilich nur deshalb, weil das letzte Revier die Nummern von ungefähr 20 000 bis 24 000 erhalten hatte. Die Gesamtzahl der in dieser Nacht zu beklagenden Toten war doch enorm hoch, was sich später herausstellte. Viele sind noch in den Krankenhäusern an ihren Verletzungen und Verbrennungen gestorben.
Der Glaserobermeister Müller kam mit seiner Familie um, auch der langjährige Obermeister Keil von der Elektroinnung. Er wollte nicht aus seinem Hauskeller, wo er erstickte. Der Obermeister der Dachdeckerinnung, Zahn, Malermeister Kühn waren in einem Hauskeller mit noch acht bis zehn Leuten zusammen. Als die Häuser immer weiter herunterbrannten, das Straßenpflaster immer heißer wurde und die brennenden Gebälke auf die Straßen fielen, forderten die Männer auf, die Keller zu verlassen. Keiner wollte, gerade von den Frauen, hinaus. Mit Gewalt wurde die Kelleröffnung größer gemacht, das Wasser aus den Bütten auf die Straße geschüttet, es kochte fast auf dem heißen Pflaster — und die Frauen und Kinder teilweise mit Gewalt herausgezogen und auf dem kürzesten Weg aus dem brennenden Häusermeer herausgeführt. Leute, die schonungslos umgekommen wären, waren gerettet.
Aus den Kellern von der Langgasse und Alexanderstraße kamen die

Leute durch Kellerdurchbrüche. In besser gebauten Kellern konnten sie sich zusammenfinden oder — falls einer zugeworfen war — bei den Ausgängen des nächsten heraus. Als der Wagner- und Stellmacherobermeister Klepper seine Kellerinsassen rechtzeitig in Sicherheit gebracht hatte, stellte er fest, daß sich im Nachbarkeller noch eine Anzahl Menschen befanden. Auf seine Rufe bekam er keine Antwort, weil die Leute anscheinend durch die Rauchgase schon bewußtlos waren. Mit dem Pickel hieb Klepper noch ein Stück vom Kellerloch weg und rief zwei vorbeikommende Helfer an. Die hielten die Leute schon für tot. Klepper holte sie auf seinem Rücken einzeln heraus und schleppte sie an den Herrngartenplatz, wo sie nach und nach zu sich kamen. Am nächsten Tag begegnete mir Klepper. Er war total fertig und konnte kein Wort sprechen. Nur Tränen kamen ihm.

Joseph Löffler war mit Frau und dem kleinen Töchterchen auf dem Arm, die zwei größeren Töchter hinterher, aus dem brennenden Haus gekommen. Zwei Töchter hatte eine alte Frau aus dem oberen Stockwerk im Arm. Aber am Rand des Brandherdes war sie nicht zu finden. Tagelanges Suchen der einen Schwester und der Eltern nach den beiden anderen — auch in den Krankenhäusern — war vergebens. Sie sind bis heute verschollen.

Ein solcher Großangriff wie der am 11. September auf Darmstadt hat natürlich nach Bekanntwerden durch Radio und Zeitung bei den Darmstädter Soldaten an den Fronten große Bestürzung hervorgerufen. So soll ein Obermeister sich erschossen haben, als er die Mitteilung bekam, daß seine Frau tot, von Wohnung und Geschäft nichts mehr da sei.

Mancher Handwerker kam von der Front, um nach seinen Familienangehörigen zu suchen. Sehr oft hat man einen Soldaten feldmarschmäßig, so wie er damals in Urlaub ging, auf den Trümmern seines Hauses oder seiner Wohnung graben sehen, um Spuren von seiner Familie zu finden. Das waren Tage des Grauens, wenn ganze Reihen Toter, aus den Kellern geborgen, zum Abholen beisammenlagen. Oft hatten die Toten noch Taschen in den Händen und Kinder Schulranzen auf dem Rücken. Andere waren in der Hitze zu Puppen zusammengeschrumpft.

In vielen handwerklichen Betrieben hat man, soweit möglich, nach Werkzeugen gebuddelt und Maschinen freigelegt. Jeder versuchte, sich arbeitsfähig zu machen, so gut es ging.

Das Hochbauamt hatte alle Architekten eingesetzt, um die Schäden zu ermitteln. Nach Dringlichkeitsstufen wurden die Handwerker eingesetzt. Jeden Morgen hatte ich in der Schule in einem Saal alle handwerklichen Einsatzleiter beisammen. Auch die Architekten und das Baubüro vom Hochbauamt nahmen teil. Materialbeschaffung und -verteilung, notwendigster Kräfteeinsatz stand an erster Stelle. Ich bekam noch Arbeitskräfte von Nachbarkreisen, eine italienische Bau-

kompanie und französische Gefangene zugeteilt. Nun galt es, Nahrungsmittelbetriebe mit Strom und Wasser außerhalb der Stadt in Gang zu bringen.
Der Schlachthof, teils schwer beschädigt, sollte weiterarbeiten. Von Gießen und Offenbach erhielten wir lastzugweise Brot. Für die eingerichteten Kochstellen wurden täglich in jeder Menge neben den Suppen — besonders noch in der Stadt — belegte Brote ausgegeben, so daß die Leute, die notdürftig wohnten, aber noch nicht kochen konnten, versorgt waren. Ich fuhr noch abends spät nach dem Oberwaldhaus, um zu sehen, ob Brot angekommen sei. Ein Lastzugführer lud gerade alleine auf der Wiese das Brot ab. Am frühen Morgen wurde es geholt und — teilweise naß geregnet — an die Bäckereien verteilt.
Das Oberwaldhaus wurde als Großküche und in den ersten Tagen nach dem Großangriff auch als Lagerraum für das ankommende Brot eingerichtet — ebenso der Keller einer Schule. Als einmal das Salz ausging und nicht gleich ein Lastzug für die Fahrt nach Wimpfen abkommen konnte, wurde ein Waggon bei der Bäckergenossenschaft aus den Trümmern gebuddelt. Wer nichts in der Stadt zu tun hatte und nicht im Arbeitseinsatz war, mied das Stadtinnere.
Nach acht bis vierzehn Tagen konnten wir uns im Kreis Darmstadt wieder selbst versorgen. Bis dahin waren auch die Leute, die alles verloren hatten, einigermaßen untergebracht. Die Innenstadt war ein großer Trümmerhaufen. Noch stehende Häuser sollten wieder bewohnbar gemacht und Teilschäden beseitigt werden. Mit ausgeglühten Kuchenblechen (etwa 400), die ich sammeln ließ, konnten unsere Dachdecker eine Zeitlang weiterarbeiten, und es wurden dadurch eine große Anzahl Häuser vor dem Durchweichen geschützt. Fenster machte man aus Mangel an Glas zur Hälfte mit Pappe zu. Wenn ich mich recht erinnere, haben wir etwa 4000 Wohnungen wieder hergerichtet oder aufgebaut, bis die Amerikaner kamen.

Elisabeth Kircher: Im Bismarckbrunnen

Wer Auslandssender hörte, hatte gewußt, daß Darmstadt an dem Abend teppichweise bombardiert werden sollte. Im Keller haben wir nichts gemerkt, bis ich Ketten rasseln hörte und gesagt habe: wir müssen heraus, heute ist etwas Besonderes los. Kein Licht, keine Taschenlampen. Durch ein Loch in den angrenzenden Keller geschlüpft, sah ich erst, daß alles lichterloh brannte. Durch den Funkenregen wollte man auch nicht. Meine Enkelin von sieben Jahren habe ich mit herausgenommen. Wir mußten wegen der Funken um uns schlagen, um nicht anzubrennen. So kamen wir aus der Schützenstraße an den Ludwigsplatz, alle anliegenden Straßen brannten.

Der Bismarckbrunnen war voll belegt von Leuten aus der Nachbarschaft. Wir zwei haben uns hineingedrängt und hingekauert. Das Warten und Zusehen, wie die Häuser einstürzten, war furchtbar. Ein Orkan, bald eiskalt, dann wieder glühend heiß. Ich dachte an den Leichtsinn, mit dem Kind aus dem Keller gegangen zu sein. Auf einmal gab es ein Krachen. In der unteren Rheinstraße stand ein Lastzug mit Munition, die explodierte.
Es hat lange gedauert, bis das Feuer nachgelassen hat. Zwischendurch sind bei der Firma Schäfer verschiedene Säuren explodiert, die Backsteine kamen geflogen, und auf der Seite der Ernst-Ludwig-Straße gab es Tote. Es wurde allmählich Tag. Manche Leute konnten fortgehen. Ich mußte warten, bis Sanitätspersonal kam und uns holte. Ich konnte nichts sehen und nichts reden. Auf einem Soldatenfuhrwerk landeten wir in der Kyritzschule. Alles war voll von Menschen mit Brandwunden, die warten mußten, bis ein Arzt mit Helferinnen aus Frankfurt kam und Salbe mitbrachte.
In unserem Keller sind etwa dreißig Leute umgekommen, sie sind erstickt. Meine zwei verheirateten Töchter habe ich in der Nacht verloren, dazu ein Enkelkind von 13 Monaten.

Henni Gernand: Entsetzliche Fracht

Ich wohnte damals am Orangeriegarten. Das Aumaß der Zerstörung konnte ich von da aus nicht überblicken, da wir, außer eingedrückten Fenstern und Türen, verschont geblieben sind. So versuchte ich, über Niederstraße, Prinz-Emil-Garten und Heidelberger Straße meine Dienststelle zu finden. Durch die Niederstraße bin ich trotz brennender Häuser noch gekommen. Im Prinz-Emil-Garten sah ich dann ein, daß ich nicht mehr weiterkonnte. Es war ein wildes Chaos — Soldaten von den Dragoner-Kasernen kamen auf vor Entsetzen halbverrückten Pferden an, um sie vor dem Schlimmsten zu bewahren. Sie kamen die Ahastraße herauf und wurden an den Gittern angebunden (damals war der Garten noch eingezäunt). Viele Tiere hatten sich in panischer Angst losgerissen und rasten durch die Gegend. Viele kamen um. Das waren die ersten Eindrücke.
Der Herdweg war noch einigermaßen zu begehen, aber dann kam das Furchtbare: Die ersten Toten lagen auf den Straßen, Häuser stürzten ein. Nach diesem entsetzlichen Stück Weg kam ich am Meßplatz an und fand auch den Gesuchten — rauchgeschwärzt die ganze Familie und die Anwohner des Hauses — das Hinterhaus konnten sie durch unermüdlichen Einsatz retten. Der Meßplatz war voll von Menschen mit ihrer geretteten Habe.

Es dauerte noch zwei Tage, bis wir uns alle zusammengefunden hatten. Die Dienststelle war auch ausgebrannt, und so schlugen wir unsere „Zelte" auf der Rheinstraße — Feldbergstraße auf. Wenige Fahrzeuge sind übriggeblieben. Ehe wir den Menschen mit ihrer geretteten Habe helfen konnten, mußten die Toten auf den Friedhof gebracht werden. Und da die Zahl in die Tausende ging, waren nur Lastwagen die richtigen Transportmittel. Wir gaben morgens die Auftragszettel aus, wo Tote aufzuladen waren. Es war entsetzlich.
Russische Kriegsgefangene mußten diese Arbeit tun. Hier und da wurden Handschuhe und Schnaps verteilt. Für diese Menschen war das genauso entsetzlich. Sie erbrachen sich über den Rand des Wagens, hatten ständig verfärbte Gesichter und haben von Tag zu Tag schlechter ausgesehen. Wir nannten damals die Rheinstraße die Straße des Todes. Vollgeladen rollten dann die Wagen mit ihrer traurigen Fracht; zwischendurch auch Leute mit Leiterwagen, darauf eine Kiste mit einem ihrer Lieben. Sie hatten das Glück, wenigstens eine Kiste aufzutreiben. Wie viele Familien wurden ausgelöscht, und sie haben die letzte Ruhe im Massengrab gefunden.
Am Abend vor dem Angriff war eine Einheit oder Kompanie Marine-Infanterie angekommen. Ich sah sie, als sie in die Kaserne an der Ludwigshöhe einzogen. Diese jungen Männer haben sehr viel geleistet. Sie räumten brennende Häuser aus und halfen, wo sie nur konnten. Vor allen Dingen mußten die Ausgebombten versorgt werden. Sie saßen auf Schulhöfen, Straßen, Plätzen und Trümmern mit ihrer geretteten Habe. Sie hatten Hunger und mußten untergebracht werden. Sie wurden evakuiert aufs Land, in den Odenwald usw. Es war die Aufgabe der Fahrbereitschaft, die Fahrzeuge für den Abtransport der Habe zur Verfügung zu stellen. Mit den wenigen Fahrzeugen schafften wir das natürlich nicht. Von der Regierung wurde eine Lkw-Kolonne aus Holland mit holländischen Fahrern eingesetzt. Auch sie waren sehr tüchtig und halfen, wo sie nur konnten.

Ottilie Bell: Kein Haus mehr in der Kiesstraße

...da kracht es auch schon, das Licht geht aus, vom Radio gibt es keine Durchsage mehr. Wir gehen alle vorgebeugt in die Knie, den Mund weit geöffnet. Meine Schwägerin betet laut für uns. Das kaum sechs Wochen alte Dackelchen bellt ängstlich; zum erstenmal, seit es bei uns im Hause ist. Rund um uns herum kommen die Einschläge. Es müssen wohl zwei Minen niedergegangen sein in der Nachbarschaft. Der Druck und die Lautstärke waren ungeheuer.

Unsere Nachbarn schlagen mit der Axt ein Loch in die Mauer, kommen herüber. Ihr Haus steht in Flammen. Schon brennt es auch bei uns. Der Rauch droht uns zu ersticken. Wir können noch die Kellertreppe hochkommen. Draußen im Garten brennen die Bäume wie Fackeln. Ich nehme zwei Koffer mit, von denen nur einer mir gehört, der andere einer Hausbewohnerin, die in der Eile und Verwirrung vergaß, ein Gepäckstück mitzunehmen. Meine Verwandten sind auch ohne Koffer fort, mein Bruder hat statt Gepäck die Luftschutzspritze gegriffen.

Von der Kiesstraße aus ist es unmöglich, nach der Wienerstraße durchzukommen. Richtung Beckstraße ist auch nicht zu passieren. Durch die Gervinusstraße kommen wir mühsam vorwärts. Die Flammen ergreifen den Mantel und den Hut meines Neffen. Er muß die Stücke fortwerfen. Ich komme besser durch den Brand; habe mir ein feuchtes Tuch vor Mund und Nase gebunden und eine nasse Decke übergehängt. So geht es durch die Darmstraße an den Großen Woog. Dort sitzen wir bis zum Morgengrauen an einer Bedürfnisanstalt mit vielen Leidensgefährten zusammen.

Mein Bruder, der eben erst mit mir Haus und Hof verloren hat, hilft in der Heinrich-Fuhr-Straße beim Bergen von Hausrat. Meine Schwägerin und meinen Neffen haben wir im Menschengewühl verloren. Nach einigem Suchen entdecke ich sie beide. Die ganze Stadt scheint in Flammen zu stehen; es ist taghell, der Sog heult. In der Ferne hört man Kanonenschläge.

Im Morgengrauen bin ich mit meinem Bruder noch einmal zurückgegangen. Man sah nur schwelende, rauchende Trümmer. In unserer tausend Meter langen Kiesstraße stand kein Haus mehr. Unser Nachbar war in sein brennendes Haus zurückgegangen, um etwas Wäsche und Kleidung für sein Enkelkind zu holen. Er wurde nicht mehr gesehen.

Robert Uhlmann: Wir konnten nicht helfen

Es war in der frühen Nacht, als die Sirenen heulten. Raus aus den Federn, in die bereitgelegten Kleider schlüpfen und zum Alarmplatz. Kaum zehn Minuten später kam der Lastwagen und nahm uns Männer auf. Wir sahen schon von Nieder-Ramstadt aus, was geschehen war. Nur schnell, wir wollten helfen. Als wir zum Tierbrunnen kamen, ging es nicht weiter: Vor uns eine große Flammenfront — es war unmöglich, weiterzufahren. Was tun? Am Tierbrunnen ein Dachstuhlbrand. Den löschten wir, mehr konnten wir Männer nicht ausrichten.

Ich überlegte mir dann, daß in der Eschollbrücker Straße meine Verwandten wohnten und sich sicher in großer Gefahr befanden. Ich ging los. Allein durch die glühende Heinrichstraße. Was ich da sah, erschütterte mich als früheren Kriegsteilnehmer derartig, daß ich mir überlegte: sollst du weitergehen? Auf beiden Straßenseiten glühende Häuserfronten, jeden Moment gegenwärtig, daß sie zusammenstürzen konnten. Kein Lebewesen. An der unteren Heinrichstraße sah ich ein junges Mädchen mit schlimmen Brandwunden. Sie schrie „Wasser". Ich gab ihr etwas Cognac, legte sie an eine Mauer und versprach, Hilfe zu bringen. Weiter mein trauriger Weg. Immer noch ganz allein. Ich sah nur vereinzelte kleine braune Körper — zusammengeschrumpfte Menschen.

Als ich zur Eschollbrücker Straße 5 kam, zur Wohnung meiner Verwandten, sah ich nur noch das glühende zusammengestürzte Haus — auch dort keine Menschen. Ich ging zur Riedeselstraße. Dort befand sich der tiefe frühere Brauereikeller, der als Luftschutzraum hergerichtet war. Ich wußte, daß meine Schwägerin sich hinflüchtete bei Alarm. Ich sah aber nur Trümmer — Volltreffer — der Eingang zum Hof war verschüttet. Also auch keine Hilfe möglich; mir blieb nichts anderes übrig, als den Heimweg anzutreten. Ich ging zur Heidelberger Straße, um über die Rheinstraße nach Nieder-Ramstadt zu kommen. Am Marktplatz kein Durchkommen, also umkehren. Ich ging — immer noch allein — zur Landgraf-Georg-Straße und gelangte durch die Riedlingerstraße wieder zur Nieder-Ramstädter Straße.

Als ich zum Tierbrunnen kam, sah ich die ersten Menschen. Kurze Beratung. Aber wir konnten ja nicht helfen. Also heimwärts. Ich kam am frühen Morgen in Nieder-Ramstadt todmüde an. Am anderen Vormittag ging ich mit meiner Sprechstundenhilfe zur Eschollbrücker Straße, um zu sehen, was zu machen sei, aber ich konnte nur manchen trösten und Rat geben. Immer dauernder Alarm dabei. Als ich dann nochmals zur Riedeselstraße kam, sah ich die Toten — darunter meine Schwägerin — auf dem Bürgersteig liegen.

In Nieder-Ramstadt traf ich meinen Schwager mit einigen Habseligkeiten. Er berichtete mir, daß er nach dem Volltreffer zum Marienplatz geflüchtet sei und nichts von seiner Frau wußte. — Mit ihm besprach ich dann, was mit meiner Schwägerin geschehen solle. Zum Glück kannte er einen Beamten der Kripo und wir bekamen die Leiche frei.

Etwa 23 Menschen waren in dem Luftschutzkeller erstickt und vom Bergungstrupp am frühen Morgen aus dem Keller geholt worden.

Gretel Siegel: Wir glaubten alle nicht daran

Als Zugführerin bei der Reichsbahn kam ich am 11. September 1944 aus Worms gegen 23.12 Uhr in Darmstadt am Hauptbahnhof an. Bei stockdunkler Ankunft wurde durch den Lautsprecher aufgefordert, sofort die Luftschutzräume aufzusuchen. Aber ich wußte, daß noch die letzte Straßenbahn um 23.14 Uhr fahren sollte. Ich lief so schnell ich konnte auf die Straße und erwischte die letzte Bahn. Unser Amtmann M., der sich um die Reisenden bemühte und auch immer um sein Personal besorgt war, sagte noch, es hätte keinen Zweck, in die Stadt zu kommen; es sei erhöhte Angriffsgefahr.

Der Fahrer der letzten Straßenbahn, übrigens ein Belgier, brachte uns noch zum Schloß. Ich wohnte damals in der Kirchstraße. Ich blieb einige Sekunden am Tor stehen. Es war alles so unheimlich. Dann gab es Vollalarm und kurz darauf kamen schon die Bomber. Es fielen Bomben, Bomben, Bomben. Ich höre noch das Einschlagen und Krachen. Es war die Hölle. Wir kamen alle Gott sei Dank davon. Herr G. hatte sein Radio im Keller und schaltete ein. Zufall oder nicht: auf einmal sprach eine Frauenstimme: Hier BBC. Darmstädter, geht in eure Keller und Wälder. Darmstadt wird minütlich einen Großangriff haben. Hätte Wuppertal auf die Warnung gehört, hätte es nicht so große Verluste gehabt...

Herr G. schaltete ab und war sehr erschrocken, daß er den Feindsender geholt hatte. Tags zuvor flogen schon Flugblätter mit fast demselben Inhalt. Ich hatte eines vom Dach geholt und vorgelesen. Wir glaubten alle nicht daran. Habe das Flugblatt dann vernichtet.

Die Minen, die in die Schulstraße und den Kaufhof fielen, hörten sich beim Herunterkommen an, wie wenn in einer Badewanne das letzte Wasser gurgelnd abläuft. Ich hatte zwei Karbidlampen im Keller, sonst hätten wir kein Licht gehabt.

Wir kamen noch alle ins Freie, uns bot sich ein grauenvolles Bild. Die Hölle kann nicht schlimmer sein. Vom Schloß her lief eine himmelhohe Flamme gegen die Kirchstraße zu. Mein Mann wollte den Keller abschließen und sagte, ich sollte am Tor warten. Ich wurde kopflos, als ich das Feuer sah. Kirchstraße, Markt, Schustergasse — ein Flammenmeer. Endlich gelang es mir doch durch die Schustergasse. An der „Krone" hab ich nicht mehr hin und her gewußt, da hat mich dann mein Mann gefunden. Vor lauter Rauch und Hitze konnte man nichts sehen. Die Hitze versengte uns die Augen, und wir hatten viel Rauch geschluckt. Wir sind dann im Vorgarten vom Schwimmbad gelegen, aber da flogen schon viele brennende Fetzen in der Luft herum, so daß wir wieder fort mußten an den Woog. Dort waren wir sicher, wenn wir auch erbärmlich froren. Und der Schreck saß uns noch in allen Gliedern. Aus dem Woog versuchten die Leute zu löschen. Aber die

Schläuche waren wohl alle kaputt. Gegen Morgen versuchten wir, durch die Teichhausstraße zu kommen, aber die zusammenstürzenden Häuser und die entsetzliche Hitze ließen uns wieder über die Trümmer zurückstolpern. Die Schmerzen in meinen Füßen wurden immer schlimmer. In der Teichhausstraße sahen wir den ersten Toten. Er lag auf dem Rücken und brannte auf der linken Seite. Phosphor, ganz kleine, kaum zu sehende Flämmchen. Durch die Mühlstraße kamen wir zum Kapellplatz. Da sahen wir schon, wie Tote, Schwerverletzte und furchtbar Verbrannte ins Elisabethenstift gebracht wurden. Welch grauenvoller Anblick. Die alten Damen vom Elisabethenstift lehnten an der Mauer der Gärten in Nachthaube und Nachthemd, zitternd vor Angst und Kälte. Die Verbrannten hatten faustdicke Blasen im Gesicht, am Hals und überall. Einer Frau hingen die Hautfetzen von den Armen. Was müssen diese armen Menschen ausgehalten haben.

In der Schulstraße am Haus Nr. 1 sahen wir eine verkohlte Leiche, ob Mann oder Frau — ich weiß es nicht. Höchstens 60 Zentimeter groß, mit dem Gesicht nach unten. So lagen die vielen anderen, die wir noch zu sehen bekamen. Am Bismarckbrunnen lagen sie rundum, innen und auf der Einfassung. Keine sichtbare Verletzung, mit dem Gesicht nach unten. Nur ein Mann lag auf dem Rücken mit offenen Augen und einem Kopfdurchschuß. Im Palaisgarten sahen wir unzählige Tote, fast alle nackt. Einer hatte nur einen Strumpf an, die anderen nur Strumpfhalter, einer einen Fetzen vom Hemd, wie wenn sie dahin gelegt worden wären. Alle tot. Auch am Eingang der Luisenstraße lag ein junges blondes Mädchen. Es sah aus, als lächele es. Überall dasselbe Bild. Auch Soldaten waren darunter.

Ich habe das furchtbare Erleben nicht vergessen. Möge uns der Herrgott behüten vor so einer Hölle.

Marta Haury: Der erste Teller Suppe

Ich lief mit meinem Koffer zum Schul's Felsenkeller, es war eine sternenklare Nacht. Im Schutzraum waren mehr Menschen versammelt als je zuvor. Alle beherrschte ein unruhiges Gefühl, das mit den vom Luftschutzwart M. durchgesagten Lagemeldungen ins Unerträgliche wuchs. Als Herr M. dann auch noch äußerte: „Ich glaube, das Häuschen von Frau Haury brennt", wollte ich vor Aufregung den Luftschutzkeller verlassen. Man ließ mich aber nicht hinaus. Ich übergab der mir bekannten Frau N. meine Sachen und eilte — sobald dies möglich war — ins Freie. Ringsherum standen die Häuser in hellen Flammen, an ein Löschen war aus Mangel an Wasser nicht zu denken. Mein Häuschen war nur demoliert, das Nebenhaus brannte.

Als der Angriff vorbei war, brachten wir die Möbel aus der Parterrewohnung von Frau N. in der Dieburger Straße hinaus in den Garten; dabei viel mir ein Balken auf das Bein und verletzte mich. Ich nahm aber keine Notiz davon, denn es galt jetzt, den vielen Betroffenen zur Seite zu stehen. Ich stellte denen, die kein Dach mehr über dem Kopf hatten, meine demolierte Wohnung zur Verfügung und begab mich gegen 6 Uhr früh an meine Arbeitsstätte im Lazarett (damals SA-Schule) an den Hirschköpfen, wo ich die Leitung der Küche hatte.

Um das Lazarett lagen Unmengen von Brandbomben, es gab kein Wasser, kein Gas und keinen Strom. Darunter hatten die vielen Lazarettinsassen — darunter Bein- und Armamputierte — sehr zu leiden. Mit einem Pferdefuhrwerk konnten wir dann doch in Kübeln und Kannen Trink- und Kochwasser aus dem Brünnchen hinter dem Oberwaldhaus holen.

Nachmittags kochte ich aus Vorräten eine Linsensuppe mit Einlage. Der Lazarettinspektor G. ließ Kommißbrote aus Mannheim herbeischaffen, und so konnten wir vielen Obdachlosen aus der Stadt einen Teller Suppe und ein Stückchen Brot geben. Die Not und das Elend waren riesengroß. Da gab es nichts anderes, als sie lindern zu helfen. Ich richtete mir mit dem erhalten gebliebenen Bettzeug ein Notlager im Tresorraum des Lazaretts ein und blieb dort bis zum Ende des Krieges.

Philipp Weihert: Durchkommen unmöglich

Ich erhielt den Auftrag, Verbindung mit dem Polizeipräsidium in der Hügelstraße aufzunehmen. Auf meinem Fahrrad versuchte ich, über das Böllenfalltor zur Heidelberger Straße und von dort hinzukommen. An der Nieder-Ramstädter Straße waren alle HEAG-Wagen abgestellt. Die Straße war übersät mit Glasscherben. Überall hingen Telefondrähte. Masten und Bäume waren abgebrochen. In der Landskronstraße saßen am Straßenrand Frauen, Männer und Kinder und sahen, wie ihr Hab und Gut von den Flammen vernichtet wurde. Als ich sah, daß ein Vorwärtskommen nach der Hügelstraße unmöglich war, entschloß ich mich, zu Hause in der Heimstättensiedlung nachzusehen. Auch hier waren einige Siedlerhäuser von Bomben getroffen worden und standen in Flammen, darunter auch das meinige. Im letzten Augenblick konnte ich mit einigen Eimern Wasser das Feuer an der Holzbalkendecke löschen und verhindern, daß das Dachgebälk und gleichzeitig das ganze Haus ausbrannten.

Erst am Morgen konnte man das Ausmaß dieser Katastrophe einigermaßen erkennen. Die Straßen waren zugeschüttet von eingestürzten

Mauern und verkohlten Balken. Aus den meisten Kellerresten kamen schwarze Rauchwolken. In den Kohlevorräten für den kommenden Winter hatte das Feuer reichlich Nahrung gefunden.

Am nächsten Tag wurde dem Polizeipräsidium ein Kommando aus Offenbach zugeteilt, das mit Geräten zum Eindringen in Kellerräume, zur Bergung von Leichen oder noch Lebenden ausgerüstet war. Diese Männer hatten eine sehr schwere Arbeit. Größtenteils waren die Kellerräume mit Wasser angefüllt, wo die Leitungen getroffen worden waren. Oder aber in den Räumen war eine solche Hitze, daß sie erst nach Tagen betreten werden konnten.

Andererseits fehlte es an Trinkwasser. Zum Glück befand sich auf dem Gelände des jetzigen Polizeipräsidiums in der Nieder-Ramstädter Straße ein alter Brunnen. Er wurde sofort wieder in Betrieb genommen und war nun Spender des kostbaren Wassers für viele Überlebende, die ihr Schicksal immer noch nicht fassen konnten.

Katharine Gerhardt: Was diese Worte bedeuteten

Rauch drang in den Keller. Man vernahm nur noch ein wenig Husten von Menschen, die nach frischer Luft rangen. Dann hörte ich nichts mehr. Totenstille rings um mich her. Ich sah wie durch Nebel ein kleines Licht. Ich saß oder lag — ich kann es heute nicht mehr sagen — unter toten Menschen, neben meinen toten Kindern, und wußte von alledem nichts mehr.

Vielleicht war es gegen Morgen, als man mich lebend mit starker Rauchvergiftung, einer Gehirnerschütterung und einem schweren Nervenschock aus dem Keller holte. Zuerst brachte man mich in das Ausweich-Krankenhaus nach Goddelau. In meinem Unterbewußtsein sah ich so viele Menschen um mich herumsitzen — im Keller dritten Grades verbrannt durch Phosphor — es roch fürchterlich. Ein Elend und Jammern. Nachdem es etwas ruhiger geworden war, wurden sie auf mich aufmerksam, denn ich trug ja die Kleidung der Städtischen Krankenanstalten — blau-weiß-gestreift. Ich konnte mich einfach nicht mehr erinnern, krank gewesen zu sein. Immerzu fragte ich nach meinen beiden Kindern. Niemand konnte oder wollte mir Nachricht geben.

Nach einer gewissen Zeit — ich weiß es nicht zu sagen — wurde ich nach dem Einsiedel verlegt, der für Diphtherie-Kranke eingerichtet war. Auch dort fragte ich und suchte nach meinen Kindern. Einmal wurde ich von einer Krankenschwester zurechtgewiesen, weil ich mich in ein anderes Kellerabteil gewagt hatte, das für mich verboten war. Wir hatten wieder im Keller gegessen und ich hörte aus dem Neben-

abteil Kindergespräch. Ich glaubte, es seien meine beiden. Aber sie waren es nicht. Bekannte, die mich besuchten, sagten mir, meine Kinder seien gut aufgehoben.
Später erfuhr ich, was diese Worte bedeuteten.

Karl Rumpf: An der Friedhofsmauer

Kaum waren alle in dieser Nacht versammelten zehn Hausbewohner im Keller auf ihrem gewohnten Platz, als wir aus dem Radio hörten, daß große feindliche Fliegerverbände in südlicher Richtung einflogen, in der Höhe von Karlsruhe die Richtung geändert und nach Norden abgeflogen seien. Es dauerte nicht lange, da fielen schon die ersten Bomben. Immer häufiger folgten die Einschläge, so daß der Erdboden förmlich zitterte, bis das elektrische Licht ausging, es überall im Mauerwerk und Gebälk verdächtig knisterte und Staub die ganze Luft erfüllte.
Nun herrschte in unserem Keller, der mit dem Nachbarkeller durch einen Mauerdurchbruch verbunden war, Totenstille. Stets war man auf den nächsten Einschlag und seine Folgen gespannt. Als es nach einiger Zeit in unserer Gegend stiller geworden war, verließ ich als erster den Keller und stellte fest, daß der obere Teil des Hauses brannte und es keinen Zweck hatte, länger im Keller zu bleiben. Nun kamen alle mit ihrem Luftschutzgepäck heraus auf die Heinrichstraße. Da alle Häuser weit und breit in Flammen standen, war an eine Brandbekämpfung nicht zu denken. Um einigermaßen in Sicherheit zu sein, gingen wir an die nördliche Friedhofsmauer und in den Friedhof.
Da sehr viele Brandbomben gefallen waren und es überall im Hause — sogar im Keller der Koksvorrat — brannte, war kaum an eine Bergung von noch unversehrtem Gut zu denken. Dennoch wagte sich mein ältester Sohn — damals als Kriegsversehrter zum Studium beurlaubt — in unsere Wohnung im ersten Stock und brachte gute Kleider und ähnliches heraus in den benachbarten Garten. Von der Straße aus konnte man mit zusehen, wie unser Hab und Gut — Möbel, Bibliothek, Bilder, Klavier, Kleider und alles, was einem lieb und wert war — allmählich ein Raub der Flammen wurde und in die Tiefe hinabstürzte.
Nach kurzer Zeit ging ich durch die brennende Heinrichstraße, durch die Gervinusstraße in die Kiesstraße, um nach meinem Elternhaus, Nummer 76, wo mein Bruder und meine Schwester wohnten, zu sehen. Hier war nur noch ein brennendes, rauchendes Trümmerfeld. Eine schwere Mine war in den Garten hinter dem Haus gefallen, hatte

alles dem Boden gleichgemacht, jegliches Leben vernichtet und unter Schutt und Asche begraben, so daß auch bei den später durchgeführten Aufräumungsarbeiten nicht mehr das geringste von den früheren Hausbewohnern gefunden werden konnte.

Bei meiner Rückkehr in die Heinrichstraße und auf den Friedhof lagen auf der Straße schon Leichen Verbrannter und Verkohlter, die der Flammentod auf der Flucht ereilt hatte. Von unserem Standort an der Friedhofsmauer konnten wir stundenlang das fürchterliche Feuermeer der brennenden Stadt sehen. Als es hell geworden war, gab es nur noch rauchende Trümmer.

Peter Jungmann: Wasser aus dem Müllersteich

Wir vom 4. Polizeirevier hatten Last, die verängstigten Menschen aus den Schutzräumen zu holen. Leider konnten wir nicht überall zur gleichen Zeit sein. So stand zum Beispiel das Haus Heinheimer Straße Nr. 81 (Ecke Rhönring) gegen 2.30 Uhr, außer den zerbrochenen Fensterscheiben, noch unversehrt. Am Morgen war es ausgebrannt. Aus verschiedenen Häusern im Rhönring zwischen Arheilger Straße und Pankratiusstraße hatten viele Menschen ihre Möbel auf den Fußsteig gestellt. M. und ich hatten diese Leute aufgefordert, in ihre Wohnungen zu gehen, ihre Fensterläden zuzumachen und auf den Funkenflug aufzupassen.

Nach zwei Uhr ging das Wasser in dem Löschteich auf dem Riegerplatz zur Neige. M. und ich kamen auf die Idee, den Kranichsteiner Gutshof anzurufen, damit von dort die Wasserrohre, die zum Bewässern der Felder dienten, an den Müllersteich angeschlossen werden. Da wir keine telefonische Verbindung bekamen, hatten wir einen Radfahrer dorthin geschickt.

Inzwischen kamen Schutzpolizei-Einheiten von Frankfurt, die sich beim 4. Revier meldeten. Sie baten um Einsatzbefehle. Da M. nicht da war und ich sie ohne Genehmigung der Luftschutzleitung nicht einsetzen konnte und auch nicht wußte, wie es sonst in der Stadt aussah, verwies ich sie zur Luftschutzleitung in der Hügelstraße im Polizeipräsidium. Ich riet dem Führer, zu versuchen, durch den Taunusring in die Landgraf-Philipps-Anlage und von dort etwa durch die Eschollbrücker Straße oder durch die untere Hügelstraße zum Marienplatz zu gelangen. Ein Offizier von der Frankfurter Schutzpolizei, der hier bekannt war, hat auch auf diesem Weg Verbindung mit der Luftschutzleitung bekommen.

Kurz nach 4 Uhr fuhr ich mit dem Fahrrad durch die Kranichsteiner Straße dem Gutshof zu. Zwischen der Odenwaldbahn und der Gichtmauer kamen mir die Fahrzeuge vom Gutshof mit den Wasserrohren entgegen. Die Fahrzeuge waren mit Ochsen bespannt und wurden von Gefangenen gelenkt. Ich ließ sie zwischen der Odenwaldbahn und der Kastanienallee halten und fuhr eiligst zum Revier. Dort waren gerade Feuerwehrleue von Trebur angekommen. Ich nahm mir sogleich den Führer mit und besprach an Ort und Stelle, am Müllersteich, wie und wo wir die Rohre hinlegen, und wo wir die Motorpumpe aufstellen könnten.

Ein Franzose hat die Motorpumpe bedient. Er hat mehrere Zündkerzen eingesetzt, der Motor sprang nicht an. Ich höre ihn heute noch sagen: „Noch eine — wenn kaputt, dann nix Wasser." Er sagte noch, daß diese Zündkerzen nur in Frankfurt zu bekommen seien. Aber wir hatten Glück. Die letzte Kerze hatte gezündet, der Motor sprang an. Die Rohrleitung wurde in der Kranichsteiner Straße neben der Fahrbahn entlang gelegt und reichte bis zum Äußeren Ring, jetzt Vogelsbergstraße.

Hier konnten drei Schlauchleitungen angeschlossen und einige Häuser in Rhönring und Taunusstraße gerettet werden. Außerdem haben sich die dortigen Bewohner am kommenden und übernächsten Tag ihr Koch- und Waschwasser am Ende der Rohrleitung holen können.

Ludwig Müller: Löscharbeit im Steinberg

Diesmal flogen die englischen Bomber aus verschiedenen Richtungen an. Über Darmstadt vereinigten sich dann die Geschwader, warfen zunächst Sprengbomben, dann eine Unzahl von Phosphorbrandbomben, dann erneut Sprengbomben, damit Löscharbeiten an den zahllosen Brandstellen unmöglich gemacht wurden.

Später hat ein gefangener englischer Offizier, der den Angriff mitgeflogen hatte, ausgesagt, man habe gewußt, daß Darmstadt gänzlich unverteidigt sei, da drei von den vier bis dahin am Stadtrand stehenden Flakbatterien am Vortage weggezogen worden waren, und daß man die neue Angriffsmethode an der unverteidigten Stadt habe ausprobieren wollen.

Gegen 23 Uhr gaben die Sirenen Voralarm, und man konnte am Radio im Luftschutzkeller genau den konzentrischen Anflug der englischen Geschwader verfolgen. Etwa 23.30 Uhr fielen die ersten Bomben, unser meterdick betonierter Bunker erbebte in seinen Grundfesten. Nach etwa 15 Minuten flauten die Bombenexplosionen ab und Ruth (meine Tochter) und ich gingen hinaus, um zu sehen, was geschehen war. Rundum brannte es. Eine neue Bombenexplosion in der Nähe zwang uns, schleunigst wieder hinunter zu eilen. Nach weiteren zehn Minuten gingen wir wieder hinauf. Es brannte ringsum, und auch aus den Fenstern des Obergeschosses unseres Hauses schlugen die hellen Flammen. Wir machten uns sofort ans Löschen, aber da alle Wasserleitungen zerschlagen waren, waren wir auf das Wasser angewiesen, das man — wie immer — in der Badewanne und in einigen Eimern bereitgestellt hatte. Der Dachstuhl brannte. Im Innern des Hauses brannte vor allem Ruths Zimmer lichterloh, und auch in einigen anderen Zimmern schwelten kleinere Brände. Letztere konnten wir bald löschen, aber der Hauptbrandherd schien nicht zu ersticken zu sein. Ich wollte daher die Löscharbeiten aufgeben und aus dem Haus retten, was zu retten war. Aber meine Tochter gab nicht nach. Wir bekamen Hilfe, indem weniger betroffene Nachbarn Wasser aus einem Brunnen im Garten des Nachbarhauses herbeischleppten. Schließlich kamen auch noch ein paar Mann von der Polizei, die aufs Dach stiegen und dort löschten.

Es ist das Verdienst meiner Tochter, daß mit den geringen Mitteln — Luftschutzspritze, herbeigeschlepptes Wasser — nach vielstündiger schwerster Arbeit mit Hilfe einiger Leute das Haus gerettet worden ist. Aber wie sah es aus. Fast alle Fenster kaputt, Türen herausgeflogen, manches andere abgerissen, der Dachstuhl über dem Wirtschaftstrakt eine Ruine, der Brandschutt in Ruths Zimmer kniehoch, in anderen Zimmern Vorhänge, Betten und anderes angekohlt.

Am Vormittag nach dem Angriff kam mein Bruder, um zu sehen, ob wir noch lebten. Er nahm dann mich und das Kind mit auf sein Gut Georgenhausen, wo wir aber nur wenige Tage blieben, da zahlreiche ausgebombte Bekannte aus Darmstadt dort Zuflucht gesucht hatten und das Haus überfüllt war. Auch bei uns sammelten sich zwölf ausgebombte Bekannte, um zunächst einmal wenigstens ein Dach über dem Kopf zu haben, wenn auch ein stark beschädigtes; man schlief im Wohn- und Eßzimmer, auf dem Boden.

Das schlimmste war, daß etwa ein Drittel des Dachstuhls abgebrannt war und der Regen bis ins Erdgeschoß durchdrang. Aber nach etwa acht Tagen schickte mir mein Bruder zwei von seinen Leuten, fuhr uns das nötige Bauholz aus einem Sägewerk in Reinheim an und ebenso 600 alte Dachziegel, die irgendwo auf dem Gut herumlagen. Damit wurde das Dach von den beiden Leuten in dreitägiger Arbeit repariert, so daß es wenigstens wieder notdürftig dicht hielt. Das war eine große Hilfe, denn auf normalem Wege bekam man damals weder Arbeitskräfte noch das allernötigste Material.

Da alle Leitungen zerstört waren, gab es kein Leitungswasser. Der ganze Steinberg holte sein Wasser aus dem Pumpbrunnen im Garten unseres Nachbarn Th.

Kochgas gab es auch nicht. Durch Verbindungen bekam ich „hintenherum" einen Kohlenherd, den wir wegen der Lage des Kamins einstweilen im Eßzimmer aufstellten. Später kam er in die Küche mit einem

Rauchabzug durchs Fenster. Eine große Erleichterung war es, daß sofort eine Essenausgabe in der Paulskirche eingerichtet wurde, wo man eine dicke Suppe und Brot bekam. Das Essen wurde in Frankfurt zubereitet und mit einem Lkw hierher gebracht. Nach einigen Wochen lief wieder das Leitungswasser, aber es dauerte fast ein Jahr, bis man wieder Kochgas hatte. Etwas besser stand es mit elektrischem Strom. Schon nach einigen Wochen gab es wieder Lichtstrom, und auch die Trams fuhren wieder, wenn auch nur wenige und mit großen Zwischenräumen.

Martha Gros: Nie zuvor dem Nächsten so nahe

Wir rannten, wie wir waren, hinunter. Ich hatte mir übers Nachthemd noch rasch meinen Trainingsanzug gezogen und einen alten Kellermantel ergriffen. Hatte eben noch Zeit, den Gashahn abzustellen und mit zitternden Händen den Notausstieg nach dem Garten aufzuschließen. Schon hörte man sie über uns. Wir standen im äußersten Eck des Luftschutzkellers. Erst Hauptmann R., er war in voller Uniform, dann ich, das Fräulein H., die Hausdame und zuletzt G. Wir hielten einander an den Händen und hörten sie schon pfeifend über uns hinwegrasen. Eine der ersten Detonationen war in nächster Nähe; mein Herz zitterte. Dann folgte ein mörderischer Schlag, die Wände wankten, wir hörten ein Krachen und das Einstürzen und das Zischen einer Flamme. Speis bröckelte auf uns nieder, und jeder von uns glaubte, daß die Decke einstürzen würde. Aber sie hielt stand. Das Licht war ausgegangen. Vielleicht 30 Sekunden später eine zweite furchtbare Detonation, die Kellertür flog auf und ich sah im hellsten Schein den Einsturz der Kellertreppe und einen Feuerstrom sich in den Keller ergießen. Der Schleusenvorhang brannte lichterloh.
Ich schrie auf: „Hinaus!" Aber Hauptmann R. hielt mich eisern fest: „Hierbleiben, sie sind noch über uns!" Im selben Augenblick krachte ein Volltreffer ins gegenüberliegende Haus. Unsere Panzerplatte flog auf, eine etwa fünf Meter lange Feuerzunge schnellte herein. Schränke und Holzverschläge barsten und fielen auf uns. Ein furchtbarer Luftdruck warf uns an die Mauer. Jetzt rief R.: „Hinaus und Händereichen!" Er zog mich mit aller Gewalt unter den Holztrümmern hervor, ich ließ meine Geldkassette fallen, riß Fräulein H. mit und diese Herrn G.
Wir stiegen durch das nach hinten gehende Loch, schon brannten der kleine Flur und die Verbindungstür zum hinteren Keller, und wir kamen gerade noch durch das Fenster in den Garten. R. half jedem beim Hinausspringen, somit war ich nun die Anführende. Ich rief:

„Deckung suchen!" und sprang beim Mülleimer hinters Gebüsch und die Mauer entlang nach der Sappe (Graben), sprang hinein, alle hinter mir her, und schon krachten und hagelten neue Bomben in den Garten. Kurz dachte ich an den Benzintank, der neben uns eingebuddelt war. Wir duckten uns tief, jeder löschte an seinem Vordermann brennende Funken und Brocken. Vielleicht eine Viertelstunde war dieser direkte Feuerangriff über uns. Phosphor hing an den Bäumen und tropfte herunter. Zwei große Kanister und vierzehn Stabbomben fanden wir später auf unserem kleinen Terrain an der Heinrichstraße.

Plötzlich flammte unseres Nachbars Gartenhaus auf, das ganz mit Winterholz vollgeschichtet war. Die Flamme schlug hoch über die Mauer hinweg zu uns herüber. Sie erfaßte auch unsere Gartenecke, die mit Reisern bedeckt und fünf Meter von unserer Sappe entfernt war. Die Hitze war fürchterlich. Wir sprangen heraus und suchten Deckung an der Mauer zwischen Haus und Sappe. Ich zog meine Gasmaske aus. Atmen, handeln und denken konnte ich nicht mit ihr, hatte aber ein Tuch vor Nase und Mund und eine Schutzbrille an. Wer die nicht hatte, war schon halb erblindet.

Jetzt drangen Hilferufe aus den Nachbarhäusern. In Nummer 47 war Herr R. gelähmt aus seinem brennenden Haus halb auf den Balkon getragen worden. Vereint mit seiner Tochter trugen R. und ich ihn nun in den hinteren Garten. Als der orkanartige Wind für Augenblicke den dicken Qualm und Rauch verjagte, sah ich nun, daß das hohe Nebenhaus Nummer 51 nicht mehr stand und daß seine linke Hälfte über meinen ärztlichen Anbau gestürzt war. Die Sicht nach der Straße war frei, voll Entsetzen erblickte ich brennende Menschen wie lebende Fackeln dahinjagen und hörte ihre merkwürdigen letzten Schreie. Aus dem großen Schutthaufen, der einst unser Nachbarhaus gewesen war, tauchten verzweifelte Gestalten auf, um Hilfe rufend. R. ging ihnen über die brennenden Trümmer entgegen, es waren sechs Personen. Ein Fräulein hatte auf dem kurzen Weg zu uns ihre Mutter verloren und rief und jammerte eine Stunde lang nach ihr. Einer von diesen Herren hatte sein Gebiß oben liegen lassen und schimpfte verzweifelt mit seiner Frau. Fräulein H. weinte, G. wurde es übel. Wir hörten aber von diesen Nachbarn, daß die ganze Straße getroffen worden war und daß ihre Hausleute F.'s beim zu frühen Verlassen des Kellers in ihrer eigenen Torhalle erschlagen wurden.

Inzwischen brannte unser Haus weiter ab. Ich hörte die Decken einstürzen, sah meine Betten auflodern und durch die jetzt schon offenen Fensterhöhlen, wie auch das untere Stockwerk in hellen Flammen stand. Bei uns — in der Mitte des Gartens — war es glühend heiß und so voller Rauch, daß wir alle auf die Erde knieten, unsere Köpfe so tief wie möglich hielten, uns ab und zu Erde aufkratzten und an die glühenden Wangen hielten. Unterdes war an der Rückseite des Gartens das Feuer weitergesprungen. Auch mein dort aufgeschichtetes Winter-

holz brannte, die Flammen schlugen über die welken, von den Bäumen fallenden Blätter, auf die Splitter und Balken, die die Erde bedeckten, und mehr als einmal schienen wir rettungslos vom Feuer eingekreist zu sein. Ich erzählte allen, daß mein Mann aus Jugenheim mit Soldaten kommen und mich retten würde, und hundertmal rief es: „Kommt denn Ihr Mann immer noch nicht? Läßt man uns denn verbrennen?"
Nun fing der Wind noch an, sich zu drehen, so daß Flammen und Rauch nach allen Seiten züngelten und wir von einer Seite zur anderen rannten, immer im heißesten, undurchsichtigen Rauch ein oder zwei Personen, die keine Brille hatten, mitziehend. Gegen drei Uhr kam dann der Höhepunkt unserer gefahrvollen Lage. Die Garage von F.'s, die offenbar einen Vorrat von Benzin beherbergte, explodierte und warf neue Feuergarben zu uns herüber, so daß auch von dieser Seite das Feuer auf uns eindrang.
Es brannten nun auch das Hinterhaus des Invalidengebäudes und ein Holzstapel hinter der Gartenmauer. Oft drückte mir R. die Hand, seine ruhige und besonnene Art stärkte mich. Zwischen 4 und 5 Uhr fühlte ich Kopfweh und Brechreiz. Es war wohl eine Rauchvergiftung. Ich legte mich in die hinterste linke Gartenecke, während R. und G. das schwelende Feuer um mich herum niederhielten. Ich sah von hier aus die letzten Einstürze meines Hauses, sah mein Heim versinken, meinen Besitz, die Heimat der Kinder, die Zuflucht meines Alters und die Arbeit unseres Lebens. Fortgesetzt hörte ich Hauseinstürze und ahnte, daß dies ein Großangriff auf die ganze Stadt sein müsse. Nach und nach wurde das Feuer schwächer, und als ein neuer Tag heraufdämmerte, suchte R. durch Ausstieg über viele Gärten uns Hilfe zu holen. Etwa um 6.30 Uhr kam er mit Soldaten zurück, die — angetan mit hohen chlorgetränkten Stiefeln und Anzügen — uns durch die noch brennenden Trümmer unseres Hauses hinaustrugen.
Ich nahm Abschied von Haus- und Schicksalsgenossen und eilte mit R. zu Ilse, der Braut meines im Felde stehenden Sohnes. Aber für den fünf Minuten langen Weg brauchten wir über eine halbe Stunde. Wie entsetzlich sah die Straße aus: bedeckt von Trümmern der einstürzenden Häuser, von ausgerissenen Bäumen, Pfützen schwelenden Phosphors, dazwischen Leichen — wie furchtbar. Die meisten verbrannt, verkohlt, eingeschrumpft, andere durch Splitter getroffen, fast unversehrt. Unserem Haus gegenüber lag ein Offizier, etwa in Ottos Alter. Ich schlug sein Cape über seine starren Augen; es hieß später überall, es sei mein Mann gewesen. In der Nähe eine junge, elegante, aufs Gesicht gefallene Frau, der Kleidungsstücke fehlten. Dann Flüchtlinge wir wir, im Nachthemd, im Schlafanzug, in Decken gehüllt.
In der Annastraße stand kein Haus mehr. Wo Ilses Heim war, gähnte ein etwa 60 Meter großer Trichter, zwei Keller nach der Straße waren ausgebrannt, aber sie standen noch. Vielleicht war Ilse hier noch rechtzeitig ausgestiegen.

Ich war unterdes am Rand meiner Kräfte. R. wollte mich in sein Kasernenzimmer mitnehmen, ich aber sehnte mich nach meinem Mann. Ich verabschiedete mich von R. am Bahnhof. Vorderhand fuhr kein Zug. So setzte ich mich, in den verrußten Landsermantel eingewickelt, auf die Treppe und schlief sofort ein. Dann sprach mich Glasermeister F. an. Er war in derselben Lage wie ich und wollte aus Darmstadt hinaus. Aber er wußte schon eine ganze Menge von den Geschehnissen der Nacht, von den engen Straßen (Ernst-Ludwig- und Karlstraße), aus denen niemand mehr lebend herauskam; von der Altstadt, wo ohne Keller die Leute auf den Straßen erschlagen wurden. Von ihm hörte ich auch, daß die gesamte Gestapo umgekommen sei.
Endlich um 14 Uhr ging ein Zug nach der Bergstraße und nahm Tausende von verstörten Flüchtlingen mit. Vom Bickenbacher Bahnhof schleppte ich mich mit letzten Kräften bis ans Jugenheimer Lazarett: mein Mann war auf der Suche nach mir. Einer seiner Leute setzte sich auf ein Rad, fuhr nach Darmstadt und schrieb an unsere Hausmauer „Frau lebt, ist in Jugenheim".

Hier sind Tagebuchauszüge von Dr. Otto Gros eingefügt:

Schon im Bunker wurde während des Alarms der Angriff auf Darmstadt durchgegeben, und ich beorderte eine Truppe von Ärzten, Schwestern und Soldaten, mit mir im Sanka nach Darmstadt zu fahren. Wir erreichten die brennende Stadt und versuchten, über die Heidelberger Straße vorzustoßen. Jedoch mußten wir einige Male absteigen, um herabgestürzte Kabel zu durchschneiden und Trümmer aus dem Wege zu räumen. Doch bald sahen wir, daß wir nicht weitergelangen konnten. Die Hitze war so schauderhaft, daß wir fürchteten, die Gummireifen könnten schmelzen. Wir kehrten um, verließen den Wagen und gingen zu Fuß über Bessungen. Jeder einzelne strebte zu seinen eigenen Angehörigen, bei mir blieb Zahlmeister H. Beim Einbiegen in die Heinrichstraße stockte mir das Herz. Nichts als eingestürzte Häuser und Volltreffer. Bei meinem noch brennenden Haus — es war etwa 2 Uhr morgens — suchte ich sofort nach dem Kellerausstieg. Er stand offen. Ich kletterte über meine Steinblöcke — die Fassade war nach außen gestürzt — und sah, daß der Keller völlig ausgebrannt war. Da keine Leiche innen lag, vermutete ich, daß meine Frau noch ausgestiegen war. Aber wohin war sie weitergeflüchtet?
Hinter dem Haus im Garten brannte es mächtig. Es war unmöglich, daß dort noch jemand sein konnte. Ich sah mich weiter um und gewahrte durch den Qualm eine verkohlte Leiche direkt vor dem Hause. Ich war überzeugt, daß es meine Frau sei, nahm sie in den Arm und

hielt sie lange fest, streifte ihr vorsichtig den Ehering und ein Uhrenarmband ab und sah dabei plötzlich eine Goldplombe an den Vorderzähnen, die mir fremd erschien. Nun war mir klar, daß es nicht Martha war.

Ich bettete die Leiche mit H. auf die Seite der Straße und ging mit neuem Hoffen, durch den Qualm über viele Trümmer und Leichen kletternd, von dannen, nicht ahnend, daß meine Frau zur selben Zeit noch im Garten um ihr Leben kämpfte und nach mir rief. In der Wilhelminenstraße saßen die Leute, die aus den Kellern geflüchtet waren, reihenweise längs der Gärten auf der Erde, denn allen Häusern entströmte unbeschreibliche Hitze und Qualm. Dann schlug ich mich noch bis zum Hause B. durch. Auch dieser Keller war offen und leer, so daß ich annahm, die Familie wäre gerettet.

In einer Seitenstraße der Wilhelminenstraße traf ich bei unserem abgestellten Wagen mit den anderen zusammen. Wir fuhren in großer Sorge um unsere Angehörigen — denn niemand von uns hatte die Seinen gefunden, nach Jugenheim zurück, um um 9 Uhr nochmals die Fahrt nach Darmstadt anzutreten. Als ich diesmal vor meinem Haus stand, sah ich bei Tageslicht nun die volle, schreckliche Zerstörung. Der Heizkeller brannte lichterloh, die anderen Keller waren völlig ausgebrannt. In das Haus einzudringen, war unmöglich. Die Sorge um meine Frau trieb mich rastlos umher, ich durchwanderte viele Straßen der Umgebung, doch alles ohne Resultat. Da erreichte ich wieder unser Haus und sah die mit Kreide angeschriebenen Worte „Frau lebt".

Weiter in den Aufzeichnungen von Martha Gros:

Mein Mann und ich fuhren am späten Nachmittag noch einmal nach Darmstadt, um nach Ilse zu fahnden. Wir entfernten die Blöcke vor ihrem Keller und sahen eine Leiche im Ausstieg hängen. Es war die alte Frau B., und wir redeten uns vor, daß die Jugend vor dem Alter zum Ausstieg gekommen war. Aber wir schrieben trotzdem auf einen Stein: Nachricht über B. an Dr. Gros, Jugenheim (Lazarett).

Im übrigen lag Totenstille über der Stadt, beklemmend und unheimlich. Alles war unwirklicher als in der Nacht zuvor. Kein Vogel, kein grüner Baum, keine Menschen, nur Leichen! Der Offizier lag noch zugedeckt vor unserem Hause, der jungen Frau fehlten schon Schuhe und Strümpfe. Wir stiegen über unsere Trümmer in den Garten und von da aus in den ausgebrannten Keller. Die Asche lag einen halben Meter hoch. Ich watete hindurch bis zu dem Platz, wo ich etwa meine Geldkassette hatte fallen lassen. Und richtig, ich stieß mit dem Fuß daran, hob sie auf und öffnete sie. Die Tausender-Geldscheine, die ich für einen Katastrophenfall darin verwahrt hatte, waren ein Häufchen

Asche. Auch die Etuis der Schmuckstücke waren verbrannt. Aber unser Familienschmuck war im ganzen noch gut erhalten, nur war der große Smaragd, das wertvollste Stück, gesprungen. Um den Kassenschrank lagen Klumpen zerschmolzenen Silbers, und am Gestänge der Flaschenschränke hingen die zerflossenen Weinflaschen wie lange Bänder, was auf eine Hitze von etwa 1700 Grad schließen ließ.

Am Abend dieses Tages schickte uns Karl B. seine Sekretärin und ließ uns mitteilen, daß niemand von der Familie seines Bruders sich bis jetzt gemeldet hätte. Damit begann mein Suchen nach Ilse. Noch wagten wir nicht, an ihren Tod zu denken, sondern erwogen alle Eventualitäten. Otto stellte mir Leute zur Verfügung, mit denen ich in allen benachbarten Krankenhäusern Umschau hielt. Bei jedem verbundenen oder verbrannten Gesicht, bei jeder tiefen Bewußtlosigkeit, bei jeder Gedächtnisstörung. Ein ungeheures Mitleid ergriff mich vor diesen Geschöpfen, noch nie hatte ich mich dem Nächsten so nahe gefühlt.

Nach einigen Tagen wurde der Keller der B.'s ausgegraben. Die Funde bestätigten, daß die ganze Familie umgekommen war. Ein Sarg konnte noch aufgetrieben werden, den ich der Sicherheit halber mit einer Kette an dem Gartenzaun befestigte, da in diesen Tagen alles gestohlen wurde. Der eine Sarg genügte für die Überreste von vier Personen... Ich zählte in meinem Bekanntenkreis 192 Menschen, die umgekommen waren.

„Sonst sind wir schon überall gewesen"

In der Angriffsnacht und in den folgenden Tagen wurde auch das Marienhospital beim Böllenfalltor zu einem Sammelplatz der Verletzten. Zwar waren durch den Luftdruck die Fensterscheiben zersplittert, aber nur eine einzige Bombe war hier gefallen — ins Waschhaus, wo sie keinen großen Schaden anrichtete.

Schwester Engelburga hatte am Abend des Angriffs Nachtwache. Sie hörte die Luftlage-Warnung. „Wir begannen, die Patienten in den Keller zu bringen. Sie waren noch nicht unten, da standen schon die Leuchtschirme, die Darmstadt als Angriffsziel markierten. Bei Kerzenlicht machte die Hebamme in der Angriffsnacht im Keller noch zwei Entbindungen."

„Bis die Patienten wieder aus dem Keller waren, lagen in ihren Betten schon die Verletzten des Angriffs. Wir haben die Bettücher mit Salatöl getränkt, um die Schmerzen der Brandverletzten zu lindern. Aber die meisten von ihnen waren am nächsten Tag tot", sagt Schwester Elfriede. „Eine große Anzahl Menschen kam mit Augenverletzungen durch den beißenden Rauch, die wir dann mit Borwasser ausgewaschen haben."

Schwester Anstrudis: „Licht und Wasser waren unterbrochen; wir arbeiteten bei Notlicht, das von Batterien gespeist wurde."
Schwester Constantia: „Wer von den Patienten gehen konnte, lief, zum Teil in Schlafanzug und Schlappen, fort, um in der Stadt nach seiner Familie zu sehen. In den nächsten Tagen wurde von Kommandos in die Ausweichkrankenhäuser im Odenwald gebracht, wer nur irgend transportabel war. Darunter, ohne daß wir es gleich erfuhren, auch Pflegefälle aus dem Marienhospital; alte Leute, die uns anvertraut waren und deren Angehörige uns später bittere Vorwürfe machten, obwohl es zu spät war, bis wir davon wußten. Auf rüttelnden Pferdefuhrwerken wurden die Patienten in den Odenwald gefahren."
Schwester Agnes: „Soldaten von der Front, die auf Urlaub gekommen waren, kamen zu uns, um nach ihrer Familie zu forschen. Sie suchten wie viele andere nach ihnen in der Totenkammer und im Keller, wo durch die Brandverletzten und Sterbenden die Luft fast unerträglich geworden war." — „Niemals werde ich die zwei Kinder von vielleicht neun und zehn Jahren vergessen, die bei uns im Keller und in der Totenkammer ihren Papa suchten. ‚Sonst sind wir schon überall gewesen', sagten sie, ‚und wir würden ihn sicher wiedererkennen'", sagt Schwester Constantia.
Am Morgen nach dem Angriff kam aus Eberstadt ein Wagen mit Suppe und belegten Broten ins Marienhospital. Auch Wasser wurde gebracht. Schwester Agnes: „Tagelang waren wir nicht im Bett. Die Beine waren so geschwollen, daß wir nicht mehr in die Schuhe kamen, sondern Hausschuhe trugen. Bewundernswert, was die jetzige Frau Dr. D. geleistet hat. Stunden um Stunden war sie auf den Beinen und hat unentwegt operiert."
Nach dem Angriff, bei den Detonationen des brennenden Munitionszuges, schrien viele Patienten vor Angst und klammerten sich an die Schwestern. Pater Bernhard versuchte, sie zu beruhigen. Er saß bei den Angriffen mit den beiden französischen Famuli außerhalb des Hauses in einem Grabenbunker, um Hilfe bringen zu können, wenn die Keller des Hauses verschüttet würden.
Die beiden Franzosen sollten am nächsten Tag Schwester Elfriede beim Wegbringen der Toten helfen. Am Alten Friedhof wurde abgelehnt, die Toten dort zu begraben. Also zog Schwester Elfriede mit ihrem Wagen voller Toter weiter. Die beiden Franzosen hielten sich die Nase zu und wollten nicht mit angreifen. Da schob Schwester Elfriede den Wagen selber. Schließlich nahmen ihr die Schwestern in der Teichhausstraße die Toten ab. Von da aus kamen sie später auf den Waldfriedhof. „Oft saßen sie da, als ob sie sich ausruhten. Aber sie waren tot. Lungenriß. Andere waren an großen Flächen des Körpers verbrannt. Ein Fetzchen Stoff ließ die Verwandten dann erkennen, wer das einmal gewesen war."

Aus einer Zürcher Zeitung vom 6. Oktober 1944:
Wie Darmstadt „ausradiert" wurde

pdn. Der totale Krieg hat schon einige Zeit vor der entscheidenden Nacht seine Zeichen in das sonst so friedliche Gesicht der kleinen Stadt Darmstadt geprägt. Der tägliche Besuch feindlicher Flieger, zerstörte Häuser und verwüstete Gärten und nicht zuletzt der Durchzug zurückkehrender Frontkolonnen hatten die Bevölkerung schon durch Tage und Wochen in Unruhe und Besorgnis gesetzt; und doch habe ich keinen gehört, der davon sprach, es sei Zeit, ein Ende zu machen, die Waffen zu strecken. Selbst die ältere Generation, mochte sie auch manchmal stöhnen und klagen, war sich doch einig darüber, daß nichts mehr zu verlieren, aber alles zu gewinnen sei.
Als in der Nacht vom 11. auf den 12. September gegen Mitternacht in Darmstadt die Sirenen heulten, waren wir ohne schlimme Vorahnung, ohne Erwartung von dem, was kommen sollte. Ruhig saßen wir zusammen, meine Eltern, die ausgebombte Frau K., die seit dem letzten Angriff bei uns Obdach gefunden hatte, und ich. Als wir uns den Schlaf aus den Augen gerieben hatten, kamen die üblichen Luftschutzkellergespräche auf: daß Frau K. schon drei Monate keine Post mehr von ihrem Sohn an der Westfront hat, wann es wohl endlich mal wieder Gemüse auf dem Markt geben wird, daß dieser Krieg geradezu lange genug gedauert hat usw.
Doch plötzlich verstummten wir. Dicht über uns surren die feindlichen Maschinen — und da, eine furchtbare Detonation, noch eine, und noch eine. „Licht aus!" brüllte ich, dann liegen wir schon alle am Boden, jeder Schutz suchend beim anderen. Ein entsetzliches Dröhnen ist um uns. Das Haus bebt. Pausenlos fallen die Bomben. Schutt und Mörtel fallen auf uns, Schlag folgt auf Schlag. Irgendjemand schreit zu Gott. Als ich mich aufrichte, fast erstickt von Rauch und Staub, schlagen mir die hellen Flammen entgegen.
Die Zwischenwand zur Waschküche ist eingestürzt. Raus, so schnell wie möglich, es muß noch Rettung geben. Ich werfe mich gegen den Durchbruch, nehme den Hammer zu Hilfe. Die Eisentür gibt jedoch nicht nach; wir müssen schon verschüttet sein. Frau K. verliert den Kopf. Sie will ihre Koffer durch die brennende Waschküche retten und wirft das Gepäck dabei in die Flammen. Sind es Minuten, Stunden Ewigkeiten? Wer weiß es später zu sagen. Irgendwie müssen wir aus dem brennenden Haus, lange kann der Keller nicht mehr halten.
Keiner hat mehr an die Treppe gedacht. Sie brennt schon, doch es gibt keine Wahl mehr: Nasse Mäntel über den Kopf gezogen, klettern wir vorwärts über brennende Balken. An der Schwelle bleibe ich verzweifelt stehen: draußen wütet ein einziges Flammenmeer; Funkenflug und sengende Hitze schlagen uns entgegen. „Vorwärts!" schreit jemand, und dann treibt uns der Feuerwind weiter durch die brennenden Stra-

ßen. Ein Heulen und Stöhnen erfüllt die Luft: Menschen rasen durch die Flammen. Irgendwo muß es doch nicht brennen, irgendwo muß noch Luft zum Atmen sein. Doch straßenweit schlägt uns nur Feuer entgegen. Überall liegen Frauen am Boden, die nicht mehr weiterkommen. Keiner hilft, jeder rennt um sein eigenes Leben.
Immer noch fallen die Bomben. — Da, ein freier Platz! Wir werfen uns zu Boden. Eine Frau mit verkohlten Händen rennt vorbei. „Wasser", stöhnt sie, „Wasser". Ein junger Arbeitsdienstmann mit halb verbranntem Rock ruft uns zu: „Auf, in den Wald!" Die meisten wagen es nicht, durch den Bombenhagel zu laufen. Nur wir sind schnell entschlossen. Gebückt schnellen wir uns vorwärts, drei Schritte, vier. Wieder heult eine Bombe. Hinwerfen, auf weiter! „Seid ihr noch da, kommt ihr mit?" „Ja! Weiter!" Und dann endlich der Wald, schöne, tiefe Splittergräben, Luft, Luft zum Atmen. Schmeckt sie auch nach Rauch und Staub, aber wir können einen Augenblick die verwundeten Augen öffnen, uns ausstrecken, alle Not und alles Elend für einen Moment vergessen über dem wilden, rauschenden Gefühl: wir leben, ach, wir leben.
Soldaten, die den brennenden Kasernen entflohen sind, liegen in unserer Nähe. Schon können sie wieder scherzen. Ein Münchner beginnt breit und ausführlich zu erzählen, wie er einst elf Stunden ahnungslos auf einem Zeitzünder gesessen habe. Doch plötzlich ein neues, furchtbares Krachen. Wir sind nahe dem Bahnhof. Sollten wir immer noch nicht in Sicherheit sein? Wir raffen die müden Glieder auf, laufen weiter, tiefer in den Wald hinein. Wir stoßen auf eine Militärstreife. „Wohin? — Keine Angst, es ist nur ein Munitionszug explodiert."
Und dann kommt der Morgen, die Rückkehr in die brennende Stadt. Die Augen schmerzen vom Rauch. Vorsichtig tasten wir uns weiter durch Brand und Qualm, suchen uns mühsam einen Weg durch verkohlte, zusammengeschrumpfte Leichen, stoßen auf Pferde, die mit gebrochenen Augen und aufgetriebenen Bäuchen auf der Straße liegen. Endlich stehen wir vor unserem Heim, aus dem noch immer die hellen Flammen schlagen. Auch der Keller brennt lichterloh. Es ist nichts mehr zu retten. Die ganze Stadt liegt in Schutt und Asche. Luftminen, Sprengbomben und Brandkanister haben jedes Haus vernichtet. Keiner ist verschont geblieben; alle sind in dieser Nacht zu Bettlern und Heimatlosen geworden.
Alles Weitersuchen ist sinnlos geworden, und so reihen wir uns ein in den langen Zug der Flüchtlinge, der die zerstörte Heimat verläßt, um auf dem Lande Zuflucht zu suchen. Müde Menschen mit versengten Gesichtern und schweren Brandwunden schleppen sich mit letzter, geretteter Habe zum Vorortbahnhof. Die Bahnen sind überfüllt, es wird nicht viel gesprochen. Die meisten schließen die entzündeten Augen und versuchen, endlich Ruhe zu finden. Nur ein paar Soldaten, die auf Urlaub einige Tage zu Hause verbrachten, werfen ab und zu ein paar

Sätze in das Schweigen: „Ich habe vier Jahre Front hinter mir, aber so eine Nacht habe ich noch nie erlebt. Lieber wieder im dicksten Trommelfeuer sitzen!" Und ein Rüstungsarbeiter meinte: „Ich habe 83 Angriffe in Mannheim erlebt, aber noch nie so eine Nacht wie in Darmstadt."
Der Zug hält in den kleinen Dörfern der Bergstraße. Seeheim, Jugenheim, Bickenbach und umliegende Orte nehmen die Flüchtlinge auf. Doch viele finden kein neues Bett, keinen eigenen Herd. Zu groß ist die Not geworden, der blanke Boden wird zum Notlager für die Ärmsten der Armen. Und immer noch sollen sie keinen Frieden finden. Schon am nächsten Morgen heulen wieder die Sirenen, jagen zitternde Menschen in die Keller. Der Bahnhof stand noch, viele hatten ihr letztes Gepäck dorthin gebracht. Nun liegt auch der letzte Rest der Habe unter den Trümmern. Und jetzt höre ich zum erstenmal die Frage: „Wie lange sollen wir dies noch ertragen, wie sollen wir weiterleben?"

ALS IM SOMMER 1944 Bomben einen Teil der Altstadt unter sich begruben, waren meine Mutter und ich bereits nach Seeheim evakuiert. Mein Vater war als Soldat in Rußland. Am Abend des 11. September stiegen wir wie schon so oft in den Keller. Alle Hausbewohner hatten ihren festen Platz. Meist schlief ich mit meinem Teddybär im Arm weiter. In dieser Nacht aber konnte ich nicht schlafen.
Bald nach dem Alarm kam das schwere Gebrumm der Flieger beängstigend näher. Und dann geschah das, was alle im Keller fürchteten: Bomben fielen. Unaufhörlich begann eine Kellertür zu schlagen. Nach endlosem Warten wurde es wieder still. Wir konnten aus dem Keller heraufsteigen. An der Hand meiner Mutter stand ich in einem Garten in Seeheim. Der nördliche Himmel war glutrot, wie bei einem Sonnenuntergang nach einem schönen Herbsttag.
„Heute haben wir alles verloren!", sagte meine Mutter. F. G.

AM TAGE NACH DEM ANGRIFF versuchten mein Vater und ich, das Dach unseres anderthalbstöckigen Hauses notdürftig mit restlich verbliebenen Dachziegeln zu reparieren. Da rief ein junger Mann heftig gestikulierend von der Straße herauf: „Ich kommen?"
Wir waren froh und dankbar für die unerwartete Hilfe. Es war ein junger, gefangener Franzose, Dachdecker von Beruf, der in einem Lager — ich glaube an der Mühlstraße — durch den Angriff freigekommen war. Er kam am nächsten Morgen wieder und half uns bei allen Arbeiten auch noch den ganzen zweiten Tag. Zum Lohn erbat er sich ein Eßbesteck und einen Koffer, da er hoffte, bald nach Hause fahren zu können.
Leider weiß ich seinen Namen und seine Anschrift nicht mehr, obwohl ich sie damals aufgeschrieben habe, sie gingen in der allgemeinen Aufregung verloren. I. P.

BALD NACH DEM ANGRIFF schauten wir uns von der Moosbergstraße aus nach unseren Freunden in der Landskronstraße um und sahen zu unserem Schrecken, daß das Haus Nr. 69 von oben herab in Flammen stand. Die Bewohner fanden wir in der Freiligrathstraße, wo sie verzweifelt nach ihrem brennenden Heim blickten. „Jetzt brennt unser Bücherschrank", hörte ich eine Stimme. Hilflos zuschauen zu müssen.
Es kamen gerade auswärtige Feuerwehren die Landskronstraße herauf, die aber auf meine Frage und Bitte um Hilfe nur bedauern konnten: kein Wasser. L. G.

WIR WAREN IN DER NACHT im Hauptbahnhof in einem Transportzug etwa tausend Mann für den Westwall. Plötzlich hieß es, „der Zug muß raus — Fliegeralarm". Wir fuhren los, aber der Zug hielt bald wieder an der Abzweigung nach Worms. Wir sprangen aus dem Zug und suchten überall Deckung. Ich lag auf dem Bahndamm und sah den grausigen, schaurigen Untergang Darmstadts.
Diese Nacht war für mich die schrecklichste meines Lebens. Wir fuhren zwischen 14 und 14.30 Uhr mit unserem Transportzug weiter nach dem Westwall. Mir ist es unverständlich, daß wir tausend Mann nicht zur Hilfeleistung eingesetzt wurden. A. D.

DER RAUCH WAR FURCHTBAR; dann kamen die Toten vom Café Hauptpost, in dem ich so oft Schutz gesucht hatte. Alle waren durch eine Mine umgekommen. Sie wurden ins ausgeräumte Trümmer-Café gelegt, darunter eine Frau mit entbundenem Kind. Die Soldaten mußten die Leichen aus dem Keller holen. Sie waren in den nächsten Tagen nur noch unter Alkohol zu bewegen, denn das waren Keller, in denen der Koks gebrannt hatte. So kann man sich vorstellen, was die Soldaten da angetroffen hatten. Entweder waren die Menschen verkocht im Wasser, oder sie waren verkohlt. Oder sie saßen da wie die Geister, vermummt mit Decken und Tüchern vor dem Gesicht, mit denen sie Schutz vor dem Rauch gesucht hatten. So saßen die erstickten Menschen in den Kellern. Der Gestank war entsetzlich. H. S.

WIR SASSEN HINTEN IM GARTEN auf einer Bank und sahen, wie das Haus abbrannte, denn man konnte ja nicht auf die Osannstraße. Als wir heraus waren, kam ein Menschenstrom vorbei, und wir hörten, daß die ganze Stadt brennt. In meinem Heimatort Bad Vilbel haben sie auf einer Anhöhe gestanden und den Brand gesehen.
Man hat Merkwürdiges erlebt. Man hat die Gefangenen geholt, und nun sahen wir, wie sie in ihren gestreiften Anzügen den Weinkeller vom Kreisleiter ausräumen mußten und in Sicherheit bringen. Da wir aber nicht in der Partei waren, mußte man auch dazu den Mund halten. H. L.

FAND EINES TAGES EIN FLUGBLATT im Garten, des Inhalts, daß wir flüchten sollten, weil unsere Stadt vernichtet würde. Ich brachte es, wie vorgeschrieben, auf die Polizei, die es zerriß und mich anbrüllte: „Sie werden doch nicht solchen Unsinn, der überall auf Deutschland niederregnet, glauben oder kolportieren wollen?" Und wirklich dachte auch ich, daß es nur eine Einschüchterung durch den Feind sei. M. G.

AUF DEM FREIEN PLATZ spielten sich herzzerreißende Szenen ab. Frauen brachten ihre Männer, Männer ihre Frauen, die in den Holzbaracken in der Nähe beinahe elendig verbrannt wären, mit schweren Verletzungen herbei. Hier bewiesen die vor dem Ausbruch aus dem Keller noch kopflosen Helferinnen, wie Menschen über sich selbst hinauswachsen können. Manchem armen, verbrannten Menschen halfen sie trotz des fürchterlichen Anblicks mit Salbe, Verband und schmerzstillenden Mitteln über die ersten Stunden hinweg. Ich hatte nur Bewunderung für sie. E. G.

UNTER DEN TRÜMMERN fanden wir unsere alte Familienbibel (In Verlegung Johann Andreä Endters seel. Sohn und Erben, Nürnberg, 1717), aufgeschlagen beim Propheten Jeremia, wo unter anderem geschrieben steht:

Kapital VIII, Vers 16 und 17
Man hört, daß ihre Rosse bereit schnauben zu Dan und ihre Gäule schreien, daß das ganze Land davon erbebet: Und sie fahren daher, und werden das Land auffressen, mit allem, was drinnen ist, die Stadt, samt allen, die drinnen wohnen.
Denn siehe, ich will Schlangen und Basilisken unter Euch senden, die nicht beschworen sind, die sollen Euch stechen, spricht der Herr.

Kapitel IX, Vers 11, 21 und 22
Und ich will Jerusalem zum Steinhaufen, und zur Drachenwohnung machen, und will die Städte Juda wüste machen, daß Niemand drinnen wohnen soll. Der Tod ist zu unseren Fenstern hereingefallen, und in unsere Paläste kommen, die Kinder zu würgen auf der Gassen, und die Jünglinge auf der Straßen: So spricht der Herr: Sage, der Menschen Leichnam soll Ligen, wie der Mist auf dem Feld, und wie Garben hinter den Schnittern, die Niemand sammelt.

Diese Zeilen erschienen uns damals prophetisch. H. P.

BRIEFE

... und unsere schöne Künstlerkolonie

Ober-Ramstadt, 14. September 1944

Liebe V.,

das Telegramm wird in Deinem Besitz sein. Es war wohl das traurigste, das ich in meinem Leben abschickte. Darmstadt ist nicht mehr. Im wahrsten Sinn des Wortes nicht mehr. Nur im Spessartring noch ein paar Häuser. Innerhalb einer halben Stunde stand die ganze Stadt in hellen Flammen. Ein furchtbarer Feuersturm vernichtete alles bis tief in die Kellerräume. Man sagt, daß der Angriff noch schlimmer gewesen sei als der auf Frankfurt/Main. Tausende von Toten liegen noch heute in der Stadt umher, es ist unvorstellbar.
In der Künstlerkolonie ist alles verbrannt, unser Haus bis tief in den Keller hinein verkohlt, sogar das Silber im Keller ist geschmolzen; alle Kunstgegenstände, die im Keller lagen, E.s Büste, Bilder, Wäsche, Stoffe, sogar der ganze Vorrat an Eingemachtem, Konfitüren, Obst und sonstigen kostbaren Vorräten — alles ist dahin. Nichts war vor der teuflischen Feuersbrunst zu retten. Wohin Du auf dem verwüsteten Grundstück trittst, liegt eine Brandbombe. Und so ist es in der ganzen Stadt. Nur ein paar verkohlte Steinquader stehen vor diesem Haus noch und nur der Schornstein noch schaut schwarz aus dem Trümmerhaufen zum Himmel. Ich habe Stunden vor den rauchenden Trümmern gesessen und Stück für Stück in der furchtbaren Glut versinken sehen, und nichts war zu retten.
Papa ist im Keller gewesen und hat gerade das Leben retten können. Ich war in einem Felsenkeller und fand das Haus schon brennend vor, als ich nach dem Angriff aus dem Keller herauskonnte. Durch den brennenden Lukasweg über die brennende Künstlerkolonie hinweg, war das der schwerste Gang meines Lebens. Überall standen die Leute stumm vor Entsetzen vor ihren zusammenstürzenden Häusern, niemand sprach ein Wort. Wir haben alles verloren. Nur die Koffer in der Waschküche mit etwas Wäsche und Kleidern für mich (nicht alle) blieben verschont. Vom ganzen Inventar privat und geschäftlich blieb weder eine Tasse noch eine Mappe übrig. Papas sämtliche Anzüge und Mäntel sind verbrannt. Dein blauer Mantel, an dem ich so sehr hing, ist auch dahin, alles, alles! Wir haben es hinter uns, wir können nichts mehr verlieren als das Leben. Der Wagen blieb wie durch ein Wunder in der Garage verschont. Und damit sind wir zu den Eltern unseres Lehrlings, nachdem wir die letzte Flamme im Haus verlöschen sahen, gefahren, wo wir ein paar Tage sind, bis wir einen Plan haben.
Papa will haben, daß ich mit nach Eberstadt gehe, ich habe aber Angst wegen der Muna. Was soll ich machen? Vorläufig ist die Anschrift:

Eberstadt, Mühltalstraße 8. Ein Glück, daß E. nicht da war mit dem Kind, es war Entsetzen genug schon für uns Alte. Wie wird H. M. traurig sein, wenn er hört, daß er seinen Urlaub nun nicht bei uns verleben kann.

Ich kann gar keinen klaren Gedanken fassen, es ist so schrecklich gewesen. Ich bin wie erloschen von den Trümmern weggegangen. Ich muß sehen, was Warmes zu bekommen. Gibt es denn dort eventuell noch einen blauen Mantel, eine dunkelblaue Wolljacke und ein dunkelblaues Kleid? (Keine Seide.) Renne Dich aber nicht ab nach diesen Dingen, nur wenn es Dir am Wege liegt und Du Dich nicht in Gefahrenzonen begeben mußt...

Es ist unvorstellbar, wie vollständig zerstört Darmstadt ist. Keine Stadt soll so — nach Augenzeugenberichten — aussehen. Tausende von Toten unter den Trümmern begraben. Die auf der Straße liegenden Toten werden auf Lastwagen geladen — übereinander in Haufen — die Bergungsmannschaften setzen sich obendrauf und fort geht's in irgendein Massengrab.

Liebe V., gebe Gott, daß Dir dieses Elend erspart bleibt. Wir sind arm geworden. Fünfunddreißig Jahre habe ich zusammengetragen; in dem letzten Jahr viele schöne Dinge, an denen ich hing. Das Herz tut einem weh, so weh, daß man nicht einmal Tränen hat für den unersetzlichen Verlust so vieler ideeller Werte. Euer Bild, die Sonnenblumen und die Geranien sind im Tresor in Eberstadt erhalten geblieben. Was mit Deinen Sachen in der Deutschen Bank ist, wissen wir noch nicht. Die Bank, überhaupt die Rheinstraße, steht ja nicht mehr. Papa muß sich erst nach und nach durchschaffen. Der Hauptbahnhof ist auch zerstört, teilweise — wie ich höre.

Leb recht wohl für heute, mach Dir keine Sorgen, wir leben ja noch.

... Je mehr Tage seit dieser entsetzlichen Katastrophe vergehen, desto mehr kommt einem erst die Schwere der Lage, in die wir hineinversetzt sind, zum Bewußtsein. Am Anfang war man starr vor Schmerz und Trauer über die ideellen und materiellen Verluste. Und jetzt fängt man an, sich zu fragen, was aus einem werden soll. Wenn Eberstadt nicht in diesem gefährlichen Gebiet liegen würde, könnte ich ja hier bleiben. Aber so läßt mich die alte Angst nicht zur Ruhe kommen.

Fünfundzwanzigtausend Tote soll Darmstadt haben, die erste Stadt, die in einer halben Stunde vollkommen zerstört wurde. Und noch immer werden Tote ausgegraben. Die Keller liegen zum größten Teil verschüttet. Unser Untergang war die zurückflutende Wehrmacht. In der Nacht des 11. September sollen ein paar Divisionen auf Durchmarsch in Darmstadt gewesen sein. Marine, die hier umgekleidet wurde, Munitionszüge, die beim Angriff in der Stadt in die Luft flogen. Ein wahres Inferno, unvergeßlich allen, die Darmstadts Untergang erlebt haben. Noch heute packt einen das Grauen, wenn man diese zerstörte Stadt sieht. Diese tote Stadt. Unser schönes Darmstadt und unsere schöne Künstlerkolonie. Nichts ist davon geblieben als Ruinen. Man darf heute nur noch wünschen, daß man sich heil und gesund wiedersieht.

Herzlichst Mama

Am Langen Ludwig

Kaum waren wir unten, da fielen schon die ersten Bomben, und ich habe gleich gemerkt, daß es bei uns brennt. Da kamen auch schon die Leute aus dem Nebenhaus durch die Kelleröffnung zu uns rüber und wollten durch die Durchgänge in den Bunker der HEAG. Ich schlug die bis dahin noch zugemauerten Durchgänge auf und half, daß alle dorthin kamen. Dann bin ich in unsere Wohnung und holte das Radio in den Hausgang und bin in den Hof und holte auch mein Fahrrad in den Hausgang. Hierbei habe ich in den Keller runtergerufen, habe aber keine Antwort erhalten. Nun war ich der Annahme, daß alle drüben bei dem HEAG-Bunker waren. Hierauf ging ich auf die Straße, um als Einsatzführer meinen Dienst zu tun.

Als ich wieder auf der Straße war und mich nicht halten konnte, wollte ich auch in den HEAG-Keller. Das Tor in der Schuchardtstraße war verschlossen. Ich lief in die Luisenstraße und wollte von der anderen Seite in die Torhalle hinein. Aber da kam mir auch ein Feuerschein entgegen; ich fiel hin und mein Helm flog herunter. Als ich aufstand, brannten meine Kleider. In dem Moment kam hinter mir ein Mann gelaufen, der mir die Flammen mit einem nassen Kolter ausschlug.

Ich wollte wieder zurück in die Schuchardtstraße. Aber das ging nicht, denn das Feuer, der Funkenflug, die Hitze, der Rauch ließen das nicht zu. Jetzt fingen auch meine Haare an zu brennen und meine Augen schmerzten. Ich lief die Luisenstraße runter zur Rheinstraße. Am Langen Ludwig waren schon viele Leute, und ich lief weiter an den Kiosk vor der Hauptpost. Hier konnte ich bleiben, da waren die Hitze und der Funkenflug erträglicher. Auf der Rheinstraße habe ich viele Leute laufen sehen, sie brannten und schrien, sind umgefallen und haben weiter gebrannt. Und niemand konnte helfen. Diesen Anblick vergesse ich nicht, solange ich lebe.

Liebe Frau A., an dem Kiosk habe ich gestanden und habe mich gedreht, wie der Wind die Flammen brachte. Bis viertel vor fünf Uhr. Als es wieder etwas kühler wurde und die Häuser nicht mehr so stark brannten, bin ich zurück, habe aber die Augen nicht mehr ganz aufmachen können.

Ich wollte wieder in die Luisenstraße zur HEAG in den Bunker. Da kam mir schon der Ingenieur, Herr St., entgegen und sagte mir, daß sämtliche Leute aus meinem Keller tot seien. Auf meine Frage, ob sie nicht in den Bunker gekommen seien, sagte er, daß der Ausgang durch eine Sprengbombe zugeschüttet worden sei. Da die Treppe bei uns in den Keller runtergebrannt ist, konnten sie auch hier nicht mehr heraus und sind erstickt.
Meine armen Menschen, womit haben sie das verdient und wozu. Nur mein nacktes Leben habe ich an dem Kiosk gerettet. Aus den Kellern konnte nichts geborgen werden, da sie ausgebrannt waren. Freitags kamen die Leichen auf den Friedhof, die von meiner lieben Frau und meinem Sohn in einem Sarg.
Am Samstag habe ich meine Lieben mit meinem anderen Sohn, der aus Straßfurt kam, bei dem Erbbegräbnis auf dem Alten Friedhof selbst beigesetzt.

V. B.

... daß man es nur als Wunder ansehen kann

Meine liebe E.,

... daß meine Wohnung beim ersten Angriff fast ganz zerstört wurde, weißt Du. Jetzt wurde ich im Luftschutzkeller unseres Hauses hier beim Großangriff verschüttet. Durch ein Wunder Gottes blieb ich am Leben, und nur durch sofortiges umsichtiges Handeln meiner Söhne, die mich ausgruben, wurde ich gerettet. Es ist bei allem Unglück so viel Glück dabei gewesen, daß man es wirklich nur als ein Wunder ansehen kann, und das Dank- und Glücksgefühl in meinem Herzen überstrahlt bei weitem alles Grauen dieses Erlebnisses.
Schon ein Wunder, daß Georg, der mit mir im Keller war, unverletzt davonkam, als er hinausging, um zu löschen. Er hatte Mantel und Schal umgelegt und gesagt: „Nebenan brennt's schon." „Geh doch nicht hinaus", sagten wir, aber einer sagte: „Der Georg hat keine Ruhe, wenn's wo brennt. Da muß er löschen." Andere pflichteten ihm bei und sagten: „Wenn er damals nicht gewesen wäre, stünde unser Haus schon längst nicht mehr."
Das waren die letzten Worte, die ich hörte. Im selben Augenblick stürzte der Keller über uns zusammen. Ich hatte nicht einmal Zeit, die Hände vors Gesicht zu schlagen. Ich war wie mit eisernen Fesseln eingeschlossen, so fest eingemauert, daß ich kein Glied rühren konnte. Ich blieb aber ganz ruhig und bei voller Besinnung. Eine Rettung hielt

ich für ganz unmöglich. Ob Georg tot oder am Leben war, wußte ich nicht, war natürlich überzeugt, daß er alles tun würde, um uns zu retten. Innerlich hatte ich vollständig mit dem Leben abgeschlossen und gab mich in Gottes Hand.

Weißt Du, da hatte ich richtig erfahren, welch eine Gnade der Glaube ist, der einem selbst in solch grauenvollen Stunden Seligkeiten schenken kann. Große Angst hatte ich nur vor der langen Todesqual, denn obgleich ich nur kurz und hastig atmen konnte, hätte es bei meinem starken Herzen und der guten Lunge sehr lange dauern können.

Georg lebte. Als er hinausgegangen war, hatte ihn der Luftdruck einer Bombe hinausgeschleudert, aber nicht verletzt, während einem anderen Mann, der nur einen Meter von ihm gestanden hatte, Milz, Leber und andere innere Teile zerrissen wurden.

Georg stürzte nach dem Angriff voller Verzweiflung zu Franz und Gusti, deren Haus auch eingestürzt war. Der Keller jedoch hatte gehalten; halbwegs, so daß alle herausgekommen waren. Mit fieberhafter Eile machten sich die drei jetzt an die Arbeit. Alles hing an einem Haar; jeden Augenblick konnten neue Gesteinsmassen nachstürzen. Ich hörte das Hämmern und Klopfen, wagte aber nicht zu hoffen. Bald jedoch konnten wir uns durch Zurufe verständigen. Du kannst Dir vorstellen, welche Wonneschauer mich durchrieselten, als ich die Stimmen meiner Söhne erkannte: „Nur ruhig, Mutti, wir holen Dich."

Um niemanden zu verletzen, arbeiteten sie zuletzt nur noch mit den Händen. Sie haben alle drei tiefe, blutige Wunden davongetragen. Wären die Jungens nicht gewesen, keiner von uns wäre geborgen worden. Am Leben waren freilich nur ich und eine andere Dame. Die anderen waren tot. Die Leichen konnten nicht gleich alle geholt werden, da der nachgeworfene Phospor sich entzündet hatte und der ganze Trümmerhaufen schwelte.

Die Jungens brachten mich zur Rettungsstelle, und ich hatte das unglaubliche Glück, in die Hände eines Spezialisten zu geraten, der noch in derselben Nacht mein nicht mehr menschenähnliches Gesicht so meisterhaft flickte, daß ich wohl ohne größere Entstellungen davonkommen werde. Drei Stunden dauerte die Operation. Ich war immer bei voller Besinnung. Das Nasenbein war zerschmettert, die Nase fast ganz abgerissen, das rechte Augenlid abgerissen, das Auge baumelte heraus, klaffende Wunden auf Stirn und Vorderschädel. Dazu Schädelbruch, so daß die Ärzte mich nicht mehr für transportfähig hielten. Aber meine Jungens beschafften trotzdem einen Wagen und schafften mich hierher, wo ich wundervoll aufgehoben bin und herrlich verpflegt werde...

Feuermeer um den Steubenplatz

Gräfenhausen, den 14. 11. 1944

Lieber H.,

„Priams Feste ist gefallen, Troja liegt in Schutt und Staub." Seit dem Anblick der ersten Trümmer gehen diese Zeilen mir nicht mehr aus dem Sinn, und immer wieder denke ich an sie, wenn ich durch Darmstadt laufe. Immer und immer wieder zieht es mich zur Stadt; ich laufe stundenlang durch unsere Straßen; ich suche nichts und suche alles; ich sehe nichts und sehe alles: und immer diese Zeilen im Sinn. Es ist grauenhaft.
Wie wir die Nacht überstanden haben? Ich muß sagen, noch annähernd gut im Verhältnis zu anderen. Wie immer waren wir im Luftschutzkeller „Alter Bahnhof" und erwarteten mit Fassung den kommenden Angriff. Dem Drahtfunk konnte man deutlich entnehmen, daß diesmal Darmstadt drankommen würde. Wie wir diese vierzig Minuten des Angriffs überstanden haben, weiß ich kaum noch zu schildern.
Es war sehr ruhig im dunklen Keller; die Menschen verhielten sich vorbildlich. Bei den ersten Schlägen lag alles auf dem Boden; rechts hielt ich Mutti umklammert; links krampfhaft meine Tasche. Die Erschütterungen und Einschläge waren fürchterlich zu hören, die Erde dröhnte, die Luft war ein Brummen, Surren, Sausen. Hatte ich Angst? Ich weiß nur, daß ich mich mehrmals fragte: ist dies nun deine letzte Stunde? Und ich mir anwortete: nein, ich glaube es kaum. Ich fürchtete mich nicht, dachte nur: das ist die Hölle. —
Als es ruhiger wurde, erkannte man, daß der Alte Bahnhof brannte. Ein Verlassen des Kellers war bei dem entsetzlichen Sturm und Funkenregen unmöglich. Alles blieb — wie lange weiß ich nicht — im Keller, bis das Erdgeschoß bereits lichterloh brannte und Brandgase das Atmen unmöglich machten.
Dann kamen grausige Minuten — ich verlor Mutti in dem Tumult; raste als letzte im Keller suchend nach Mutti herum, fand mich allein unter krachenden Bäumen liegend auf dem Steubenplatz wieder, brüllte: „Mutti" in ein Feuermeer hinein, lag schließlich völlig apathisch auf der Erde und dachte: „Das ist das Ende." Die Glut war unerträglich; ich sah auf in Richtung unseres Hauses. Sah, daß dieses nur im zweiten Stock brannte und im linken Flügel; rannte wie eine Irre hin und hinauf zur Wohnung, raffte die Decken. Da krachte auch schon das hölzerne Treppenhaus hinter mir her. Jede Möglichkeit, noch Möbel oder sonstwas herunterzuholen, war dadurch genommen. Nun galt es, alles das zu erhalten, was noch im Keller war. Mit Hilfe von Soldaten, die gleich eingesetzt waren, schleppte ich, was ich

konnte, in den Block Feldbergstraße, der noch steht, fand Mutti wieder und war selig!

Mit Hilfe einer alten wackligen Birnbaumleiter, die ich in einem Garten fand, kletterte ich dann den ganzen folgenden Tag zum Eßzimmerfenster hinein und raffte noch, was ich konnte. Immer mit einem Eimer Wasser bewaffnet, den ich an Decke und Wände schleuderte. So habe ich wenigstens noch unseren Betten-Inhalt, Geschirr, einige Bilder, Kissen, Teppiche, Bücher und Bücherbrett (auch Ihre Bücher) gerettet. Gegen Abend versuchte ich noch mit einem Bekannten von unserem Schlafzimmer aus einen Durchbruch ins Nachbarhaus, um auf diese Weise noch Möbel zu retten. Der Durchbruch mißlang. Ich organisierte sogar in der Nacht noch die Feuerwehr (was sehr viel heißt), ebenso vergeblich. Eine Stunde wurde gelöscht, mit dem Ergebnis, daß alles lichterloh weiterbrannte. So mußte ich zusehen, wie unsere Wohnung, Raum für Raum ausbrannte. Dieses Krachen und Splittern hörte ich noch tagelang. Nicht mehr einen eigenen Stuhl haben wir; wäre Hilfe dagewesen, hätte man mit Seilen noch vieles bergen können. Ich habe drei Tage und drei Nächte, ohne eine Viertelstunde auszuruhen, geschuftet wie eine Irre; ich begreife selbst kaum, wie ich das aushielt. —

Auf gut Glück sind wir hierher nach Gräfenhausen; wo sollten wir hin? Vierzehn Tage blieben wir hier bei Bekannten, die uns dort nun eine Sommerküche und ein kleines möbliertes Zimmer beschafften. Hier hausen wir nun, noch froh, daß wir es so haben. Nicht nachdenken! Und mein Weg zur Firma! Der Omnibus ist meist kaputt. Bei Schnee und Regen immer per Rad oder zu Fuß, oft platt; keine vernünftigen Schuhe; Schwierigkeit auf Schwierigkeit. Im Dienst Aufräumungsarbeiten. Das ist mein Leben! Gott, mein Klavier! Stellen Sie sich vor: in diesem Tumult ringsum schlug ich noch ein paar Takte an, die letzten. — „Wer jetzt kein Haus hat, baut sich keines mehr." — Was soll ich noch sagen? Bewußt denke ich nicht mehr zurück, unbewußt ist alles ein Zurückdenken. Wo ist ein Vorwärts?

Lassen Sie es sich gut gehen!

Herzlichst R. T.

Gräfenhausen, den 16. 1. 1945

Lieber H.,

inzwischen war es beinahe wieder mal soweit, am 12. 12. Ich empfand diesen Tagesangriff als viel schlimmer als den vom 11. 9. Vielleicht durch die Erkenntnis des Furchtbaren, die man nun mal hat, wenn man einen Großangriff hinter sich hat. Und seitdem habe ich eine Angst, die ich unmöglich schildern kann. Weniger im Dienst als hier zu Hause.

111

Im Geschäft war ich sogar leichtsinnig und blieb im Keller der neuen Verwaltung, in dem ich nun den dritten Angriff erlebte. Wir haben einen ganz guten Bunker — er soll es wenigstens sein —, aber der Weg in der Kälte war mir immer zu weit. So blieb ich. Seit dem 12.12. nicht mehr. Zwei Volltreffer darauf und ringsum Treffer auf Treffer. Das ganze Industriegebiet einschließlich Merck beaast, dazu das Bahnhofsgelände. Wenn Sie sich ein bissel zwischen Arheilgen und Gräfenhausen auskennen, so müssen Sie sich die ganze Strecke ab Viadukt bis Abdeckerei wie ein Mondfeld vorstellen. Züge wurden auch angegriffen. Ich traf an jenem Mittag auf meinem Heimweg völlig verstörte Reisende, die noch nicht mal wußten, wo sie sich überhaupt befanden. Ich schickte sie alle in Richtung Hauptbahnhof. Grauenhaft, grauenhaft war dieser Angriff.

Mein Weg führte mich durch die Grohbergkolonie (alle anderen Straßen waren nicht passierbar), wo die Behelfsbunker getroffen waren und Tote und — noch schlimmer — Schwerverletzte stöhnend in der Kälte auf dem nackten Boden lagen. Ich hätte vor eigener Ohnmacht — ich meine Hilflosigkeit — schreien und verzweifeln können angesichts dieser grauenhaften Not. Keine Hilfe, nirgends! Was sollte ich tun? Ich konnte nur weitergehen. — Ist das nicht furchtbar? Diese Bilder von jenem Heimweg verlassen mich nicht. Ihnen messe ich einen Teil meiner Angst bei.

Hinzu kommt noch ein Erlebnis, das ich zwei Tage später hatte. Ich mußte nach Dienstschluß auf den Waldfriedhof fahren, um unser Grab mit Tannen zu belegen. Es war gleich fünf Uhr, also schon ziemlich dämmrig. Es war niemand mehr auf dem Friedhof. Auf der Suche nach einem Rechen bei uns bekannten Gräbern leuchtete mir in der Dämmerung ein heller „Haufen" entgegen. Ich ging darauf zu in der Annahme, es seien frische Kränze — und erkannte zu meinem Entsetzen, daß es etwa zwanzig Tote waren, die man einfach über Nacht da liegen ließ. Zieht das Grauen an? Ich mußte einen Herzschlag Schreck überwinden, dann besah ich mir alle genau, minutenlang. Es waren Tote vom Grohberg; ich las es an den Schildern, die man ihnen umgehängt hatte ... ich habe nur noch den einen Wunsch; wenn schon sterben, dann infolge einer Krankheit; einigermaßen kultiviert. Aber nicht dieses Verrecken! Diese Unwürde und dieses Verachten aller Menschlichkeit! Sind wir denn noch Menschen? Und das Furchbarste: daß es so weitergeht.

... Eben gibt es Alarm. Hoffentlich geht es gut ab. Ich kann nicht mehr weiterschreiben; wie eine Lähmung ist es dann; nur ein Gedanke: eventuell Angriff! Ihnen alles Gute.

Herzlichst R. T.

Was man Vater und Geschwister nannte

Liebe E., lieber H.,

ich komme erst heute dazu, Euch Nachricht zu geben, daß am Sonntag, 24. 9., Vater, G. und H. im Laufe des Vormittags ausgegraben und von mir identifiziert wurden. Im strömenden Regen war ich mit E. ab 8 Uhr an Ort und Stelle und verließ um 1 Uhr die unheilvolle Stätte mit den Überresten der drei Lieben in einem weiß-goldenen Kindersarg von 1,40 m Länge. Hieraus vermögt Ihr zu erkennen, wie mühselig es war, das zu bergen, was man Vater und Geschwister nannte. Es war nervenaufreibend, und ich konnte mich nur in meiner Arbeit diese Woche vergessen. Erlaßt mir jetzt alle Einzelheiten, wir können später in Ruhe darüber sprechen.
In meinem Besitz sind Vaters Uhr, Schmuckgegenstände, Stammbuch p. p., an Hand deren ich der Polizei einwandfrei jede gewünschte Nachricht erbringen konnte. Um 4.15 nachmittags wurden die Überreste unserer Lieben auf dem Erbbegräbnis der Erde übergeben. Für Dienstag, 3 Uhr, hatte ich einen Pfarrer bestellt zur offiziellen Beisetzung, zu der ich außer M. auch Euch telefonisch benachrichten wollte. Das letztere gelang mir nicht, Ihr hättet aber auch wohl schwerlich rechtzeitig hier sein können. K., H. und ich waren am Grabe, aber der Pfarrer kam nicht. So legten wir unseren letzten Blumengruß nieder und müssen das Offizielle späterer Zeit vorbehalten.
Ich bin froh, meine heilige Pflicht erfüllt zu haben, und nun wollen wir versuchen, über das schwere Schicksal hinwegzukommen.

F.

DIE NS-PRESSE SCHREIBT:

Bis zum Endsieg ...

„*Für die Jahre militärischer Siege genügten die hochtrabenden Göring-Parolen von der unbedingten Überlegenheit der Luftwaffe. Später, von Lübeck an, zog sich die Regierung auf die ‚Schweigepflicht' zurück. Die britische Hauptoffensive fand die Propaganda bereits ziemlich hilflos. Die fortschreitende Zertrümmerung der Städte mußte wenigstens teilweise, wenn auch mit großer Verspätung zugegeben werden. Natürlich wurden dabei stets die ungeheuren Opfer des Angreifers betont, dessen Verluste in der Luft die eigenen angeblich um ein Mehrfaches übertrafen. Theoretisch hätte es schon längst keine feindliche Bomberwaffe mehr geben dürfen ...*
Wahrscheinlich haben viele der Propaganda in dieser Zeit keinen Glauben mehr geschenkt, doch sie verschlossen sich der besseren Einsicht. Sie ahnten wohl die Wahrheit, schoben sie aber von sich, da sie ja doch irgendwie weiterleben mußten und nichts ändern konnten. ...
Das kann freilich nur ganz verstehen, wer das Übermaß von Kriegsdiktatur und Gewissenskonflikt kennengelernt hat, das sich für den denkenden Einzelnen in einem von der Außenwelt abgeschlossenen, autoritär regierten Volk inmitten einer als Masse reagierenden Gesellschaft ergibt ..."

Hans Rumpf, „Das war der Bombenkrieg"

Der Bombenkrieg, das mit zunehmender Intensität immer beherrschender werdende Thema der „Heimatfront" und die Hauptsorge der Soldaten draußen, fand in der von Goebbels voll gesteuerten Tagespresse immer weniger Raum. Aus dem Übermachtgefühl zu Beginn der Schlacht um England war Ohnmacht geworden, Aufruhr zum Haß und die Ankündigung einer noch furchtbareren Vergeltung durch „Wunderwaffen". Der grauenvolle Anschauungsunterricht über das Kriegsziel der Gegner stütze in den zerstörten Städten die Propagandathese, daß es zwischen einem in äußerster Disziplin zu erwartenden, wunderbarerweise kommenden „Endsieg" und dem Untergang des ganzen Volkes keine Wahl mehr gebe. Die Durchhalteparole „Unsere Mauern brachen — unsere Herzen nicht" erschien an Trümmerwänden, ausgegeben von der noch immer allmächtigen Partei.

In der parteiamtlichen „Darmstädter Zeitung" spiegelte sich die Zerstörung Darmstadts so:

13. September 1944: Der Bericht des OKW

Führerhauptquartier, 12. September 1944. Das Oberkommando der Wehrmacht gibt bekannt: Im Westen scheiterten feindliche Angriffe bei Brügge, Gent und nördlich Antwerpen. Ein feindlicher Brückenkopf über dem Albertkanal nordwestlich Hasselt wurde zerschlagen. Schwacher Feind hält sich noch auf dem Nordufer. Nördlich Hasselt konnte der Gegner mit starken Infanterie- und Panzerkräften in Richtung Eindhoven vordringen. Gegenangriffe sind angesetzt. Besonders heftig waren die Kämpfe östlich und südöstlich Lüttich und im Raum von Metz, wo unsere Truppen den vordringenden Angriffstruppen des Feindes erbitterten Widerstand leisteten. Südlich Nancy wurden bei einem erfolgreichen Angriff mehrere hundert Gefangene eingebracht. Starker feindlicher Druck von Süden gegen Vesoul hält an.

In den beiden letzten Tagen wurden an der Westfront über 100 feindliche Panzer abgeschossen.

Die Besatzungen von Dünkirchen und Le Havre behaupteten sich gegen feindliche Angriffe.

Westlich Brest hält sich bei Le Conquet noch eine eigene Kräftegruppe unter Führung des Oberstleutnants Fürst in vorbildlicher Standhaftigkeit. Die Festung Brest liegt unter schwerstem feindlichen Feuer. Die Besatzung von Lorient vernichtete bei erfolgreichen Ausfällen feindliche Munitions- und Versorgungslager.

In der seit zwei Wochen fortdauernden großen Abwehrschlacht an der adriatischen Küste haben unsere Truppen dem an Menschen und Material weit überlegenen Feind bei seinen vergeblichen Durchbruchsversuchen immer wieder schwerste Verluste beigebracht. Unter dem Eindruck dieser großen Ausfälle führte der Gegner dort am vergangenen Tage nur mehr schwächere örtliche Vorstöße, die abgewiesen wurden.

Im rückwärtigen italienischen Frontgebiet wurden zahlreiche Bandenlager zerstört, über 750 Banditen im Kampf niedergemacht und gegen 500 Gefangene eingebracht.

Im Süden Siebenbürgens und in den Ostkarpaten wurden feindliche Angriffe durch sofortige Gegenstöße unserer Truppen abgewiesen oder aufgefangen.

Bei Sanok und Krosno hält der schwere Abwehrkampf an. Der angestrebte Durchbruch blieb dem Feind versagt.

Östlich Warschau und nordöstlich Ostrolenka leisteten unsere Divisionen gegenüber erneuten heftigen Angriffen der Bolschewisten zähen Widerstand und vereitelten auch hier die sowjetischen Durchbruchsabsichten.

Durch die Tagesangriffe anglo-amerikanischer Fliegerverbände gegen West- und Mitteldeutschland wurden besonders die Städte Hannover, Magdeburg und Eisenach betroffen.

In der Nacht war Darmstadt das Ziel eines britischen Terrorangriffes. Einzelne feindliche Flugzeuge warfen wieder Bomben auf Berlin. Im Verlaufe erbitterter Luftkämpfe sowie durch Flakabwehr verlor der Feind nach bisher vorliegenden Meldungen 133 Flugzeuge, darunter 104 viermotorige Bomber.

13. September 1944: Terrorangriff auf Darmstadt

NSG, Frankfurt, 12. September. Feindliche Terrorbomber griffen in der Nacht zum Dienstag mit Spreng- und Brandbomben das Stadtgebiet von Darmstadt an. Ausschließlich in Wohnvierteln wurden umfangreiche Zerstörungen verursacht. Die Bevölkerung, Männer, Frauen und Kinder, hatten Verluste. Eine große Zahl von Kulturstätten, historischen Denkmälern, Wohlfahrtseinrichtungen und öffentlichen Gebäuden fielen der neuen Wahnsinnstat des Feindes zum Opfer.

Im helfenden Einsatz der Gemeinschaft, geführt von der Partei, bewährte sich die Bevölkerung besonders vorbildlich. Sie bewies bei den durchgeführten Hilfsmaßnahmen, daß der Feind auch diesmal wieder sein Ziel, die Widerstandskraft unseres Volkes zu brechen, nicht erreicht hat und auch nie erreichen wird. Über allem Leid und der Trauer über die in dieser Nacht gebrachten Opfer stehen der fanatische Haß und die Verpflichtung, dem Feinde auch diese Schandtat dereinst zu vergelten.

13. September 1944: Männer und Frauen von Darmstadt

Mit sadistischer Wut vernichtete der Feind in den gestrigen Nachtstunden unsere geliebte Heimatstadt. Er zerstörte unsere Wohnstätten und tötete eine große Anzahl von Männern, Frauen und Kindern. Seine teuflische Absicht ist es, uns mit derartigen, jedem Völkerrecht hohnsprechenden Schlägen in unserem Widerstandsgeist zu brechen und uns bereit zur Kapitulation zu machen. Wir stellen dieser Spekulation die ungebrochene moralische Kraft unserer Gemeinschaft gegenüber, die ein Garant dafür ist, daß dem barbarischen Feind auch dieses Verbrechen vergolten werden wird.

Das in der vergangenen Nacht begangene Verbrechen, das unserer Vaterstadt schwerste Wunden schlug und großes Leid über viele Familien brachte, kann uns nicht feige machen und zum Verräter an den bisher gebrachten Opfern werden lassen. Es ist im Gegenteil Anlaß zu noch festerem Zusammenstehen und noch stärkerer Ausdauer im Kampfe um die Freiheit unseres Volkes, in der die Freiheit jedes einzelnen von uns beschlossen ist. Die schweren Stunden, die wir jetzt zu durchstehen haben, werden uns nicht schwach, sondern als kampfbewährte Gemeinschaft auf dem Plan finden.

Dr. S c h i l l i n g
Kreisleiter

13. Sepetmber 1944: Die Gemeinschaft hilft

Noch hingen die letzten Signale der Nachtjäger am Himmel, als schon die ersten Maßnahmen der Soforthilfe ins Rollen gebracht wurden. Die Männer der Partei, ihrer Gliederungen und Formationen, Hand in Hand mit den Kameraden der Wehrmacht, der Polizei, des DRK, des RLB und den zahllosen Helfern und Helferinnen der NSV, soweit sie nicht selbst an Körper oder Gut schwersten Schaden erlitten hatten, waren sofort auf dem Plan, um im Rahmen des Menschenmöglichen zu helfen. Und es war bei der Schwere des nächtlichen Angriffs und dem Ausfall mancher Einrichtung, die im Organisationsplan als wirksam eingestellt war, wahrlich schwer genug, für viele Zehntausende Obdachlose Hilfe, Unterkunft und Verpflegung in kürzester Frist heranzuschaffen.

Aber als Gauleiter Sprenger schon am frühen Vormittag mit seinen Mitarbeitern aus Frankfurt am Main, die sich hier sofort kameradschaftlich eingliederten, sowie Kreisleiter Oberbereichsleiter Dr. Schilling — der auch ausgebombt ist — und Oberbürgermeister Wamboldt zusammenfand und Zusätzliches angesichts des Umfanges der Schäden, von denen er sich persönlich überzeugt hatte, in Gang brachte, waren bereits die ersten Verpflegungskolonnen unterwegs, wurde in den Ortsgruppen, die auch viele Opfer unter den leitenden Männern zählen, Verpflegungs- und Sammelstellen für die betroffenen Volksgenossen eingerichtet, leisteten Ärzte und Sanitäter Erste Hilfe bei den vielen Rauchvergiftungen und Augenverletzungen, wurden schon Züge für den Abtransport der Mütter und Kinder und nichtbeschädigten Volksgenossen zusammengestellt und bald abgefertigt.

Dazwischen nahten Einsatztrupps, um die Hauptstraßen für den ersten Verkehr freizumachen, während überall noch die giftigen Rauchsäulen aus den Trümmern stiegen und dröhnende Häuserfronten einstürzten. Dazwischen suchten Menschen nach Verwandten oder Bekannten, über deren Verbleib eine Vermißtenstelle beim Oberbürgermeister eingerichtet wurde, die auch Nachrichten erwartet von Volksgenossen, die über den Verbleib von verletzten, getöteten oder abgereisten Nachbarn Auskunft geben können.

13. September 1944: Terror bricht uns nicht

Als die Sonne am Abend des 11. September niedersank, da hatte sie zum letzten Male die uns allen so vertraute Silhouette des Darmstädter Stadtbildes beschienen. Die Morgensonne des 12. September grüßte nicht mehr unser Darmstadt. In Feuerstürmen, die ein gemeiner Terrorangriff unserer westlichen Gegner angefacht hatte, war die hessische Landeshauptstadt niedergesunken. Jeder Darmstädter wird bezeugen, daß dieser Angriff, in dem leider auch eine große Zahl von Frauen, Kindern und Greisen ihr Leben opfern mußte, wirklich nichts anderes war als brutalste Terrorisierung einer wehrlosen, friedlichen Bevölkerung durch Spreng- und Brandbomben, durch Minen und Phosphorbehälter. Der Angriff auf Darmstadt ist ein weiterer Beweis für die haßerfüllten Pläne der Anglo-Amerikaner, das deutsche Volk mit den gemeinsten Mitteln auszurotten.
In feuerdurchpeitschter Nacht haben wir Abschied nehmen müssen von so vielem, was uns seit Jahrzehnten, ja unseren Vätern seit Jahrhunderten teuer war. Wir sahen aus dem ehrwürdigen Schloß die Flammen schlagen, wir sahen Kirchen und geliebte Kulturdenkmäler in Schutt und Asche sinken. Mit heiligstem Zorn gegen die Urheber dieser Freveltaten sahen wir auf den Straßen die verkohlten Leichen von Frauen, Kindern und Männern liegen, deren Leben durch den Flammenhauch ausgelöscht wurde, der von den Mordfliegern angefacht worden war. Wenn derartige Verbrechen, die mit einer ritterlichen Kriegsführung auch nicht das Geringste mehr zu tun haben, nicht ihre Sühne finden sollten, so dürfte es keine irdische und keine überirdische Gerechtigkeit mehr geben. Der Himmel möge uns die Kraft geben, allen Schwierigkeiten, die dieser Krieg uns in so mannigfacher Weise bereitet, zu trotzen, damit wir den Tag erleben, an dem wir die große Abrechnung halten können.
Voll Stolz dürfen wir bekennen — wir sind selbst Zeuge dafür —, daß die Schreckensnacht von zahllosen unbekannten mutigen Frauen, Männern, Jünglingen und Mädchen durchstanden wurde. Wir sehen

noch einen jungen Mann vor uns, der immer wieder in die Flammen hineinlief, nichtachtend Rauch- und Erstickungsgefahr, um in einem öffentlichen Luftschutzraum vom Tode bedrohte Volksgenossen zu bergen. Uns ist noch das Bild einer jungen Frau gegenwärtig, die vor einer Kelleröffnung lag, trotz Einsturzgefahr des brennenden Gebäudes, um Frauen und Kinder aus der verpesteten Luft des Kellers ans Tageslicht zu bringen. So, wie Millionen im Reich, haben in dieser ungeheuerlichen Nacht auch die Darmstädter die schwerste Probe ihres Lebens tapfer bestanden. Und drohten irgendwo in all dem Grauen die Nerven einmal zu versagen, schon fand sich eine Frau oder ein Mann, der dem Zagenden half, Mut zusprach, der sie aufmunterte, der sie tröstete.

Unser innigstes Mitgefühl gilt den Verwundeten. Möge ihnen auf ihrem Krankenlager der Gedanke Trost sein, daß die Wunden, die sie davontrugen, heilige Wundmale sind, die sie empfingen, gleich dem Soldaten, der draußen an den Grenzen des Reiches für das Leben der Nation kämpft. Herzlichste Anteilnahme bringen wir den Angehörigen der zahlreichen Todesopfer entgegen. Wer wollte an den Bahren der Gefallenen große Worte sprechen. Das Opfer des Lebens, das diese Volksgenossen vor wenigen Stunden gebracht haben, es kann uns nur Ansporn sein, ihren Opfertod niemals, mag kommen was da wolle, durch Mutlosigkeit zu entweihen. Sie fielen gleich all den vielen anderen deutschen Volksgenossen an der Front oder im Bombenhagel der Terrornächte für unsere Zukunft, für die Zukunft der nach uns kommenden Generationen, für Deutschland. Unser Versprechen an sie lautet: Treue bis zum Letzten.

14. September 1944: Was jeder in Darmstadt wissen muß

Noch brannten im früheren schönen Darmstadt an zahlreichen Stellen die Ruinen zerstörter Häuser aus, als schon wieder am nächtlichen Himmel die Scheinwerfer aufleuchteten und feindliche Flugzeuge das Stadtgebiet überflogen. Diesmal galt der Terror in erster Linie der Gauhauptstadt Frankfurt, und Darmstadt wurde nur am Rande getroffen.

Härter war die Prüfung am gestrigen Mittwoch gegen Mittag, als feindliche Bomberformationen auf dem Rückflug erneut weitere Zerstörungen in Darmstadt anrichteten, wodurch auch die Höchstmaßnahmen für die am Vortage ausgebombten Volksgenossen eine Verzögerung oder Unterbrechung erfuhren. Dadurch haben sich verschiedene organisatorische Umänderungen als notwendig erwiesen, weshalb wir die jetzt noch für die Reste der in Darmstadt verbliebenen Volksgenossen in Betracht kommenden Ortsgruppen, Verpflegungs- und Sammelstellen veröffentlichen:

Beratungs- und Auskunftsstellen

Die Beratungs- und Auskunftsstellen, Bestätigungen erteilenden Ortsgruppenstellen der Ortsgruppen befinden sich für die OG. Bessungen: Orangeriehaus, OG. Donnersberg: Orangeriehaus, OG. Dietrich Eckart: Liebfrauenstraße 6, OG. Schloßgarten: Mauerstraße 6, OG. Rheintor: Restaurant „Braustübl" am Hauptbahnhof, OG. Steinberg: Ohlystraße 71, OG. Jägertor: Alexanderstraße 27, OG. Mitte: Alexanderstraße 27, OG. Maintor: Ecke Frankfurter Straße und Pallaswiesenstraße, OG. Gervinus: Soderstraße 98, OG. Gutenberg: Heinheimerstraße 21.

Verpflegungs- und Sammelstellen

Die Verpflegungsstellen und die Sammelstellen für umzuquartierende nichtbeschäftigte Frauen und Kinder arbeiten in der Diesterwegschule (Lagerhausstraße), Gemeindehaus Liebfrauenstraße 6, Elisabethenstift, Restauration Finsel (Ecke Jahn- und Fritschstraße), in Eberstadt: Gutenbergschule, in Arheilgen: Schule (Alte Darmstädter Straße).

Abtransport und Umquartierung

Abtransporte werden an den Sammelstellen rechtzeitig bekanntgegeben. Sonderzüge, soweit möglich durch Lastkraftwagen ausschließlich durch das NSKK und ab heute auch durch Fuhrwerke. Sonderwünsche auf Beförderungsmöglichkeiten können nicht berücksichtigt werden; jeder nehme, was ihm angeboten wird.
Die Umquartierten haben sich auf dem Lande sofort bei dem zuständigen Bürgermeister oder NSV-Stelle zu melden. Außerdem empfiehlt es sich, die Umquartiertenkarten der Post zur Benachrichtigung der Verwandten zu benutzen.

Vermißtenauskunftsstelle

Die Vermißtenauskunftsstelle des Oberbürgermeisters befindet sich in der Diesterwegschule, Lagerhausstraße.

Dienststellen der Kreisleitung

Die Dienststelle der Kreisleitung befindet sich in der Rheinstraße 75 (NSFK-Heim). Hier ist auch die Geschäftsstelle der Deutschen Arbeitsfront und eine Auskunftsstelle der NSV.

Meldepflicht aller Gefolgschaftsmitglieder

Alle Gefolgschaftsmitglieder Darmstädter Betriebe, die ihren bisherigen Wohnsitz Darmstadt verlassen haben, melden sich sofort persönlich oder schriftlich in ihrem Betrieb oder bei der Kreis-

verwaltung der deutschen Arbeitsfront, Rheinstraße 75, unter Angabe ihrer bisherigen Arbeitsstätte.
Aufforderung: sämtliche Betriebsführer und Betriebsobmänner sowie die Leiter der betrieblichen Betreuungsstellen treffen sich zu einer Besprechung am Freitag, dem 15. September, 15 Uhr, im Gemeinschaftsraum Schenck, Landwehrstraße, zu einer wichtigen Besprechung.
Der Oberbürgermeister fordert alle städtischen Gefolgschaftsmitglieder, ausgenommen die der Stadtwerke, die sich dort einfinden, nochmals auf, sich heute in der Diesterwegschule, wo die städtischen Dienststellen eine Notunterkunft eingerichtet haben, zum Dienstantritt zu melden.
Der Notsitz der Landesregierung befindet sich ebenfalls in der Rheinstraße 75.
Die Geschäftsstelle der „Darmstädter Zeitung" befindet sich bis auf weiteres Rheinstraße 97 (neben der alten Kreisleitung), wohin Ummeldungen, Anzeigen und Einsendungen für die Schriftleitung zu richten sind.

*

Unser Gauleiter, der ebenfalls ausgebombt wurde, überzeugte sich gestern in Darmstadt erneut von Hilfsmaßnahmen für die Bombengeschädigten. Ebenso überwachten der Kreisleiter Dr. Schilling und der ebenfalls stark bombengeschädigte Oberbürgermeister Wamboldt für ihre Bereiche den Gang der Maßnahmen für die Bevölkerung.

15. September 1944:

Führerhauptquartier, 14. September. Das Oberkommando der Wehrmacht gibt bekannt:
Terrorangriffe richteten sich vor allem gegen die Städte Stuttgart, Darmstadt, Osnabrück und Auschwitz.

15. September 1944: Das Leben in der heimgesuchten Stadt

Es ist fast vermessen, vom Leben in einer durch konzentrierten Terrorangriff todwund geschlagenen Stadt zu sprechen, und doch, wer durch die Straßen zwischen den noch rauchenden Trümmern der Wohn- und Geschäftshäuser geht, der spürt, daß in den heimgesuchten Menschen doch die Flamme des Lebens glüht. Gewiß, viele waren im ersten Schmerz über den Tod ihrer Familienmitglieder oder ihrer Freunde, über den Verlust einer vollen Lebensarbeit oder über den Staub, in den das Werk vieler Generationen fleißiger Vorfahren sank, im Herzen müde geworden, und die Trauer hatte ihre dunklen Fittiche über sie gebreitet.

Doch als an die Übriggebliebenen die kleinen Lebensbedürfnisse nach jenen ersten fürchterlichen Stunden wieder herantraten, da richteten sie sich im Bewußtsein ihrer Verantwortung für die Lebenden wieder auf; sie wußten, daß von ihrer Stärke auch die Stärke ihrer Verwandten und der Aufbauwille abhängt, daß die gebrachten Opfer doch nicht umsonst sein dürfen. Sie waren auch gefeit gegen die unausbleiblichen Gerüchte über die Zahl der Toten — die nach Feststellung bekanntgegeben wird — oder der Vermißten, über alle möglichen anderen politischen Redereien, deren der feindlichen Agitation entsprungener Zweck doch unverkennbar war.

Viel zur Beruhigung trug es schon bei, daß die Amtsstellen der Partei, die von allem Anfang an in Ordnung waren, der Stadt, des Staates und der Wirtschaft sich, wenn auch dezimiert, doch wieder einfanden und buchstäblich unter Trümmern wieder zu arbeiten begannen. In der einen Ortsgruppe klappte es besser als in der anderen, denn es sind ja auch viele der politischen Leiter bei dem Angriff durch Tod oder Verletzung ausgefallen, und die Ersatzmänner mußten sich erst mit der Materie vertraut machen.

Aber ein Gang durch die Straßen und ein Besuch an verschiedenen Amtsstellen sagt doch, daß es den vereinten Bemühungen gelingt, Ordnung in die notwendigen Dinge zu bringen. Diese Arbeit kann noch wesentlich erleichtert werden, wenn die Volksgenossen die Bekanntmachungen durch die Lautsprecherwagen und in der „Darmstädter Zeitung" beachten; sie ersparen sich doch selbst viele Gänge und manchen Ärger.

15. September 1944: **Was jeder in Darmstadt wissen muß**

Die Ämter der Landesregierung haben ihren Wohnsitz in der Rheinstraße 75 eingerichtet. Der Landrat hat seinen Sitz zunächst nach Nieder-Ramstadt, Bürgermeisterei, verlegt.

Die Lebensmittelkartenausgabe

hat bereits gestern für die Ortsgruppen Rheintor, Maintor und Neckartor begonnen. Die Fortsetzung der Ausgabe in den übrigen Ortsgruppen, soweit dort noch Volksgenossen wohnen, wird voraussichtlich heute schon durch Lautsprecherwagen oder morgen auf die gleiche Weise und hier an dieser Stelle gesagt. Bei der Kartenausgabe sind wie immer Personal- und Haushaltsausweis mitzubringen, die auch beim Beantragen von Bezugsscheinen usw. vorgelegt werden müssen. In Arheilgen und Eberstadt erfolgt die Kartenausgabe an die ortsansässigen Volksgenossen wie üblich. Umquartierte aus Darmstadt, die ohne Sonderausweis abgereist sind, melden sich jeweils bei der Bürgermeisterei ihres Aufnahmeortes, wo sie über die Verpflegung durch die NSV oder die Kartenzuteilung unterrichtet werden. Die entsprechenden Anordnungen sind an die Bürgermeistereien ergangen; jedenfalls darf kein Umquartierter aus Darmstadt mangels Bescheinigung irgendwelche Nachteile erfahren.

Für Gemeinschaftsverpflegung, Handel und Gewerbe werden alle Fragen bei der Hauptstelle des EuW-Amtes in der Eleonorenschule erledigt.

Der Geldverkehr

wird wohl heute ebenfalls wieder in Fluß kommen. Selbstverständlich werden die ausgestellten Schecks der Kriegsschädenämter usw. von allen öffentlichen Kassen der Stadt, den Banken, Volksbanken und Sparkassen eingelöst. In der Diesterwegschule ist eine Zahlstelle der Stadthauptkasse und der Reichsbank bereits seit gestern eröffnet. Weitere Stellen werden noch bekanntgegeben. Auch der Postverkehr ist, zunächst durch die fahrbaren Postämter, wieder im Anlaufen.

An sämtliche Einzelhändler

Sämtliche Einzelhändler, ganz gleich, ob fliegergeschädigt oder nicht, haben sich sofort wegen der Belieferung mit Waren auf der Geschäftsstelle des Einzelhandels, Frankfurter Straße 44, zu melden. Lebensmittelhändler und Drogerien holen dort sofort eine Anweisung für den Bezug von Kerzen, die sofort gegen Bezahlung beim Wirtschaftsamt, Eleonorenschule, zu beziehen und zu verteilen sind. Die Lebensmittelgeschäfte, soweit sie aktionsfähig sind, werden durch die Bäckerinnung in den Verkauf von Brot eingeschaltet.

16./17. September 1944: Wenn man durch die Straßen geht

Es ist gefährlich, durch die Straßen Darmstadts zu gehen. Dauernd stürzen Ruinen in sich oder nach der Fahrbahn zusammen. Leider sind bereits einige Unfälle dadurch vorgekommen, daß Volksgenossen, die in ihren beschädigten oder ausgebrannten Häusern nach dem Rest ihrer Habe suchten, von herabstürzenden Mauerresten verletzt wurden. Daher ist größte Vorsicht geboten, denn mit zahlreichen Einstürzen muß gerechnet werden.

Seit gestern sieht man an Stellen, wo einst vergoldete Lettern an den Hausfronten vom einträglichen Wirken einer Bank kündeten, einen gewöhnlichen Tisch auf dem Fußsteig stehen, an dem die Wechsler und Wechslerinnen ihren Bankkunden und jedem Fliegergeschädigten, der seinen Scheck oder die Anweisung des Kriegsschädenamtes vorlegt, den begehrten Mammon auszahlen. Die Reichsbank befindet sich im Arbeitsamt, Mornewegstraße.

Trotz zahlreicher Warnungen scheint es nicht zu erreichen zu sein, daß Kinder die Reste der Brandbomben nicht als Spielzeug benutzen. Aus diesen Feuerchen kann sehr leicht ein böses Unglück entstehen.

Als gestern die Starkenburger Milchliefervereinigung, die, obwohl die Molkerei zwar außer Betrieb, sich dennoch um die Milchversorgung unermüdlich und erfolgreich bemüht, neben der Vollmilch für die Kinder und Magermilch für die Erwachsenen auch Buttermilch heranschaffen ließ, da gab es immer noch Leutchen, die gerne auf dieses köstliche, durststillende und fettreiche Getränk verzichteten, aus dem eine tüchtige Hausfrau auch leckere Dinge bereiten kann. Aber — es ist keine Buttermilch sauer geworden!

Wer ohne den Ausweis seiner Ortsgruppe als Fliegergeschädigter bei irgendeinem Amt etwas erreichen will, der verlangt zuviel. Es ist doch selbstverständlich, daß nur gegen Vorlage des Fliegergeschädigtenausweises Bezugscheine, Geldanweisungen u. a. ausgestellt werden dürfen. Gestern konnten wir jedoch wiederholt hören, daß Volksgenossen beim Kriegsschädenamt erschienen und lediglich auf ihr braves Gesicht hin . . .

(Fortsetzung fehlt)

16./17. September 1944: Die Vermißtenstelle bittet

Wie bekanntgegeben, hat der Oberbürgermeister eine besondere Vermißtenstelle eingerichtet, die Anzeigen über Vermißte entgegennimmt. Sie befindet sich in der Diesterwegschule, Lagerhausstraße, 2. Stock, Zimmer 19. Zweckmäßig ist es, dieser Stelle auch Beobachtungen mitzuteilen über Volksgenossen, deren Schicksal — Tod oder Verletzung, Verbringung in Krankenhaus oder auf das Land — man selbst erlebt hat. Es ist so, daß manche Volksgenossen zwar vermißt werden, aber doch am Leben sind und sich nur außerhalb der Stadt befinden. Auch

sie sollen sich doch melden, damit ihre in Sorge befindlichen Verwandten in Stadt und Land benachrichtigt werden können.
In diesem Zusammenhang sei darauf hingewiesen, daß die Toten selbstverständlich vom Erkennungsdienst der Polizei identifiziert werden, soweit das möglich ist. Erst dann werden sie zur Überführung auf den Waldfriedhof und Beisetzung freigegeben. Das ist in vielen Fällen sehr schwierig, zumal die Zahl der Beamten beschränkt ist, die selbstverständlich von den benachbarten Städten Verstärkung erhalten haben.

16./17. September 1944: Beschlagnahme des gesamten Wohnraumes

Die Zahl der Ausgebombten und Obdachlosen ist groß, und wenn auch Zehntausende auf dem Land Unterkunft gefunden haben, so sind doch noch Menschen in der Stadt geblieben, weil sie hier gebunden sind, die nun untergebracht werden müssen. Aus diesem Grunde hat der Oberbürgermeister sämtliche Wohnräume in der Stadt Darmstadt, einschließlich Darmstadt-Arheilgen und Darmstadt-Eberstadt, auf Grund der Paragraphen 5 und 25 des DLG vom 1.9.1939 beschlagnahmt, was aus der heutigen Bekanntmachung hervorgeht. Wohnraum darf nur Volksgenossen überlassen werden, die in Darmstadt obdachlos geworden sind. Wer Fliegergeschädigte aufgenommen hat, muß dies dem Wohnungs- und Quartieramt, Eleonorenschule, Lagerhausstraße 7, mitteilen, und zwar nach Namen der Aufgenommenen.

20. September 1944: Die Opfer der Terrorangriffe

NSG. Dem Terrorangriff auf Darmstadt in der Nacht zum 12. September 1944 fielen nach den bisherigen Feststellungen insgesamt 2986 Personen zum Opfer.
Vierhundertsechsundsiebzig Volksgenossen wurden durch den Angriff britischer Terrorflieger in der Nacht zum 13. September 1944 in der Gauhauptstadt Frankfurt am Main gemordet. Die Verlustzahlen können sich nur noch unwesentlich erhöhen.
Das Opfer dieser Männer, Frauen und Kinder wird uns im Kampfe für die Freiheit unseres Volkes immerwährende Verpflichtung zum letzten Einsatz sein.

Bevölkerung dieser Städte hatte insgesamt 134 Gefallene zu beklagen. Das Stadtgebiet von Mainz war in den Nachmittagsstunden des 21. September das Ziel eines feindlichen Terrorangriffs. Vor allem in Wohnvierteln entstanden starke Brände und Zerstörungen. Die Bevölkerung hat nach den bisherigen Ermittlungen 52 Personen als Gefallene zu beklagen.
Darüber hinaus wurden aus dem gesamten Gaugebiet wieder Tieffliegerangriffe auf Personenzüge und einzelne auf den Straßen und Feldern befindliche Personen gemeldet. Im Kreis Alzey wurden in einem fahrenden Zug vier Personen durch einen derartigen verbrecherischen Angriff getötet.

28. September 1944: Der alte Weg

Wenn man einen Weg jahrelang zu seiner Arbeitsstätte mehrmals bei Tag und zur Nacht gegangen ist, dann kennt man nicht nur die Häuser und Straßenkreuzungen, auch etwas die Menschen, die in diesen Häusern wohnen, die ihre Gärten pflegten oder ins Kraut wachsen ließen, die Frühaufsteher oder „Nachteulen" waren wie wir. Jetzt gingen wir noch einmal den alten Weg zu unserer zerstörten Schriftleitung.
Keine Straßenbahn weckt uns mehr am frühen Morgen pünktlich zur 15. und 45. Minute, recht verlassen liegt die breite Straße, hie und da ein Lkw, der in schneller Fahrt vorüberknattert und dessen Fahrer froh sein wird, die Ruinen hinter sich zu lassen. Wehgerissen liegt der Herrngarten, versickert ist der Teich in der aufgebombten Sohle, die Brandruinen der Technischen Hochschule, des Landestheaters und Landesmuseums stehen als traurige Kulisse hinter den alten Bäumen. Keine Richter sprechen in den Gerichtsgebäuden im Namen des Volkes ihren Spruch. Aus dem Marstall wiehern nicht mehr die feurigen Hengste, und über den Kellern der schönen Weinstuben um den Löwenbrunnen steigt brandiger Dunst statt der lieblichen „Blume" aus gefüllten Gläsern.
Einsam und gebeugten Hauptes blickt Ludwig I. von seinem Monument, soweit sein Auge in der Runde geht, nichts als Trümmerberge und Ruinen. Die Kollegiengebäude, das Alte Palais, der Landtag, die Hauptpost, das Battenberger Palais, das Alte Schloß und von da alles fast bis zum Rande der Wälder rundum. Keine Geige singt im Café „Hauptpost", da sich Soldaten und Mädchen so gerne trafen. Zerflattert die Ämter und sportbegeisterten Menschen vom Stadthaus. Tot barg man unseren Friseur und sein Schicksal teilte im „Fürstensaal", wo sich die Männer von Theater und Presse gern zu einem spät-

abendlichen Umtrunk vereinten, unser lieber „Schorsch" mit den Seinen. „Des kost' Nerve", würde er sagen, wenn er die Verlustliste aus seiner und der Nachbarstraße hören würde, aus der viele durch das letzte Tor schritten: der Bäcker, der Metzger, der Handwerksmeister, der Sport-Jost, der Schlossermeister, die Wäscherei, das Wirtschaftsamt.

Und da wir vor dem leeren Gerippe unserer alten Schriftleitung stehen, wissen wir, daß gegenüber unter dem Schuttberg, den die Luftmine riß, auch unsere lebenslustige Sekretärin Cläre mit den anderen Hausbewohnern schlummern muß, die wir fast alle kannten. Sie grüßt unser Strauß Feldblumen, die sie bei ihren Bootsfahrten auf heimischen Strömen so gern am Ufer pflückte. Der alte Weg ist ein Weg der Trauer und hier nicht zu Ende, doch wir müssen nun den neuen Weg der Arbeit mit festem Herzen gehen.

13. Oktober 1944: Die Verluste in Darmstadt

NSG. Frankfurt a. M., 12. Oktober. Dem Terrorangriff in der Nacht vom 11. zum 12. September auf Darmstadt sind nach den endgültigen Feststellungen 4006 Personen zum Opfer gefallen. 200 weitere Volksgenossen, mit deren Tod zu rechnen ist, werden noch vermißt.

DOKUMENTE

Der Bomber-Fächer

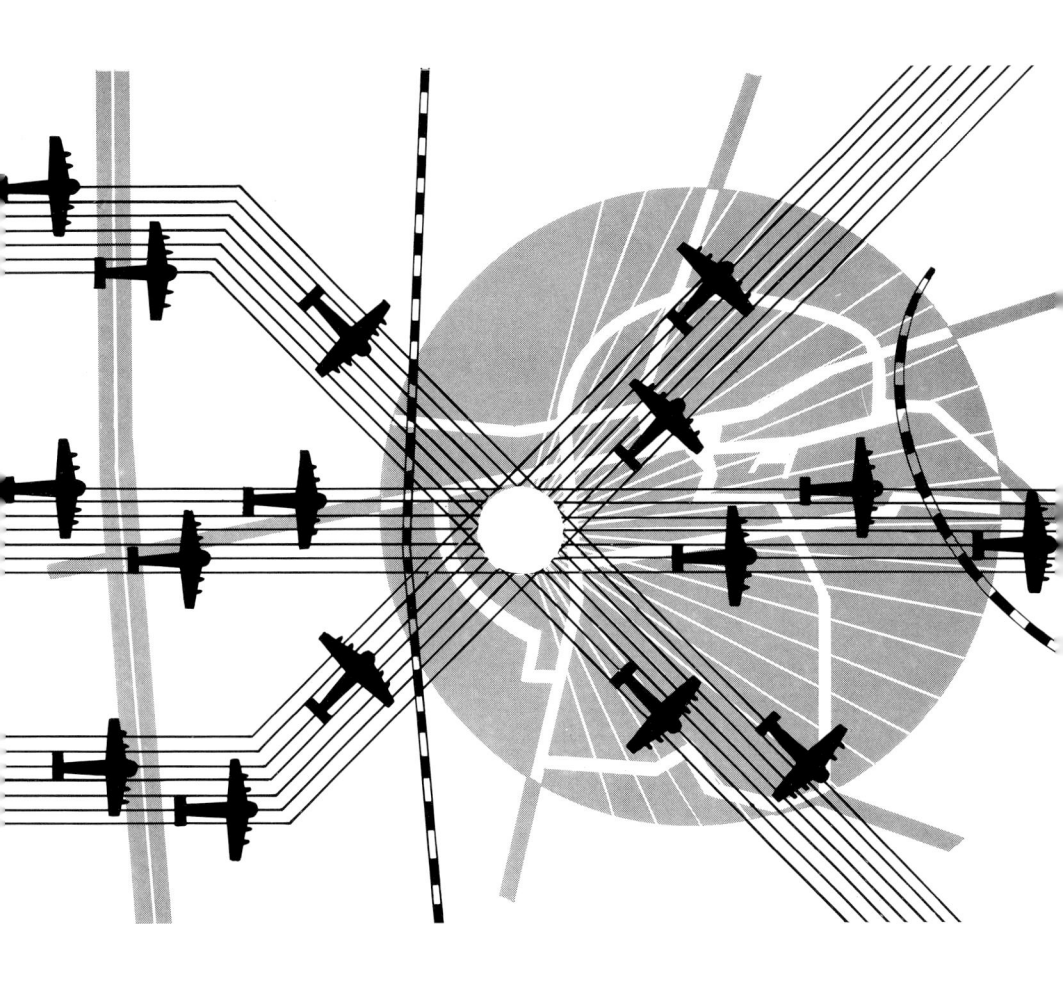

Der Fächer: von Westen her fliegen die Geschwader über die Autobahn an. Der Exerzierplatz ist als Drehpunkt markiert, über dem die Bomber ausfächern. Sekunden später lösen die Bombenschützen ihre Fracht aus.

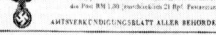

Titelseite der „Darmstädter Zeitung" vom 13. September 1944. Sie war nach dem Angriff die einzige und amtliche Tageszeitung der NSDAP für die Kreise Darmstadt, Groß-Gerau, Bergstraße und Odenwald.

Gemeint waren die kursierenden Verlustzahlen, die zwischen 15 000 und 25 000 lagen, während die Partei zunächst keine Angaben machte, später 4000 Tote zugab.

Volksgenossen!
Tretet unsinnigen Gerüchten entgegen und wertet sie als Feindpropaganda.

Behaltet Ruhe und Vertrauen!
Damit werden wir das schwerste Unglück meistern.

Der Kreisleiter

Auch wenn wir vergehen müssen, muß Deutschland bestehen!

Darmstadt nahm Abschied von den Opfern des Terrorangriffes

Am Donnerstagabend fand auf dem Waldfriedhof die Trauerfeier für die Gefallenen müssen, muß Deutschland bestehen. Auch wenn uns einzelne das Schicksal schlagen die künftigen Träger des Friedens. Jeder der geliebten Gefallenen lebt weiter in der Er-

wird. Diesen Sieg verbürgen uns unsere Toten und die anständige Haltung unseres Volkes.

Der Kreisleiter umriß hierauf das Kampfziel unseres Gegners, der das deutsche Wesen ausrotten will, das mit seinen hohen menschlichen Idealen und kulturellen Leistungen den anderen ein Dorn im Auge ist. Dagegen setzen sie ihren grausamen Mordterror an, der uns jedoch in unserem Siegesglauben nicht irre machen oder beugen kann. Unser Vertrauen auf den Führer, der Deutschland aus tiefster Not errettete, ist auch in dieser Stunde des Abschiedes von lieben Toten unser fester Fels, und wir bitten den Herrgott, daß er uns den Führer erhalte, der uns den Sieg gewährleistet. Der Kreisleiter schloß mit der Aufforderung, das Vermächtnis der Toten durch tapferen Einsatz, kameradschaftliche Haltung und gläubige Siegeszuversicht zu erfüllen.

Während der Niederlegung des Kranzes des Gauleiters im Namen des Führers und der übrigen Ehrenkränze erklangen leise

Aus dem Bericht der „Darmstädter Zeitung" vom 23. September 1944 über die Trauerfeier für die Opfer des Luftangriffs. Kreisleiter Dr. Schilling sprach dabei auf dem Waldfriedhof.

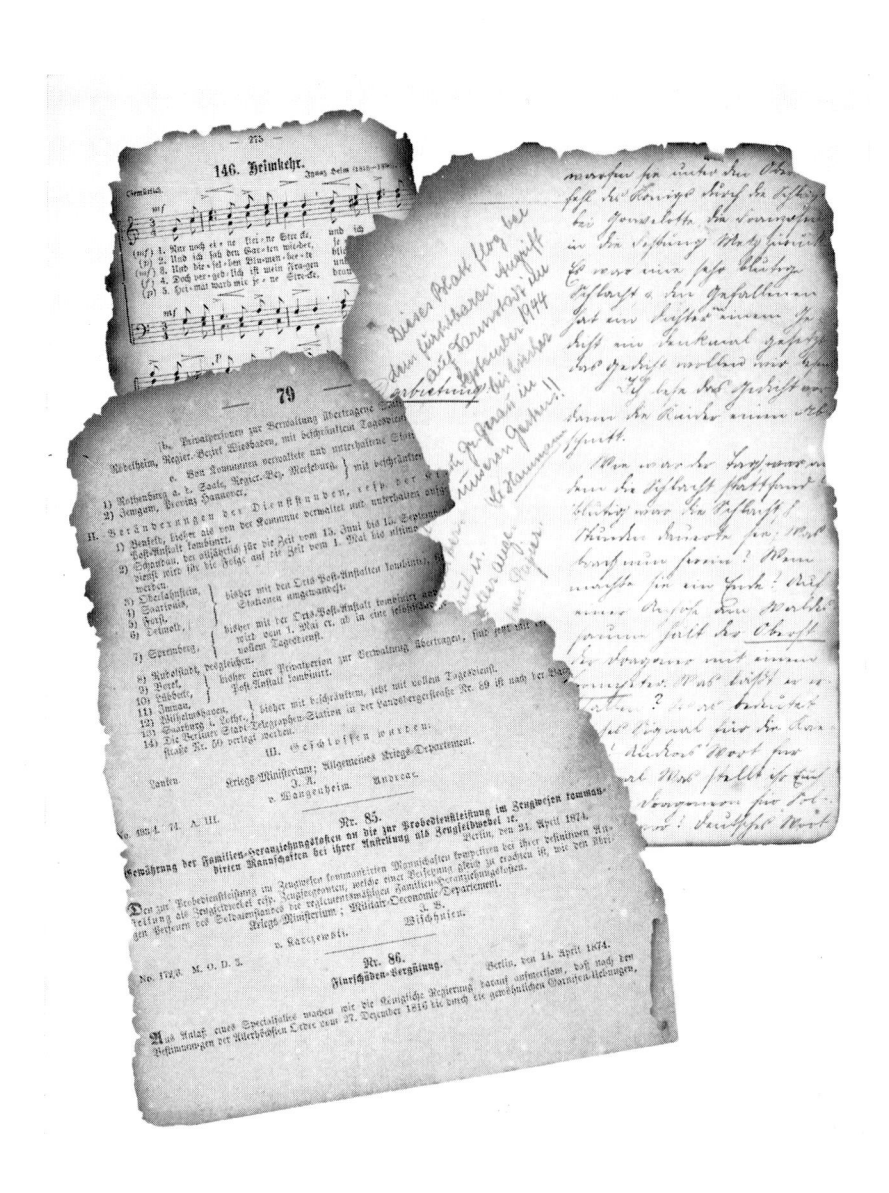

Der kilometerhohe Hitzekamin sog auch Unverbranntes aus der flammenden Stadt —
wie diese Buch- und Notizblätter, die anderntags in Orten am Rhein gefunden wurden.
Unsere Beispiele stammen aus Leeheim und Groß-Gerau.

Luftschutzpolizei
Instandsetz.-Bereitschaft
Frankfurt a. M.-Süd

Darmstadt, den 28. / 10. 44.

An die örtl. Lu.-Leitung, D a r m s t a d t.

G e s a m t b e r i c h t
über die Leichenbergungsarbeiten der J.-Bereitsch.
Frankfurt/Main - Süd in der Woche vom 23. - 28./10.44.
in D a r m s t a d t.

Bisheriges Gesamtergebnis :   661 Leichen geborgen

Im Anschluss an meinen Bericht vom 21. ds. Mts. gebe ich Ihnen hiermit eine Zusammenstellung der von der J.-Bereitschaft Süd, Frankfurt/Main, in der Woche vom 23.-28./10.44. erzielten Ergebnisse mit genauer Angabe der geborgenen Gefallenen. Einzelangaben wollen Sie aus meinen täglichen Einsatzberichten entnehmen.

am 23. / 10. 44. :   Übertrag: 661 Leichen

    Pallaswiesenstrasse 34 = 2 Leichen aus den Trümmern geborgen,
    Kasinostrasse 16/18 = 5 " " " " "

am 24. / 10. 44. :   k e i n e ,

am 25. / 10. 44. :

    Saalbaustrasse 11 = 2 Leichen aus den Trümmern geborgen,
    " 24 = 2 " " " " "
    " 26 = 1 " " " " "
    Elisabethenstrasse 37 = 4 " " " " "
    Rheinstrasse 25 = 1 " " " " "

am 26. / 10. 44. :

    Karlstrasse 32 H = 2 Leichen aus den Trümmern geborgen,
    Mackensenstrasse 50 = 1 " " " " "
    " 40 = 13 " " " " "
    Heidelbergerstrasse 1/3 = 6 " " " " "
    Rückerstrasse 16 = 1 " " " " "

am 27. / 10. 44. :

    Heinrichsstrasse 48 = 10 Leichen aus den Trümmern geborgen,
    Herdweg 41 = 2 " " " " "
    Hügelstrasse 79 = 5 " " " " "
    Saalbaustrasse 73 = 1 " " " " "
    Heidelbergerstrasse 1/7 = 3 " " " " "

am 28. / 10. 44. :   k e i n e

Gesamtergebnis :   722 L e i c h e n geborgen

Die Arbeiten werden am M o n t a g , den 30. /10. 44. fortgesetzt.

Herzog
Bereitschaftsführer
der Luftschutzpolizei

Beispiel einer Meldung der Frankfurter Luftschutzpolizei, deren Instandsetzungs-Bereitschaft nach dem großen Angriff in Darmstadt zur Leichenbergung eingesetzt war.

**Der Landrat
des Landkreises Bergstraße**
Fernruf 441

Heppenheim, den 4. November 1944.

Betreffend: Erfassung der Verwundeten anläßlich des Luftangriffs auf Darmstadt vom 11./12. September 1944.

Auf Verfügung vom 3. Oktober 1944
zu Nr. II-LS.- 54^{11}/762/44.

Nachstehend das Ergebnis meiner Feststellungen über die in Krankenhäusern des Landkreises Bergstraße aufgenommenen Verwundeten anläßlich des Luftangriffs auf Darmstadt vom 11./12. September 1944:

1.) In Heppenheim wurden laut Bericht des Bürgermeisters vom 17.10.1944 120 deutsche Volksgenossen aufgenommen, von denen 24 verstarben, und 47 Ausländer (Ostarbeiter), von denen 12 ihren Brandverletzungen erlagen.

2.) In Bensheim wurden 45 Verwundete aufgenommen, von denen laut Bericht des Bürgermeisters vom 18.10.1944 3 verstorben sind.

3.) In Lorsch wurden 2 an Rauchvergiftung erkrankte Personen aufgenommen.

4.) In Hirschhorn war eine Leichtverwundete aufgenommen worden, welche z.Zt. des Berichts (16.10.1944) wieder entlassen war.

An den
Herrn Reichsstatthalter in Hessen
— Landesregierung —
Abteilung II (Polizei)
- Kommandeur der Ordnungspolizei -
Darmstadt

Bericht des Bergsträßer Landrats an den Reichsstatthalter in Hessen vom 4. November 1944. Die genannten Zahlen sind naturgemäß noch unvollständig.

In der Nacht des Terrorangriffs vom 23. zum 24. September 1943
fielen für Führer und Reich:

Elisabeth Ackermann	Hans Gerhard	Dorothea Koch	Minna Ost
Annemarie Ackermann	Philipp Germann	Klaus Werner Koch	Anna Röder
Hellfried Ackermann	Kurt Germann	Marie Krautwurst	Elisabeth Röder
Heinrich Alemann	Heinrich Gernand	Friedrich Kröh	Eva Sachs
Gertrude Alemann	Emil Gliesche	Wilhelmine Kröh	Pauline Söhnlein
Anna Babel	Christine Gliesche	Eleonore Kroth	Emilie Schäfer
Gertrud Becker	Ernst Günter Gliesche	Friedrich Kroth	Erna Schäfer
Ida Bergmann	Hartmut Gliesche	Elisabeth Kroth	Margarete Schäfer
Renate Bergmann	Otto Gliesche	Rosemarie Kroth	Elisabeth Schäfer
Hermann Biedermann	Karoline Gliesche	Lorchen Kroth	Edith Schäfer
Mathilde Biedermann	Anna Grodhaus	Otto Kroth	Hildrut Schäfer
Gertrud Birker	Ida Grohe	Wilhelm Kummer	Auguste Schütz
Elisabeth Bliß	Anna Emma Hähnlein	Emilie Kummer	Ria Schwarz
Rolf Böhme	Christine Heberer	Jlse Kunz	Albrecht Späth
Charlotte Böhme	Anna Hennemann	Marie Leicht	Elisabeth Sperb
Evelin Böhme	Horst Hennemann	Marie Lippold	Anna Steingässer
Peter Böhme	Werner Hirsch	Werner Lippold	Marie Stockum
Marie Bratzki	Johanna Hirsch	Gerlinde Lippold	Werner Theobald
Edith Bratzki	Margarete Hofmann	Lorenz Jos. Litzinger	Henriette Thiele
Alfred Bratzki	Lina Hofmann	Emma Lotz	Karl Friedrich Urstadt
Karl Bröning	Katharine Jöckel	Klara Lybert	Hans Ulrich Urstadt
Philipp Dietrich	Mathilde Kämpfer	Alfred Marschner	Luise Wehmer
Margarete Dietrich	Johann Karplinger	Henriette Meister	Marie Wiegand
Sophie Dillmann	Margarete Karplinger	Wilhelm Michel	Heinz Wiegand
Ludwig Eser	Emil Kaselitz	Hedwig Möser	Margarete Wiegand
Johanna Eser	Irene Kaselitz	Kurt Möser	Friedrich Wiegand
Gisela Eser	Mathilde Keierbeber	Heinrich Moter	Waltraud Wiegand
Volkmar Eser	Anna Kleinschmidt	Margarete Müller	Helene Wimmer
Otto Firchow	Jakob Klinger	Greta Nieder	Johann Windschmitt
Regina Geiß	Kurt Koch	Ludwig Numrich	Margarete Wißner
Henriette Gerhard	Hermine Koch	Ludwig Ost	Erika Zimmermann
Friedrich Gerhard			Paula Zrenner

Ihr Opfer verpflichtet uns!   Wir kämpfen bis zum Sieg!

Dr. Schilling, Kreisleiter

Dem Terrorangriff am 11. Sept. 1944 fielen zum Opfer

Nach dem schweren September-Angriff im Jahre 1943 erschien in der „Hessischen Landeszeitung" vom 3. Oktober 1943 diese große Gemeinschaftsanzeige des Kreisleiters. Sie nahm eine ganze Zeitungsseite in Anspruch.

Nach dem Angriff am 11. September 1944 waren nur noch Todesanzeigen gestattet, wie wir sie hier in Originalgröße wiedergeben.

Oskar Ehrler, 29 Jahre, Holzstraße 26. Familie Artur Ehrler, z. Z. Klein-Gumben; Hedi Rein (Braut). Michelstadt.

Georg Volz, geb. 12. 8. 1883, **Gertrude Volz**, geb. Gerhardt, geb. 11. 11. 1888. Gg Volz und Frau; sowie alle Angehörigen, z. Z. Darmst.-Arheilgen, Haardtweg 10.

Rosa Pullmann, geb. Wollmetzhäusser, 54 Jahre, Mackensenstraße 23. Für die Hinterbliebenen: August Pullmann, z. Z. Zwingenberg an der Bergstr., Alsbacher Straße 10.

Nationalsozialistische Deutsche Arbeiterpartei
Gau Hessen-Nassau

Kreisleitung Darmstadt

Darmstadt, den **14. 9. 44**
Rheinstraße 95
Fernsprecher Darmstadt 4644/4645

Ausweis für Fliegergeschädigte

Name ....Hergt....... Vorname ...Marie...
geb. am ...11. Mai 1910... in ...Darmstadt...
sowie Ehefrau .... geb. am ......
und ...2... Kinder, sowie ...... sonstige Angehörige
....
sind teil – total – fliegergeschädigt.
Alle Behörden und Parteidienststellen werden um
weitestgehende Unterstützung gebeten.

i. V. [signature]
Ortsgruppenleiter

Das blieb
Zehntausenden
von Familie
und Heim

Kriminalpolizeistelle   Darmstadt, den 11.10. 1944
- Darmstadt-

B e s c h e i n i g u n g !

Dem Obergefreiten Wilhelm H e r g t, geb. am 14.2.1904 in Darmstadt, z. Zt. bei der Wehrmacht, zuletzt wohnhaft in Darmstadt Heinrich-Fuhrstrasse Nr. 14, wird bescheinigt, dass seine Eltern Julius H e r g t, geb. am 17.2. 1869 in Apolda/Th. und Margarethe geborene Büttenbender, geb. am 7.8.1877 in Darmstadt, beide zuletzt wohnhaft in Darmstadt, Elisabethenstrasse Nr. bei dem Terrorangriff auf Darmstadt am 11. auf 12.9.44 ums Leben gekommen sind. Die Leichennummer ist 611.

J. A.
[signature]

Bombenteppich auf Darmstadt-Nord. Im Luftbild links unten an der schräg nach oben ziehenden Frankfurter Landstraße ein Teil der Merckschen Fabrik, oberhalb das Arheilger Bebauungsgebiet. Rechts die Hardt-Siedlung. Wie durch ein Wunder wurde Arheilgen von diesem Teppich nicht überrollt.

Von einem Bombenangriff auf Darmstadt berichtet dieses seltene Bilddokument aus dem Ersten Weltkrieg. Am 16. August 1918 wurden aus einem französischen Flugzeug einige Bomben ins Woogsviertel geworfen. Getroffen wurde das Haus Soderstraße 110. Unser Bild aus dieser Zeit zeigt Soldaten bei Aufräumungsarbeiten.

POLIZEIAKTEN

3. Polizeirevier

S. Lu.   Darmstadt, den 16. September 1944

Betrifft: Leichensammelstellen

Bleichstraße 41	im Hof	30 Tote	Zugang frei
Am Richthofenbunker		5 „	„ „
Sandstraße 8	im Keller	9 „	„ „
Eschollbrücker Straße 2	im Garten	2 „	„ „
Rheinstraße 41	im Hof	3 „	„ „
Kasinostraße 10	im Hof	2 „	„ „
Friedrichstraße 7	vor dem Hause	1 „	„ „
„ 9	„ „ „	2 „	„ „
„ 17	„ „ „	2 „	„ „
„ 24/26	im Garten	7 „	„ „
„ 27	im Schulgarten	2 „	„ „
Marienplatz Eing. Hügelstr.	im Hof	1 „	„ „
„	im Hof	1 „	„ „
Hügelstraße 77	im Hof	verkohlte Leichenreste in 3 Wannen	
„ 89	im Hof	4 Tote	Zugang frei
Dornheimer Weg links der Brücke vor dem Kartoffelkeller		4 „	„ „
„ „ zwischen E-Werk Kartoffelkeller		1 „	„ „
Georgenstraße 8	im Hof	1 „	„ „
„ 10	im Hof	2 „	„ „

gez. *Gerlach*

S. L..
I. Urschrift an die Kreisleitung weitergereicht..
II. z. d. A.

3. Polizeirevier

— S. Lu. —   Darmstadt, den 16. September 1944

Betr.: Verzeichnis derjenigen Häuser, unter deren Trümmern noch Personen verschüttet sind:

Bleichstraße	19	=	6	Personen
	28	=	2	"
	34	=	4	"
	38	=	mehrere	"
	40	=	13	"
	43	=	mehrere	"
Elisabethenstraße	43	=	3	"
	49	=	11	"
	53	=	8	"
	55	=	5	"
	59	=	3	"
	61	=	4	"
Eschollbrücker Straße	4½	=	30	" (ca.)
Exerzierplatz (Ostarbeiterlager)		=	mehrere Personen im Splittergraben	
Friedrichstraße	14½	=	2	Personen
Georgenstraße	1½	=	mehrere	"
	5	=	"	"
	6	=	8	"
	8	=	mehrere	"
Heidelberger Straße	1	=	8	"
	3	=	8 (?)	"
	5	=	mehrere	"
	7	=	9	"
	9	=	5	"
	15	=	mehrere	"
Heinrichstraße	3	=	mehrere	" (Familie Mertens)
Holzhofallee	8	=	2	Personen
Kasinostraße	5	=	5	"
	7	=	1	"

Kasinostraße	22	=	mehrere Personen	
	30	=	„	„
Mackensenstraße	30	=	30	„
	33	=	mehrere	„
Neckarstraße	3b (WBK)	=	mehrere Personen	
	9	=	15	„
	10	=	20	„
	11	=	mehrere	„
	15	=	2	„
	18	=	mehrere (öff. Luraum)	„
	19	=	„	„
Rheinstraße	31	=	mehrere Personen	
	35	=	„	„
	41	=	5	„
	46	=	mehrere	„
	53	=	14	„
Saalbaustraße	13	=	mehrere	„
	27	=	„	„
	28	=	„	„
	38	=	7	„
	69	=	1	„
	70	=	11	„
Sandstraße	6	=	8	„
	24	=	7	„
	36	=	15	„
	40	=	mehrere	„
Schrautenbachweg	10	=	2	„
Sudetengaustraße	49	=	15	„
Taunusring	62	=	5	„
	64	=	5	„
Thylmannweg	2	=	4	„
	4	=	3	„
	6	=	3	„

gez. *Gerlach*

Kommando der Schutzpolizei
5. Polizeirevier

Darmstadt, den 18. September 1944

Betrifft: Luftangriff auf die Stadt Darmstadt (Stadtteil Bessungen)
am 11./12. September 1944
S

Abtlg. Lu
Folgende Leichen wurden inzwischen abgeholt:

Lfd. Nr.	Zu- und Vorname	Geburt	Straße	Leichen-karte Nr.	
1.	Reiß, Karl	14. 3. 74	Theod.-Fritsch-Str.	15	299
2.	Hasper, Elise	10. 9. 92	„	15	1795
3.	Brehm, Kreszens	19. 5. 08	„	17	1799
4.	Brehm, Herta	2. 3. 44	„	17	1800
5.	Rechenberg, Margarete	5. 12. 14	„	17	1801
6.	Rechenberg, Hannelore	5. 7. 37	„	17	1802
7.	Kettler, Anna	18. 1. 01	„	17	1803
8.	Kettler, Dieter	29. 1. 38	„	17	1804
9.	Kettler, Hans	¼ Jahr alt	„	17	799
10.	Gutekunst, Franz	14. 1. 76	Karlstraße	59	265
11.	Lotter, Katharina	8. 8. 08	„	59	1805
12.	Lotter, Christa	5. 12. 30	„	59	1779
13.	Koch, Luise	31. 8. 78	„	59	1780
14.	Koch, Johannes	4. 1. 73	„	59	1788
15.	Grunert, Ruth	21. 9. 11	„	59	1785
16.	Grunert, Anneliese	22. 10. 40	„	59	1786
17.	Grunert, Klaus	21. 6. 36	„	59	1787
18.	Dörsam, Katharina	6. 8. 79	„	58	287
19.	Grunert, Walter	6. 10. 97	„	59	1794
20.	Uhde, Cezilie		Heinrichstraße	63	302
21.	Kauf, geb. Uhde, Elli		„	63	303
22.	Pöschel, Elisabeth		„	63	305
23.	Pöschel, Gisela		„	63	306
24.	Kissinger, Jakobine	11. 6. 67	Steinackerstraße	4	1797
25.	Kissinger, Rudolf	30. 5. 66	„	4	1798
26.	Kramer, Jakob	18. 4. 03	Karlstraße	94	1782
27.	Wehrmuth, Gertrude	28. 10. 00	„	94	1781
28.	Rampe, Katharina	6. 3. 12	„	94	1784
29.	Weyrauch, Erika	3. 8. 29	„	94	1789
30.	Weyrauch, Karl	24. 9. 99	„	94	1790
31.	Weyrauch, Katharina	24. 12. 99	„	94	1791
32.	Landau, Gretel	17. 11. 00	„	96	300
33.	Wingefeld, Anna	23. 3. 14	„	96	304
34.	Ruytens, Wilhelm (Holl.)	20. 4. 25	Klappacher Straße	15	1824
35.	Sermond, Karl	21. 11. 74	„	15	1825

Lfd. Nr.	Zu- und Vorname	Geburt	Straße		Leichenkarte Nr.
36.	Sermond, Martha	6. 1. 78	Klappacher Straße	15	1826
37.	Arnold, Katharina	15. 6. 02	„	15	1827
38.	Opper, Ida	22. 6. 06	Frankensteinstraße	76	1815
39.	Opper, Anita	8. 6. 29	„	76	1814
40.	Opper, Toni	8. 6. 29	„	76	1819
41.	Rochetti, Elisabeth	10. 3. 95	„	78	1817
42.	Rochetti, Eleonore	30. 7. 20	„	78	1816
43.	Lehr, Nelli	7. 2. 13	„	78	1818
44.	Hornung, Heinrich	3. 7. 67	„	80	1796
45.	Stahl, Georg	31. 10. 70	Ahastraße	20	1775
46.	Schuhmann, Jakob	14. 5. 75	Weinbergstraße	21	1776
47.	Loos, Emma	19. 7. 87	Karlstraße		61
48.	Diefenbacher, Karl	17. 10. 78	„		61
49.	Diefenbacher, Luise	5. 7. 87	„		61
50.	Diefenbacher, Hildeg.	14. 7. 25	„		61
51.	Ruppert, Ludwig	25. 8. 87	„		61
52.	Siegrist, Käthe	28. 11. 04	„		63
53.	Siegrist, Leonh.	31. 1. 37	„		63
54.	Siegrist, Elfride	3. 4. 40	„		63

Lfd. Nr.	Unbekannte Leichen			Straße	Leichenkarte Nr.
				Schutzraum	
55.	unbekannt, weibl.		Leiche	Ecke Karl- u. Heinrichstraße	257
56.	„	„	„	„	258
57.	„	Kind		„	259
58.	„	weibl.	„	„	260
59.	„	männl.	„	„	260
60.	„	weibl.	„	„	262
61.	„	Kind		„	268
62.	„	„		„	269
63.	„	weibl.	„	„	270
64.	„	„	„	„	271
65.	„	„	„	„	272
66.	„	männl.	„	„	273
67.	„	weibl.	„	„	274
68.	„	„	„	„	275
69.	„	Kind		„	276
70.	„	weibl.	„	„	277
71.	„	Kind		„	278
72.	„	weibl.	„	„	279
73.	„	„	„	„	280
74.	„	„	„	„	281
75.	„	„	„	„	282

Lfd. Nr.	Unbekannte Leichen			Straße		Leichen-karte Nr.
				Schutzraum		
76.	unbekannt,	Kind		Ecke Karl- u. Heinrichstraße		283
77.	"	weibl.	Leiche	"		284
78.	"	"	"	"		285
79.	"	verbrannte	"	Toreinfahrt Berlieb, Heinrichstr.		263
80.	"	"	"	"	"	264
81.	"	"	"	"	"	267
82.	"	männl.	"	Heidelberger Straße	45	288
83.	"	weibl.	"	"	45	289
84.	"	"	"	"	45	290
85.	"	Junge		"	45	291
86.	"	Mädchen		"	45	293
87.	"	männl.	"	"	45	294
88.	"	weibl.	"	"	45	295
89.	"	"	"	"	45	298
90.	"	"	"	Karlstraße	58	292
91.	"	"	"	"	58	296
92.	"	männl.	"	"	58	297
93.	"	weibl.	"	Heinrichstraße	74	1806
94.	"	Knabe	"	Karlstraße	61	
95.	"	weibl.	"	"	61	

Lfd. Nr.	Bekannte Leichen Zu- und Vorname				
96.	(Jakobs) Anna, Baumeister	18. 8. 84	Annastraße	26	961
97.	Storm, Elfriede	22. 9. 12	Artilleriestraße	26	962
98.	" Marianne	5. 5. 36	"	26	962
99.	" Hannelore	7. 5. 39	"	26	962
100.	Auracher, Jakob	12. 2. 90	"	55	963
101.	" Marie	12. 8. 89	"	55	963
102.	Hermann, Lydia	3. 5. 86	Jahnstraße	57	964

i. A.: gez. *Lugner*,
Meister d. Sch.

1. Polizeirevier

Darmstadt, den 20. 9. 1944

Betr.: Noch zu bergende Leichen:

Im Gebiet des 1. Polizeireviers sind, soweit bekannt, noch folgende Leichen zu bergen:

Nr.	1	Karlstraße	22	etwa	7	Leichen
„	2	„	28		8	„
„	3	„	29		5—6	„
„	4	„	32		2—3	„
„	5	„	43		2	„
„	6	„	47		7	„
		„	34		9—11	„

Die Bergung der vorstehend aufgeführten Leichen konnte bis jetzt noch nicht erfolgen, da die Keller voll Wasser stehen. Die städtischen Betriebe wurden bereits dreimal verständigt, jedoch ohne Erfolg. Z. Z. wird eine neue Überprüfung vorgenommen.

Nr.	7	Grafenstraße 27	4	Leichen
„	8	„ 29	9	„
„	9	Mackensenstraße 3	3	„
„	10	Grafenstraße 15 (Rehbein)	12	„

Die unter Nr. 7—10 aufgeführten Leichen konnten bis jetzt infolge der großen Hitze nicht geborgen werden. Eine erneute Überprüfung findet z. Z. statt

Nr.	11	Kiesstraße 47	etwa	10	Leichen
„	12	Kiesstraße 49		8	„
„	13	Kiesstraße 3		3	„
„	14	Hochstraße 6		5	„
„	15	Hochstraße 34		4	„
„	16	Schulzengasse 10		1	„
„	17	Mathildenpl. Zeughausstr. (Ecke)		1	„
„	18	Sackgasse 5		4	„
„	19	Mackensenstraße 23		15—20	„
„	20	Elisabethenstraße 37		4	„
„	21	Luisenstraße 26		2—3	„
„	22	Luisenstraße 30		1	„
„	23	Luisenstraße 42		4	„
„	24	Ludwigstraße 1		4—5	„
„	25	Ludwigstraße 20		6—10	„
„	26	Nd.-Ramstädter Str. 15		8	„
			ca.	150	Leichen

Die unter 11—25 aufgeführten Leichen konnten infolge großer Schuttmassen noch nicht geborgen werden. Mit der Bergung wird heute begonnen. Durch eine Streife wird mir soeben gemeldet, daß das Wasser in der Karlstraße abgestellt wird. Die Feuerschutzpolizei wurde verständigt.

Hauptmann der Sch.

Kreisleitung hat Meldung erhalten

3. Polizeirevier

Darmstadt, den 24. September 1944

— S. Lu. —

Betr.: Geborgene Leichen

Im 3. Polizeirevier wurden bis jetzt etwa 936 Leichen geborgen. Es läßt sich aber auch nicht annähernd feststellen, wieviel Männer, Frauen und Kinder sich unter den Geborgenen befinden. Nach der Angriffsnacht lagen etwa 300 Personen total verbrannt in den Straßen, die als Unbekannte abtransportiert werden mußten. Eine einwandfreie Feststellung des Geschlechts war nicht möglich. Von den später geborgenen Leichen mußten etwa 400 als unbekannt abtransportiert werden, da diese ebenfalls total verbrannt waren. Eine Feststellung des Geschlechts war unmöglich. Schädel und andere Leichenreste wurden in Bütten gesammelt und abtransportiert.

Wehrmachtsangehörige:	Nicht einwandfrei bekannt.
Kriegsgefangene:	Nicht einwandfrei bekannt.
Ausländische Arbeiter:	Etwa 100 geborgen in der Weiterstädter Straße, Bleichstraße und Lager an der Festhalle.
Ordnungspolizei:	Zwei Tote (O. W. Bungenberg und Faßler).
L. S. Polizei:	Keine.

gez. *Gerlach*

1. Polizeirevier

Darmstadt, den 24. 9. 1944

Betrifft: Leichenmeldung

SL.

An Leichen wurden geborgen bis zum 23. 9. 44	1324	Leichen
Darunter verkohlte Leichen u. Leichenreste von	518	„
Bei den übrigen	806	„
die zum größten Teil anerkannt wurden, ist nicht mehr festzustellen, um wieviel Männer, Frauen und Kinder es sich gehandelt hat.		

/Ba.

gez. *Krauth*

3. Polizeirevier

Darmstadt, den 25. September 1944

— S. Lu. —

Betr.: Lebend geborgene Personen

Bei dem Angriff in der Nacht vom 11./12. 9. 1944 wurden im 3. Polizeirevier lebend geborgen:

Etwa	400	Personen	aus	dem	öffentlichen	Schutzraum	Bleichstraße	47
,,	35	,,	,,	,,	,,	,,	Bleichstraße	25
,,	400	,,	,,	,,	,,	,,	Saalbaustraße	4
,,	150	,,	,,	,,	,,	,,	Saalbaustraße	32
,,	60	,,	,,	,,	,,	,,	Neckarstraße	18
,,	60	,,	,,	,,	,,	,,	Neckarstraße	19
,,	12	,,	,,	,,	,,	,,	Riedeselstraße	35
,,	40	,,	,,	,,	,,	,,	Sandstraße	30
,,	40	,,	,,	,,	,,	,,	Kasinostraße	10
,,	200	,,	,,	,,	,,	,,	Steubenplatz	13
,,	100	,,	,,	,,	,,	,,	Rheinstraße	36
,,	6000	,,	aus Privathäusern, die während des Angriffs, ehe die Häuser zusammengebrannt sind, sich retten konnten.					

Etwa 7497 Personen

Bei dem Angriff am 13. 9. 1944:

8 Personen aus dem Hause Dornheimer Weg 38 (Volltreffer).

Bei dem Angriff am 19. 9. 1944:

Etwa 100 Personen aus den Schutzkellern in Privathäusern, die durch Volltreffer eingestürzt waren, und zwar in der Kahlertstraße, Parcusstraße, Pallaswiesenstraße, Liebigstraße, Sudetengaustraße und Taunusring.

gez. *Gerlach*

lebend geborgen
zus.: 110 Personen

2. Polizeirevier

Darmstadt, den 28. September 1944

B e t r .: Leichenbergung

S. L.

1. Im Bereich des 2. Polizeireviers befinden sich noch 33 gemeldete Stellen, an denen noch Leichen zu bergen sind.
Für diese Arbeiten stehen uns täglich nur 1/11 Mann von der 2. Kompanie des Landesschützen-Batl. zur Verfügung.

Die Stellen: Hobrechtstraße 9
Inselstraße 23, 25
Kiesstraße 58, 63, 76, 82
Olbrichtweg 6
Roßdörfer Straße 10, 32, 78
Roquetteweg 15

sind so schwierig gelagert, daß sie von den zur Verfügung stehenden Kräften nicht in Angriff genommen werden können. Mit Schippe und Pickel kann hier nichts ausgerichtet werden. Fast alle der vorgenannten Stellen müssen von geübten Bergungstrupps mit Spezialwerkzeugen bearbeitet werden. Die Keller sind zum großen Teil eingestürzt und können nur mit einem Bagger freigelegt werden. Einige Häuser sind so zerstört, daß größere Schuttmassen abgetragen werden müssen, um an die Luftschutzkeller herankommen zu können.

Die Schadensstellen: Darmstadt, Darmstraße 31, 33
Erbacher Straße 55
Gervinusstraße 71
Glasbergweg 10
Kiesstraße 86
Kittlerstraße 32
Roßdörfer Straße 19, 28, 46, 62, 93
Roquetteweg 4
Rückertstraße 23
Soderstraße 55
Wienerstraße 58, 59, 62, 66, 73, 77

werden von den 1/11 Mann der 2. Kompanie des Landesschützen-Batl. bearbeitet. Auch hier gestalten sich die Bergungsarbeiten sehr schwierig und werden noch längere Zeit in Anspruch nehmen. An einigen Kellern sind die Eingänge schon frei, wegen zu großer Hitze kann die Bergung der Leichen aber nicht vorgenommen werden.

/G.

(handschriftl. Zusätze)

1. Bespr. mit Maj. Eisenmann   gez. Ju
2. Schneider wird vorstellig wegen Spreng-Kommando (Treibstoffe)
3. O. T. Speer (bis Sonnabend) Ju
   sind immer nach Heidelberg nach Hause gefahren
4. Nachrichtenkomp.
   Benzin im Umkreis von 20 km nicht mehr vorhanden

Liste Nr. 1

R. Z.-Eberstadt

Darmstadt-Eberstadt, den 3. Oktober 1944

Betrifft: Gefallene beim Terrorangriff auf Darmstadt am 11. 9. 1944.
Nachstehende Personen wurden als verwundet von Darmstadt in das Res.-Lazarett nach Darmstadt-Eberstadt gebracht, wo sie verstorben sind.

L.N.	Name	Vorname	Beruf	Wann geb.	Wo geb.	Wohnung
1.	Rathgeber	Kath.	Ehefrau	?	?	Eschollbr. 1
2.	Zimmer	?	?	?	?	Unbekannt
3.	Köhler	Konrad	?	27. 9. 67	Köngernheim,	Darmstadt, Luisenstr. 36
4.	Wallhäuser	?	Ehefrau	?	?	Peter Gemeinder 27
5.	Ihrig	Simon	Schreiner	?	?	Georgenstr. 9
6.	Wannemacher	Elma	Köchin	25. 3. 11	?	Wilhelmstr. 45
7.	Engels	?	Fräulein	28. 8. 67	Darmst.	Saalbaustr. 79
8.	Dr. Buchhold	?	Prof.	?	?	Wilh.-Glässing 15
9.	Buchhold	Luise	Ehefrau	11. 7. 73	?	Wilh.-Glässing 15
10.	Schmidt	Else	?	?	?	?
11.	Strausenberg	Herta	?	3. 4. 77	?	Wilhelminenplatz 1
12.	Göbel	Joh.	Ehefrau	10. 10. 06	Düsseld.	Darmst., Rheinstr. 27
13.	Hübner	Käte	?	?	?	? (wurde nach Griesheim überführt)
14.	v. Hessert	August	?	85 Jahre	?	?
15.	Schröder	Ilse	?	28. 3. 12	?	?
16.	Keßler	Marie	?	20 Jahre	?	Georgenstr. 1
17.	Dreß	Georg	?	?	?	Lichtenbergstr. 77
18.	Schäfer	Marie	?	18. 6. 54	?	Zimmerstr. 10
19.	Koch, geb. Heß	Anna	?	10. 5. 76	?	Elisabethenstr. 43
20.	Lorenz	Emil	?	18. 6. 64	?	Luisenstr. 8
21	Adelgaru	(Inder)	Erk.-Marke Stalag XII A/73019			
22.	Bedieschke	(Italiener)	?	20 Jahre Milja (Italien), Darmstadt, Feldbergstraße 31		
23.	Russischer Gefangener					

außerdem noch 26 unbekannte Leichen.

Die Verstorbenen wurden, soweit es möglich war, identifiziert und die Nachlässe in Effektenumschlägen der Kripo in Darmstadt übergeben.

S.Lu vorgelegt /Hs.

gez. *Seeboldt*
Rev. Obltn. d. Sch.

Stand der Leichenbergung am 21. 10. 1944

1. Pol.Revier	1665 Leichen	26 Bergungsst.	ca.	50—60	Tote
2. „ „	848 „	5 „	„	20	„
3. „ „	1126 „	18 „	„	60—70	„
4. „ „	90 „	—	—	—	—
5. „ „	296 „	—	—	—	—
Krankenhaus Eberst. verstorben	66 „	—	—	—	—
	4091 Leichen	49 Bergungsst.	ca.	150	Tote

Einsatzkräfte

vom 21. 10. 44

3 Züge TN-Darmstadt, Stärke: 2/63 Mann.

Einsatzstellen

1 Sprengtrupp, Schützenstraße
1 Einreißtrupp, Heinheimer- und Liebfrauenstraße
1 Einreißtrupp, Roßdörfer Straße
1 Bautrupp, Pol.Revier II u. Alsbach
1 Trupp für Wasserversorgung, Hügelstraße
1 Autogen-Schneidtrupp in der Hauptpost
1 Trupp für Bergung von Volksgut
1 Trupp für Stollenbau im Herrngarten
1 Trupp für Leichenbergung, Hölgesstr. 3 (1 männl. Leiche geborgen)

2 Züge LSP-FrankfurtSüd, Stärke: 1/36 Mann.

Einsatzstellen

Rückertstraße 16 (Bergung einer weiblichen Leiche)
Pallaswiesenstraße 34
Kasinostraße 5 (Leichenbergung bis jetzt ohne Erfolg)
Wienerstraße 77
Olbrichtweg 6—8
Obergasse 3—11

21. 10. 44

(Name unleserlich)

Luftschutzpolizei
Instandsetz.-Bereitschaft
Frankfurt a. M.-Süd

Darmstadt, den 27. 10. 44

An die   örtl. Lu.-Leitung Darmstadt
Techn. Nothilfe Darmstadt

Betrifft: Einsatz der Luftschutzpolizei Instands.-Bereitschaft Süd, Frankfurt/Main
Leichenbergung am Freitag, dem 27. 10. 44.

Schadensstelle: Obergasse 3
An dieser Stelle wurden die Bergungsarbeiten auf Anweisung des zuständigen Pol.-Reviers eingestellt. Die dort angeblich noch vermißte Person konnte nicht gefunden werden.

Schadensstelle: Heinrichstraße 48
10 Leichen (verkohlte Knochenreste) geborgen und dem Pol.-Revier 1 gemeldet. Bei den Leichenresten gefundene Wertgegenstände wurden ebenfalls an Ort und Stelle dem Pol.-Revier 1 übergeben. — Damit sind die Bergungsarbeiten an dieser Stelle beendet.

Schadensstelle: Herdweg 41
2 Leichen geborgen und dem Pol.-Revier 5 zur Identifizierung übergeben. — Diese Schadensstelle wurde uns durch Herrn Amtsdirektor Kreiter direkt gemeldet. Der Einfachheit halber hat Oberzugf. Christ mit 3 Kraftfahrern der J.-Ber. Süd die Bergungsarbeiten gleich selbst vorgenommen. Die Arbeiten sind inzwischen beendet.

Schadensstelle: Hügelstraße 79
5 Leichen (verkohlte Knochenreste) geborgen. Die gefundenen Leichenreste wurden dem Pol.-Revier 3 gemeldet. Die Arbeiten wurden daraufhin an dieser Stelle eingestellt.

Schadensstelle: Elisabethenstraße 43
An dieser Stelle wurden alle Räume, die für die Lage der dort noch vermißten Personen in Betracht kamen, genau durchsucht, jedoch konnten keinerlei Anzeichen einer Leiche gefunden werden. Die Arbeiten wurden gegen Mittag im Einverständnis mit dem Pol.-Revier 3 eingestellt.

Schadensstelle: Karlsstraße 12
Die gestern dort begonnenen Bergungsarbeiten wurden heute fortgesetzt. (In der Toreinfahrt sollen noch 3 Verschüttete liegen.) Hier müssen ca. 90 cbm Schutt bewegt werden.
Die Trümmermassen werden bis zur Sohle der Toreinfahrt sorgfältig durchgekämmt. Bis jetzt blieben die Arbeiten noch ohne Erfolg. Sie werden morgen fortgesetzt.

Schadensstelle: Olbrichtstraße 6/8

Die seit mehreren Tagen durchgeführten Bergungsarbeiten stoßen auf immer größere Schwierigkeiten. Soeben wird der vierte Keller ausgeräumt, der sehr groß und über 3 m hoch ist. Die Schuttmassen müssen bis zur Kellersohle ausgeräumt werden. Die Arbeiten blieben bis jetzt immer noch ohne Erfolg und müssen morgen fortgesetzt werden.

Schadensstelle: Inselstraße 23/25

Auch in der Inselstraße gehen die Arbeiten wegen der ungeheuren Schuttmassen nur langsam vorwärts. Außer etwas Luftschutzgepäck konnte bis jetzt noch nichts gefunden werden. Die Arbeiten werden morgen mit einem starken Kommando fortgesetzt.

Schadensstelle: Saalbaustraße 73

1 weibl. Leiche geborgen.

Damit konnten die Bergungsarbeiten an dieser Stelle eingestellt werden, da nur die eine Person noch vermißt wurde.

Schadensstelle: Heidelberger Straße 1, 3, 5, 7

Zu den bereits gestern gemeldeten 6 Leichen wurden bei den heutigen Bergungsarbeiten weitere 3 Leichen geborgen und dem Pol.-Revier 3 zur Identifizierung übergeben. Die Arbeiten wurden daraufhin an dieser Stelle eingestellt und der Bergungstrupp zur Fortsetzung der Bergungsarbeiten an der Schadensstelle Kasinostraße 5 wieder eingesetzt. Die Arbeiten werden dort morgen fortgesetzt.

gez.: (Name unleserl. Oberzugf.)
kommiss. Bereitschaftsführer
der Luftschutzpolizei

Der Polizeipräsident
als öffentlicher Luftschutzleiter

Darmstadt, den 29. Oktober 1944

I. Fernspruch an Kreisleitung:

Bis heute geborgene Leichen = 4180
An 32 Schadensstellen sind noch rund 115 Leichen zu bergen.

Einsatz von OT.-Kräften zur Bergung dieser Leichen scheint mir nicht mehr erforderlich.

(Durchgegeben: Mstr. Staitz)

II. z. d. A.

gez. *Portmann*

RZ.-Eberstadt

Darmstadt-Eberstadt, den 9. Dezember 1944

Betrifft: Statistische Feststellung über die Personen, die infolge des Terrorangriffs im hiesigen Res.Lazarett eingeliefert wurden.

Es wurden eingeliefert:
Verwundete 122 Personen
Rauchverg. 148 „
270 Personen
Davon sind gestorben 66 Personen.

S.I.u /Hs

gez.: *Seeboldt*
Rev.Obltn. d. Sch.P.

Der Polizeipräsident   Darmstadt, den 26. März 1946

An die
Amerikanische Militärregierung
— Det. F. 12 — Public safety
D a r m s t a d t

Erfahrungsbericht der Polizei (Auszug):

Der Feuersturm machte jegliches Passieren in den Straßen unmöglich und ebbte erst gegen 4 Uhr langsam ab. Die Folge davon war, daß in den betroffenen Stadtgebieten die Bewohner lediglich ihr Leben in Sicherheit bringen konnten.

Die ersten auswärtigen Hilfskräfte aus benachbarten Landkreisen und Städten waren schon aus eigener Bereitstellung und Alarmierung heraus gegen 2 Uhr eingetroffen. Weitere — insbesondere aus entlegeneren größeren Städten — und solche aus bereitstehenden Luftschutzeinheiten trafen zwischen 4 und 6 Uhr ein. Insgesamt standen an den ersten vier Tagen neben den schwachen einheimischen Sicherheits- und Hilfsdienstkräften (Feuerlösch- und Sanitätskräfte und Technische Nothilfe = 450 Mann) täglich rund 5000 Mann zur Verfügung. In der nachfolgenden Zeit wurden diese Kräfte dem Bedürfnis entsprechend bis zu 300 Mann täglich reduziert.

Darmstadt war eine Stadt von minderer Kriegsbedeutung (Luftschutzort 2. Ordnung), d. h. es waren außer unbedeutenden Mitteln zur Unterstützung der Stadtverwaltung im Bau von drei Rettungsstellen und 54 öffentlichen Luftschutzräumen keine besonderen Aufwendungen seitens des Reiches für Luftschutzbunker gemacht worden. Auch standen keine Luftschutz-Polizeikräfte zur Verfügung.

Die Anzahl der Toten wurde auf etwa 5500 festgestellt, von denen 1800 wegen restloser Verbrennung und mangels fehlender Zeugen nicht identifiziert werden konnten. Bei dem Ausmaß der Katastrophe ist es jedoch wahrscheinlich, daß die tatsächlichen Personenverluste weit höher liegen, zumal noch 4500 als vermißt gemeldet wurden. Auch diese Zahl liegt noch um ein beträchtliches höher, da erfahrungsgemäß ganze Familien mit allen Familienmitgliedern umgekommen sind, über die infolgedessen nie eine Verlustmeldung einging. Die Leichenbergung bereitete in den ersten vier Tagen insbesondere deswegen außergewöhnliche Schwierigkeiten, weil fast gar keine Fahrzeuge mehr im Stadtgebiet für ihren Abtransport zur Verfügung standen. Erst mit dem Einsatz einer Einheit der Organisation Speer konnte diesem Mißstand abgeholfen werden.

Die Zahl der Verwundeten konnte nicht einwandfrei ermittelt werden. Schwerverwundet wurden ca. 300 Personen in auswärtige Krankenhäuser überführt. Schätzungsweise 3000 Personen hatten leichte Verletzungen — in der Hauptsache Augenverletzungen — davongetragen und wurden ambulant behandelt. Die meisten Verbrennungen in den Luftschutzräumen waren restlos, obschon die Räume erhalten waren. Abgesehen von Einzelfällen, in denen Minen oder Sprengbomben die Luftschutzräume zerstörten und den Tod der Insassen zur Folge hatten, haben die Kellerdecken zum weitaus größten Teil den aufgefallenen Trümmerlasten standgehalten. Die hohe Zahl der Toten ist dem schnell aufkommenden Feuersturm sowie dem Umstand zuzuschreiben, daß nachfolgende Explosionen aus einem getroffenen Munitionszug auf dem südlich gelegenen Eisenbahngelände die Menschen davor zurückhielten, rechtzeitig die Luftschutzräume zu verlassen.

Die Zahl der Obdachlosen betrug rund 70 000. Der Angriff wurde schätzungsweise von 300 bis 350 Flugzeugen durchgeführt. Die Zahl der abgeworfenen Minen betrug 200. die der Sprengbomben 500 und die der Brandbomben etwa 300 000.

STATISTIK

Die Zerstörung Darmstadts

Alarme

Der Zweite Weltkrieg begann am 1. September 1939; ab 3. September 1939 war die völlige Verdunkelung Darmstadts befohlen.
Erster Fliegeralarm: 8. Juni 1940, 02.01 bis 02.23 Uhr.
Letzter Alarm (ÖLW): 24. März 1945, 17.57 bis ......
Insgesamt erlebte die Stadt während des Zweiten Weltkrieges
          1567 Alarmierungen,
davon   20 Luftgefahr (LG),
          395 Öffentliche Luftwarnungen (ÖLW)/„Voralarm",
          612 Alarme (A).

Die insgesamt 36 Luftangriffe verteilen sich auf die Kriegsjahre:
    1940 . . . . . drei   1943 . . . . . vier
    1941 . . . . . drei   1944 . . . . . zwanzig
    1942 . . . . . zwei   1945 (bis März) . vier

Am 11. September 1944 wurde die Innenstadt in einem konzentrierten Nachtangriff englischer Bomberverbände zerstört.

Die Luftlage am 11. September:
    A 10.45—12.23 Uhr   ÖLW 14.05—14.39 Uhr
ÖLW 12.23—12.55 Uhr   ÖLW 15.55—16.30 Uhr
    A 12.55—14.05 Uhr   A 23.25 Uhr, Ende nicht angegeben.
Beginn des Luftangriffs: 23.35 Uhr.

Nachfolgende „Korrektur"-Angriffe erlebte Darmstadt am
        12. September A 22.25 Uhr, Ende nicht angegeben
        13. September A 11.30 Uhr, Ende nicht angegeben
        19. September A 15.25 Uhr, Ende nicht angegeben
                         A 23.00—23.30 Uhr

Letzte Angriffe dieses Jahres am 8., 9. und 17. November, am 12., 19. und 24. Dezember.

Kriegsschäden

1. Zerstörungsgrad Darmstadts:

   Amtlich (ministeriell) festgelegt 52,4 Prozent,
   ohne die Vororte . . . . . 78,0 Prozent.

2. Zahl der Luftangriffe:

   36, darunter 8 größeren Umfangs.

Angaben über einige Luftangriffe:

Zum ersten Male fielen Brandbomben auf Darmstadt während des dreizehnten Fliegeralarms, der am 29. Juli 1940, einem Montag, um 0.30 Uhr gegeben wurde. Den Angreifern schlug damals heftiger Flak-Beschuß entgegen. Brandbomben fielen bei Merck, auf den Griesheimer Flugplatz, am Marienkrankenhaus, in der unteren Kahlertstraße und beim Bahnbedarf; relativ geringer Schaden. Die Flak-Sicherung der Stadt wurde zunächst verstärkt, dann aber im Laufe der Jahre abgebaut, so daß Darmstadt im Herbst 1944 nahezu verteidigungslos war.

1941; 21. Juli:

Betroffen wurde das Gebiet Liebfrauenstraße, Kranichsteiner Straße, Schlageterstraße, Pankratiusstraße, Kittlerstraße, Spessartring. In mehreren Straßenzügen Häuserschäden, ein Gebäude vernichtet. Mehrere Familien obdachlos. 10 Tote, 28 Verwundete.

1942; 3. Dezember:

Durch Bombenangriff auf Darmstadt im Gebiet Bleichstraße, Kasinostraße mehrere Volltreffer. Häuser teilweise schwer, teilweise leicht beschädigt. Vier Todesopfer.

1943; 10./11. April:

In der Nacht vom 10./11. April stärkerer Luftangriff auf den Bessunger Stadtteil (Südteil), besonders Eichbergstraße, Hermannstraße, Wilhelmstraße, Annastraße, Artilleriekaserne und im Bereich westlich der Heidelberger Straße, schwere Häuserschäden, 12 vernichtet, 49 mittel, 257 leicht getroffen. Ein Toter. Auch hier wieder wesentliche Zahl von Obdachlosen.

23. September:

Schwerster Angriff des Jahres. Luftminen, Sprengbomben, Brandkanister und Stabbrandbomben, vor allem auf Stadtmitte. Verwüstung des Altstadtgeländes um die „Insel", schwere Schäden im unteren Grünen Weg. Bombenschäden und Brände in verschiedenen Teilen der Innenstadt, u. a. im Glockenspiel des Schlosses, im Herrngarten-Café, im „Anker" (Große Ochsengasse) und im Finanzamt am Meßplatz. 314 Häuser zerstört, 674 mittel, 541 leicht beschädigt. 126 Tote, zwei Vermißte, 278 Verwundete. Sehr viele Obdachlose; vor allem unter der ärmeren Bevölkerung Darmstadts aus der südlichen Altstadt.

1944; 25. April:

Angriff auf Anlagen des Lokwerks und Mitteldorf. Gebäude und Materialschäden.

7. Mai:

Eine Mine und zwei Sprengbomben fordern sieben Todesopfer.

19. Juli:

Tagesangriff auf die Bahnanlagen des Nordbahnhofs, anschließend auf Industrie (Merck), mit Spreng- und Brandbomben. Vier Todesopfer.

21. Juli:

Abermals Angriff auf Bahngelände im Nordviertel und Firma Merck. Sachschaden.

25./26. August:

Größerer Angriff auf Darmstadt. Neun Luftminen, 34 Spreng- und 30 000 Brandbomben. Gebiet Flughafen und Straßenzüge in Griesheim, Weyprechtstraße, Hermannstraße, Stadtmitte. Vernichtung der Stadtkirche und der gegenüberliegenden Apotheke. 13 Tote, 93 Verwundete, 162 Häuser zerstört. Größere Brände, dadurch sehr viele Obdachlose im Stadtinnern.

10. September:

Gebiet Gleisanlagen am Nordbahnhof. Sachschaden.

11./12. September:

Totalangriff. Vollständige Vernichtung der inneren Stadt durch Minen, Spreng- und Brandbomben. Etwa 12 300 Tote, 70 000 Obdachlose.

13. September:

Angriff auf Industrieviertel am Bahnhof, Bahnhof selbst und die umliegenden Kasernen. 50 Spreng- und 2000 Brandbomben.

19. September:

Tagesangriff auf das nordwestliche Stadtgebiet. 120 Sprengbomben. 64 Tote, vor allem im neuerrichteten Hilfspostamt Kahlertstraße (Ev. Gemeindehaus). Ebenso in Wohnvierteln der Pallaswiesenstraße.

12. Dezember:

Nochmaliger Angriff auf Industrieanlagen im Bahnhofsviertel. Mehr als 200 Tote; 202 Gebäude total zerstört.

24. Dezember:

Angriff auf Bahnanlagen und Griesheim.

Bomben auf Darmstadt

Nach einem aus unvollständigen Quellen zusammengestellten Bericht des Darmstädter Polizeipräsidiums vom März 1946 an die amerikanische Militärregierung fielen in der Nacht vom 11. zum 12. September 1944 auf Darmstadt:

    200 Luftminen, 500 Sprengbomben, 300 000 Brandbomben.

Englische Quellen nennen folgende Zahlen:

    234 Luftminen, 500 Sprengbomben, 286 000 Brandbomben.

Eine nach Beendigung der Kampfhandlungen aufgefundene und vom Statistischen Amt der Stadt Darmstadt übernommene Aufstellung nennt als Gesamtabwurfmenge auf Darmstadt während des Zweiten Weltkrieges — von Juli 1940 bis 14. März 1945:

    250(?) Luftminen, 2912 Sprengbomben, 2394 Phosphorbomben, 337 233 Stabbrandbomben.

Der Sachschaden

Im Zweiten Weltkrieg wurden in Darmstadt außer Wohngebäuden und Industrieanlagen zerstört und beschädigt:

Schloß mit Schloßkirche (Sammlung des Schloßmuseums vollständig zerstört, Bestände der Landesbibliothek nur zum Teil, da die wertvollsten Bestände ausgelagert waren)
Rathaus
Theater: Großes Haus und Kleines Haus
Landesmuseum (Sammlungen waren zum Teil ausgelagert)
Stadtmuseum — vollständig
Liebighaus — vollständig
Stadthaus
Weißer Turm
Ministerium (Collegiengebäude)
Landtagsgebäude
Altes Palais
Neues Palais
Prinz-Alexander-Palais
Prinz-Emils-Schlößchen
Saalbau
Jagdhaus
Ehemaliges Offizierskasino — Zeughausstraße
Vereinigte Gesellschaft (Kasino)
Marstallgebäude
Gerichtsgebäude
Technische Hochschule (z. Teil)
Die gesamte Altstadt
Die Mollerstadt, insbesondere Rheinstraße, Neckarstraße, Wilhelminenstraße
Rheintor
Ausstellungsgebäude auf der Mathildenhöhe
Hochzeitsturm (teilbeschädigt)
Russische Kapelle (wenig beschädigt)
Villen der Künstlerkolonie (ganz oder teilbeschädigt)
Hallenschwimmbad
Woogsturnhalle
Turnhalle Soderstraße
Bessunger Turnhalle
Rhein-Neckar-Bahnhof
Ludwigsbahnhof
(beide als Behördenhäuser verwendet)

Schulen:

Ludwig-Georgs-Gymnasium (historischer Bau, altes Waisenhaus)
Altes Realgymnasium mit Pädagogium (Renaissancebau)
Ludwigs-Oberrealschule
Viktoriaschule
Ohlyschule
Schillerschule
Kyritzschule
Mornewegschule
Bessunger Mädchenschule
Berufsschule
Alice-Eleonoren-Schule
Listschule
Maschinenbauschule (teilbeschädigt)
Gartenarbeitsschule
Pestalozzischule (teilweise)
Rundeturmschule (teilweise)

Kirchen:

zerstört:
Stadtkirche
St. Ludwig
Stadtkapelle
Stiftskirche
Schloßkapelle

teilbeschädigt:
Johanneskirche
Elisabethenkirche
Martinskirche
Pauluskirche

Krankenanstalten:

Städtische Krankenanstalten
Alicehospital (teilbeschädigt)

Elisabethenstift (teilbeschädigt)

Der Schaden an Werten, der in Darmstadt durch Luftangriffe entstand, wurde insgesamt mit etwa 1500 Millionen Reichsmark angegeben, davon als

    Sachschaden . . . . 700 Mill. RM
    Gebäudeschaden . . . . 700 Mill. RM
    sonstige Schäden . . . . . . 100 Mill. RM

Zu beschädigten oder zerstörten Gebäuden liegen folgende Angaben vor:

    leichtbeschädigte Gebäude 4834
    mittel- bis schwerbeschädigte Gebäude . . 5146
    total zerstörte Gebäude 3510

Zu beschädigten oder zerstörten Wohnungen liegen folgende Angaben vor:

    völlig zerstörte Wohnungen 10350
    stark beschädigte Wohnungen 5738
    mittelmäßig beschädigte Wohnungen . . 4623
    leichtbeschädigte Wohnungen 1370

Schäden der Industrie nach Angaben der Industrie- und Handelskammer vom 20. Februar 1954:

Von 123 Industriebetrieben in Darmstadt wiesen im Sommer 1945 auf

Gebäudeschäden	*Maschinenschäden*
28 = 100 Prozent	23 = 100 Prozent
32 = mehr als 50 Prozent	27 = mehr als 50 Prozent
28 = weniger als 50 Prozent	26 = weniger als 50 Prozent
35 = nicht beschädigt	47 = nicht beschädigt

BILDER

Hauptbahnhof					Mathildenhöhe
						is		Elisabethenstift
Rheinstraße					Gartenhort			Woog
			Felsenbad Mercksplatz

Landgestüt			Roßdörfer Platz

					Tierbrunnen

Gleise zum					Alter Friedhof		Alter Flugplatz
Verpflegungs-		obrechtstraße
lager		La

Von West nach Ost flogen die Bomber über Darmstadt und hinterließen nur die leeren Schalen ausgebrannter Häuser. Einzig der Lange Ludwig hielt dem tobenden Feuersturm stand. Zwischen dem Exerzierplatz und dem Woog dehnt sich die Trümmerwüste der Hoffnungslosigkeit. — Das Bild zeigt die Rheinstraße mit dem Blick zum Schloß. Im Vordergrund zweigt die Saalbaustraße nach rechts ab.

Luisenplatz

Merckhaus, im Hintergrund
Museum und Theater

Post, dahinter
das Stadtkrankenhaus

Schloß, Weißer Turm
und Deutsche Bank
(rechts)

Altes Palais
mit Palaisgarten

Kollegiengebäude,
dahinter die Nordstadt

Adelungstraße,
Blick nach Osten

Adelungstraße,
Ecke Saalbaustraße,
Blick nach Westen

Adelungstraße,
an der Grafenstraße,
Blick auf den Palaisgarten

Alexanderstraße am „Rittstein"; Südseite des ehemaligen Ballonplatzes

Alexanderstraße, vom Schloßgraben her gesehen

An der Windmühle, zwischen Pallaswiesenstraße und Gräfenhäuser Straße

Annastraße,
zwischen Karl- und Wilhelminenstraße

Arheilger Straße,
Eingang an der Hochschule

Beckstraße,
von der Heinrichstraße her

Bismarckstraße, am Haus Nr. 18

Bismarckstraße, am Haus Nr. 43

Bleichstraße, Ecke Kasinostraße, Blick zum Steubenplatz

Darmstraße,
vom Woog her gesehen

Dieburger Straße,
Ecke Heinheimer Straße

Elisabethenstraße,
Blick zum Bismarckdenkmal

Elisabethenstraße, am Ludwigsplatz (Nordseite)

Elisabethenstraße, Ecke Grafenstraße (heute Stadthaus)

Elisabethenstraße, Ecke Neckarstraße, Blick zum Exerzierplatz

Ernst-Ludwig-Straße
mit Weißem Turm,
vom Ludwigsplatz her
gesehen

Ernst-Ludwig-Platz,
vor dem Schloß

Georgenstraße
(jetzt Gagernstraße),
Ecke Rheinstraße

Gervinusstraße,
nahe Soderstraße

Grafenstraße

Grafenstraße,
Ecke Adelungstraße

Grafenstraße,
Ecke Elisabethenstraße

Gräfenhäuser Straße

Grüner Weg

Grüner Weg, von der Kiesstraße her (bereits am 23. September 1943 zerstört)

Gutenbergstraße am Kopernikusplatz

Heidenreichstraße,
Ecke Heinrichstraße

Heinheimer Straße
am Haus Nr. 10

Heinheimer Straße
am Riegerplatz

Heinrichstraße,
Ecke Karlstraße

Heinrichstraße
am Grünen Weg

Heinrichstraße, zwischen
Nieder-Ramstädter und
Wienerstraße

Herdweg,
vor der Karlstraße

Herdweg,
westlich Martinstraße

Herdweg,
Ecke Hoffmannstraße

Hochschule, Bombenlücke an der Hochschulstraße

Hochschule, Otto-Berndt-Halle

Hochzeitsturm mit ausgebrannter Spitze
und den zerstörten Ausstellungsgebäuden

Hochstraße —
Viktoriaschule

Hochstraße,
Ecke Kiesstraße, Blick zur
Nieder-Ramstädter Straße

Hoffmannstraße, zwischen
Nieder-Ramstädter und
Kiesstraße

Hölgesstraße, oberer Teil

Hügelstraße,
Ecke Saalbaustraße
(am Marienplatz)

Hügelstraße, Mittelteil;
hier stand das
Polizeipräsidium mit dem
Befehlsbunker

Inselstraße, Ostseite,
an der Heinrichstraße

Inselstraße,
zwischen Roßdörfer
und Soderstraße

Kapellplatz, Fassade
des Alten Realgymnasiums
(Georg-Büchner-Schule)

Kapellplatz

Kapellstraße, links das Alte Realgymnasium, Mitte die Kirchenruine, rechts Reste des Ludwig-Georgs-Gymnasiums

Karlstraße,
Blick zur Innenstadt

Karlstraße,
Ecke Annastraße

Karlstraße am
Wolfskehlschen Garten

Kasinostraße,
Ecke Rheinstraße

Kiesstraße, zwischen
Hoch- und Karlstraße

Kiesstraße,
Ecke Inselstraße

Kirchstraße,
ehemalige Apotheke

Kirchstraße,
Ecke Schulstraße

Landgraf-Philipps-Anlage,
Ecke Elisabethenstraße

Landtagsgebäude
von der Adelungstraße her

Lauteschlägerstraße
15 und 17

Ludwigsplatz, Südseite

Ludwigsplatz, Nordseite

Ludwigstraße, nach
Einmarsch der Amerikaner

Luisenstraße
am Alten Palais

Marktplatz,
Blick über das Alte Rathaus
auf die Südost-Stadt

Marktplatz mit Brunnen

Martinstraße,
zwischen Herdweg und
Heinrichstraße

Mathildenstraße
am Haus Nr. 36

Merck, zerstörte
Fabrikationsanlagen

Museum

Mühlstraße,
Ecke Lindenhofstraße,
heute LGG-Spielfeld

Neckarstraße

Nieder-Ramstädter Straße
an der Karlstraße

Nieder-Ramstädter Straße
in Höhe Hochstraße,
Nordseite

Nikolaiweg
zur Künstlerkolonie

Ohlystraße am Herdweg

Pädagogstraße

Pädagogstraße,
Blick zum Kapellplatz

Pankratiusstraße,
Ecke Müllerstraße

Paradeplatz (Friedensplatz),
ehemaliges Zeughaus neben dem Museum

Pauluskirche

Rheinstraße,
Landtag und
Café Hauptpost

Rheinstraße,
Ecke Saalbaustraße

Rheinstraße,
Ecke Neckarstraße,
Haus der
Vereinigten Gesellschaft

Rheinstraße,
Kunsthalle am Steubenplatz

Rheinstraße 37 und 39

Rheinstraße,
Hinterhof
mit Einmann-Bunker

Riedlingerstraße,
Blick zum Mercksplatz

Riegerplatz,
Martinskirche

Rhönring,
an der Heinheimer Straße

Roßdörfer Straße,
an der Inselstraße

Roßdörfer Straße,
Ecke Stiftstraße

Roßdörfer Straße,
zwischen Heidenreich-
und Inselstraße

Rückertstraße, zwischen Martin- und Hochstraße

Saalbaustraße, Blick in die Adelungstraße

Saalbaustraße,
Ecke Elisabethenstraße

Sandstraße,
unterer Teil, mit Loge

Sandstraße,
Neues Palais

St.-Ludwigs-Kirche

Schillerplatz
(jetzt im Marktplatz
aufgegangen)

Schillerplatz,
Gasse zum Markt

Schloß,
Glockenbau im ersten Innenhof

Schloß — Theaterportal

Schloßgraben, nach Süden

Schloßgraben, nach Norden mit Museumsruine

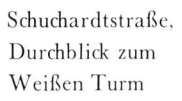

Schuchardtstraße, Durchblick zum Weißen Turm

Schulstraße

Schützenstraße

Soderstraße,
zwischen Beck- und
Gervinusstraße

Soderstraße,
Ecke Gervinusstraße

Soderstraße,
am Kapellplatz

Stiftstraße,
Ecke Alexandraweg

Stiftstraße,
von der Roßdörfer Straße
her gesehen

Teichhausstraße,
zwischen Soderstraße und
Roßdörfer Platz

Theaterplatz

Theater, Zuschauerraum

Theater, Kleines Haus

Wienerstraße,
von der Roßdörfer Straße
her gesehen

Wilhelm-Glässing-Straße,
zwischen Heinrich- und
Hölgesstraße

Wilhelm-Glässing-Straße,
zwischen Hölges- und
Hügelstraße

Wilhelminenstraße,
Ecke Adelungstraße,
Blick auf das Alte Palais

Wilhelminenstraße,
Ecke Elisabethenstraße
(vorne Alter Palaisgarten)

Wilhelminenstraße,
zwischen Heinrichstraße
und St. Ludwig

Wittmannstraße
am Haus Nr. 40

Zeughausstraße.
Blick zum Paradeplatz
(Friedensplatz)

Zimmerstraße
zwischen Elisabethen- und
Hügelstraße

Das war die Darmstädter Altstadt in den Dreißiger Jahren. Links oben das Museum, das Große Haus des Landestheaters und das Schloß; davor der Marktplatz mit dem Rathaus, die Stadtkirche und schließlich die Kreuzung Karlstraße/Schulstraße/Kapellstraße. In der linken unteren Ecke das alte Ludwig-Georgs-Gymnasium; gegenüber das Alte Realgymnasium mit dem eingeschlossenen Pädagog. Vorn in der Mitte der Kapellplatz mit der kleinen Kirche, deren Ruine heute das Denkmal für die Opfer des Krieges und der Verfolgung ist. Rechts unten der Beginn der Mühlstraße zum Woogsplatz mit der Woogsturnhalle und hinauf zum Gefängnis. An der rechten oberen Kante außen der Ballonplatz an der Alexanderstraße. In der Mitte quer durchs Bild die damals noch sehr stark gekrümmte Landgraf-Georg-Straße, die die beiden Altstadtteile trennte. Vorn in der Mitte die Insel — ein zentraler Platz der ehemaligen Altstadt.

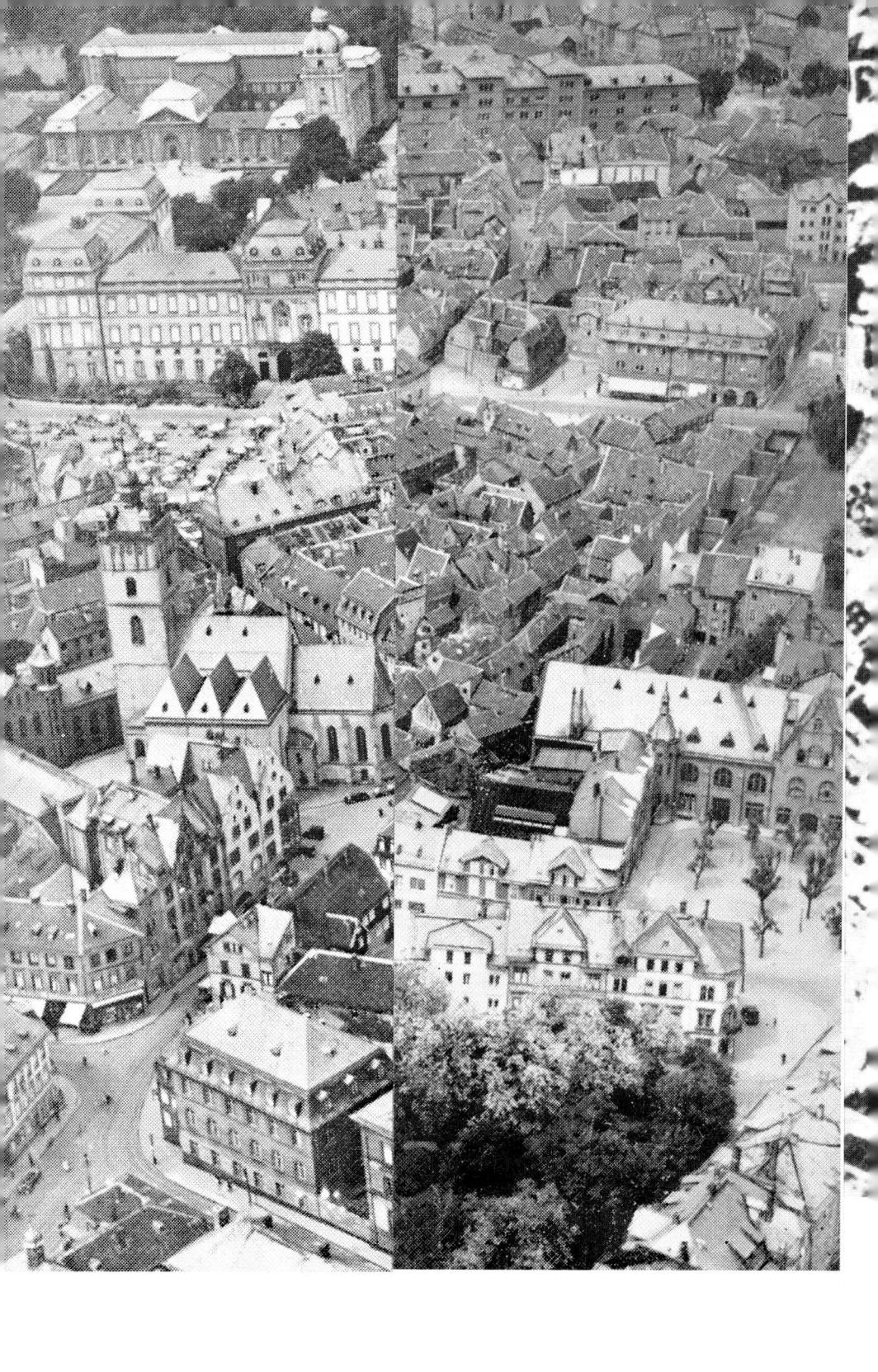

Brandgasse, Blick durch das Tor des „Schwanen" zur Stadtkirche

Große Bachgasse

Große Ochsengasse

Große Ochsengasse, vom „Anker" in Richtung Schillerplatz und Schloß gesehen

Hinkelsgasse mit dem Hinkelstein (Mitte)

Holzstraße

Langgasse

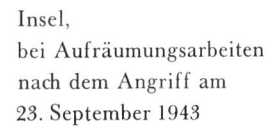

Insel,
bei Aufräumungsarbeiten
nach dem Angriff am
23. September 1943

Obergasse
(heute TH-Gebiet)

Schloßgasse, Blick auf
den Glockenspielbau

Schloßgasse,
von Westen her gesehen

Nördliche Altstadt, Blick vom Gefängnis her aufs Schloß; hinten Mitte der Museumsturm, rechts das Große Haus

Südliche Altstadt, Blick aus Richtung Woogsplatz auf „Krone" und Schloß

Trümmerkreuz an der Heidelberger Straße, Ecke Hermannstraße

NACHWORT

Die Haager Luftkriegsregeln von 1923, die eine Terrorisierung der Zivilbevölkerung durch Luftbombardements nichtmilitärischer Ziele verbieten, sind von keinem der beteiligten Staaten ratifiziert worden.
Vom Präsidenten der USA, Franklin D. Roosevelt, dazu aufgefordert, erklären bei Kriegsausbruch am 1. September 1939 alle an den Feindseligkeiten beteiligten Regierungen: Wir werden keine Luftangriffe auf die Zivilbevölkerung oder auf unbefestigte Städte fliegen. Selbst das Bomben am Ufer festgemachter Kriegsschiffe wird unterlassen.
Bis zum Mai 1940 halten sich die kriegführenden Staaten an diese Verpflichtungen. Geringe Fehlwürfe im Zuge der „bewaffneten Aufklärung" gegen militärische Ziele werden von beiden Seiten ignoriert.
Wendepunkt der Luftkriegsgeschichte ist der 10. Mai 1940. Churchill wird Chef des britischen Kriegskabinetts. An diesem Tage greifen drei zweimotorige Flugzeuge die ungewarnte Stadt Freiburg i. Br. mit Bomben an. Die Bevölkerung beklagt 57 Tote, darunter 13 Kinder. Erst 1956 klärt das Institut für Zeitgeschichte an der Universität München eindeutig, daß dieser Angriff von drei Heinkel-111-Bombern geflogen wurde, die einen französischen Flugstützpunkt unter sich vermuteten. — Goebbels spricht wider besseres Wissen vom „Kindermord" durch den Feind und zum ersten Male von „Vergeltung".
Sechsunddreißig britische RAF-Bomber greifen einen Tag später, in der Nacht zum 11. Mai 1940, zum erstenmal eine offene Stadt an; in den Außenbezirken von Mönchengladbach gibt es vier Tote, darunter eine Engländerin.
14. Mai: Deutscher Luftangriff auf die von starken Verbänden verteidigte „Festung Rotterdam". Neunhundert Tote. Kurz vorher waren Kapitulationsverhandlungen eingeleitet worden; die anfliegenden Bomber konnten nicht mehr zurückgerufen werden.
Am 15. Mai 1940 stimmt das britische Kriegskabinett dem Angriff auf offene Städte zu. Der Premier befiehlt eine Serie von Luftangriffen auf Berlin. Hitler droht nach dem sechsten Angriff mit Vergeltung; nach dem achten beginnt am 7. September 1940 die später von der deutschen Luftwaffe verlorene „Schlacht um England" mit einem Großangriff auf den Londoner Markt, auf die Lagerhallen, Güterbahnhöfe und Docks. Duff Cooper spricht vom Pulverisieren deutscher Städte. Hitler: Wir werden ihre Städte ausradieren.
Am 14. November trifft ein deutscher Großangriff Coventry; es gibt 380 Tote. Churchill „zieht die Handschuhe aus". Luftmarschall Sir Arthur Harris wird britischer Bomberchef und entwickelt die Taktik zur Vernichtung großer Städte durch nächtliche Massenangriffe. Strategisches Ziel: Millionen wehrfähiger Kräfte im Hinterland binden,

die „Festung Europa" sturmreif schießen, die Widerstandsmoral der „Heimatfront" brechen. Daß sich eine massive Luftkriegsführung gegen nichtmilitärische Ziele auf eine Kriegswirtschaft und die Widerstandskraft einer Zivilbevölkerung aber keineswegs kriegsentscheidend auswirkt, bewies zumindest das Beispiel der deutschen Großstädte.

Die Erkenntnis der größeren Vernichtungskraft je Tonne macht die Brandbombe gegenüber der Sprengbombe zur bevorzugten Waffe. Generalprobe des sich nun entwickelnden Brandkrieges ist die Zerstörung Lübecks. Sorgfältige Analysen ergaben, daß die Brandbombe je Tonne fast die fünffache Vernichtungskraft der Sprengbombe entwickelt. Das neue „Mischungsverhältnis" ändert sich zugunsten der Brandbombe auf zwei zu eins. Bei den Angriffen der Jahre 1944/45 werden Minen und Sprengbomben im wesentlichen als „Aufreißer" und „Wohnblockknacker" benutzt, die dem Feuer Zugang verschaffen. Am 30. Mai 1942 fliegt die RAF den ersten „Tausend-Bomber-Angriff". Er wird, trotz späterer schwerer Fehlschläge, zum Modell der Vernichtung deutscher Großstädte. Die Kölner Innenstadt geht unter. Luftmarschall Harris verliert — trotz wütender Abwehr — von 1047 nur 39 Bomber. Das planmäßige Einäschern der deutschen Großstädte beginnt; es wird 1943 mit der „Casablanca-Direktive" der alliierten Stabschefs offiziell gebilligt.

Die „Casablanca-Weisung" der alliierten Generalstabchefs aus dem Jahre 1943 nennt als Ziel der Luftoffensive gegen Deutschland:

„Die fortschreitende Zerstörung und Desorganisation des deutschen militärischen, industriellen und wirtschaftlichen Systems und die Untergrabung der Moral des deutschen Volkes bis zu einem Grade, wo seine Fähigkeit zum bewaffneten Widerstand entscheidend geschwächt ist."

Dazu nach dem Krieg der Erfinder der „Tausend-Bomber-Angriffe" und Organisator des „moral-bombing", der britische Bomberchef Sir Arthur Harris:

„Der Gedanke, die Hauptwirkungen gegen die Moral zu erwarten, erwies sich als völlig verfehlt. Als wir fast alle Industriestädte zerstört hatten, blieb die Bevölkerung unberührt. Eine sofortige Wirkung war zwar nicht erwartet worden, aber man wußte doch aus den Erfahrungen der Schlacht um England und der Offensive gegen die oberitalienischen Städte, welchen Einfluß ein Städtebombardement haben konnte."

Aus dem Bericht der US-Morale-Division „The Effects of Strategic Bombing on German Morale":

„Es wurde festgestellt, daß Angst und Terror der Bombardierungen in keiner Beziehung zu der praktisch wichtigeren Seite der Moral standen, nämlich der Bereitschaft zur Kapitulation."

Die größten Menschenverluste deutscher Städte — außer Dresden, wo die Zahl der Opfer nicht einmal abzuschätzen ist:

Hamburg	55000	Darmstadt	12300
Berlin	49000	Essen	7500
Köln	20000	Heilbronn	7500
Magdeburg	15000	Wuppertal	7000
Kassel	13000	Dortmund	6000

Die Güte der Schutzmaßnahmen bei der bergmännisch geschulten Bevölkerung im Rhein-Ruhr-Gebiet wird für die relativ begrenzten Menschenverluste dort trotz der nahezu fünf Jahre lang tobenden „Schlacht um die Ruhr" als Begründung angeführt.

Zeugnis einer bitteren Erfahrung

Der Bombenkrieg gegen die nichtkämpfende Bevölkerung des Feindes ist eines der übelsten Kapitel in der modernen Kriegsgeschichte. Ein kurzer Weg des Verderbens führt von dem Städtchen Guernika, das Flugzeuge der deutschen Legion Condor im spanischen Bürgerkrieg bombardierten, bis nach Dresden und Hiroshima. Wir haben versucht, eine Station dieses Weges aufzuzeichnen — ohne Anklage und Zorn, die uns nicht zustehen.
Die Kriegshistoriker wissen nicht mit einem Wort zu sagen, wer im Zweiten Weltkrieg mit der Bombardierung offener Städte begonnen hat. Angriffe der deutschen Luftwaffe auf die verteidigten Städte Warschau, Rotterdam und Belgrad sind als legitime Maßnahmen im Zuge militärisch-taktischer Operationen umstritten. Beide Seiten, die Engländer und die Deutschen, begannen, offene Städte zu bombardieren, ohne sich über ihre Mittel klar zu sein und die künftige Entwicklung richtig abschätzen zu können. Die nichtkämpfende Zivilbevölkerung geriet außerhalb des Völkerrechts in eine Schutzlosigkeit, wie sie die kämpfende Truppe nie zu erdulden hatte. Zunächst wurde das auf beiden Seiten durch die Behauptungen verschleiert, man habe militärische Ziele in den betroffenen Städten angegriffen — obwohl zu Beginn des Luftkrieges nachts bei bedecktem Himmel keine der Luftwaffen über eine Zielsicherheit verfügte, die eine solche Auswahl gestattet hätte. Schließlich wurde das Bomben offener Städte im Hinterland des Feindes offiziell strategisches Programm:

Sieg durch den Zusammenbruch der Widerstandsmoral in der Heimat.

Dies Ziel hat weder der „Blitz" gegen London, noch die ungleich härtere und längere Belastung durch die Daueroffensive gegen die deutschen Großstädte erreicht. Die Widerstandsmoral wurde nicht zerbombt, die Kriegswirtschaft nur unerheblich gestört, die Menschenverluste des Angreifers stiegen, statt geringer zu werden.

Diese sinnlose Brutalisierung des Krieges an einer seiner Fronten, die vorher als unantastbar gegolten hatte, muß im geschichtlichen Zusammenhang als eine fast unentrinnbare Folge der bösen Saat gesehen werden, die Hitlers Regime über Europa gesät hatte: Wort- und Vertragsbruch, Erpressung mit militärischer Macht, Verletzung der Neutralität, Zwangsarbeit, Konzentrationslager, Ghettos, Terror, die Strategie der verbrannten Erde und die Ausmordung von Millionen wehrloser Männer, Frauen, Kinder und Greise — was Hitler im Namen des deutschen Volkes ohne dessen geballten Widerstand an Scheußlichkeiten begehen durfte, fiel auf das deutsche Volk zurück: der Tod im Feuer, die Verfolgung und die Austreibung, die Not, der Hunger und die Schuld.

Wir haben gelernt, daß Leid dulden muß, wer Verbrechen begeht oder geschehen läßt; daß der Krieg den trifft, der den Frieden bricht.

Auch in unserer Stadt hat eine Generation frei und sicher vor Angst und Not heranwachsen dürfen. Wir übergeben ihr dies Buch als Zeugnis einer bitteren Erfahrung, die nicht vergessen werden darf.

INHALT

	Seite
Vorwort	1
Der 11. September 1944	3
Der Bomben-Fächer	5
Die Nacht	7
Die Toten	13
Augenzeugen	17
Briefe	105
Die NS-Presse schreibt	116
Dokumente	135
Polizeiakten	147
Statistik	167
Bilder	174
Nachwort	233
Sachregister	241
Ortsregister	242
Abkürzungen	244
Quellen	245

SACHREGISTER

Abtransport und Umquartierung 97, 122
Ärztliche Versorgung (Hilfsstellen) 128
Angriffsgründe 5, 98, 106
Arbeitsdienst 54, 72, 99
Augenverletzungen 51, 66, 83, 96, 99, 119, 162
Ausgrabungen 26, 32, 96, 113
Ausländer 55, 56, 59, 69, 73, 80, 83, 89, 97, 100, 148, 154, 157

Befehlsbunker 7, 9, 194
Beratungs- und Auskunftsstellen 122
Betriebe 122, 172
Bombenteppich 6, 68, 143
Bombenurlaub 34, 54, 67, 69, 74, 77
Brandbomben 6, 7, 19, 47, 49, 61, 65, 69, 74, 85, 87, 92, 105, 118, 120, 126, 129, 163, 168, 170
Brandwunden 19, 21, 25, 79, 82, 84, 96, 99
Brunnen 21, 23, 42, 69, 79

Decken (Tücher) 8, 10, 18, 29, 36, 43, 47, 69, 81, 92, 98, 107
Dienststellen 123
Drahtfunk 7, 17, 41, 42, 46, 56, 68, 83, 87, 89, 110

Einzelhandel 125
Erhaltenes 11, 72
Explosionen 8, 61, 67

Fächerangriff 5, 6, 7, 135
Feuersturm 8, 19, 36, 38, 41, 43, 46, 49, 57, 59, 62, 65, 73, 75, 81, 92, 98, 105, 107, 110, 120, 162, 175
Flak 4, 89, 118, 168
Flammstrahlbomben 5, 6
Flugblätter 83, 102

Gebäudeschäden 172
Geldverkehr 125, 126
Gestapo 55, 63, 94

Handwagen 26, 34, 37, 58
Hitzekamin 8, 40, 138

Identifizierung 26, 39, 45, 55, 56, 64, 74, 112, 127
Industrieschäden 172

Kellerdurchbruch 4, 7, 9, 34, 41, 46, 57, 68, 77, 98, 107
Kreideeinschriften 12, 27, 66, 94, 95

Lautsprecherwagen 83, 124
Lebensmittelkarten 124
Leichenbergung 59, 86, 101, 139, 150, 153, 155, 156, 161, 162

Leichensammelstellen 11, 24, 80, 106, 147
Leuchtbomben 6, 7, 17, 28, 68, 96
Löschteiche 4, 9, 71, 88
Löschwasser 9, 63, 83
Luftminen 7, 65, 72, 83, 101, 120, 163, 170
Luftschutzwache 59, 72

Massenflucht 27, 48, 51, 76, 80, 99
Massengrab 26, 55, 59, 80, 106
Munitionskolonne 8, 19, 70, 72
Munitionszug 8, 19, 49, 70, 81, 97, 99, 106, 163

Notunterkunft 33, 48, 71, 76, 78, 90, 100

Obdachlose 11, 13, 163, 170

Phosphor 7, 8, 30, 54, 84. 86, 92, 93, 109
Polizei 9, 54, 86, 88, 90, 142

Rauchvergiftung 37, 54, 59, 75, 77, 86, 93, 119, 161
Rettungsdienst 4, 7, 9, 10, 26, 55, 63, 82, 86, 101, 111, 120, 156, 158, 159, 162

Sauerstoffmangel 40, 57, 67, 71, 74, 110
Schadenssumme 172
Schutzbrillen 18, 45, 52, 92
Schutzmaßnahmen 3, 235
Schutzräume (öffftl.) 4, 27, 70, 82, 84, 105, 112, 121, 149, 151, 155, 162
Soldaten 57, 64, 69, 73, 75, 79, 84, 93, 97, 99, 101, 110, 116, 121, 144, 156
Splittergraben 61, 92, 99
Sprengbomben 6, 7, 29, 65, 108, 118, 120, 129, 163, 170
Studenten 128
Suchkarten 32, 53

Tausend-Bomber-Angriff 3, 5, 234
Tiefflieger 18, 28, 60
Todesart 13, 19, 22
Tote 13, 19, 66, 76, 106, 127, 131, 137, 162, 170

Vermißte 13, 131
Vermißtenauskunftsstelle 54, 120, 122, 126
Vernichtungskraft 234
Verpflegungsstellen 11, 32, 39, 78, 85, 91, 97, 119, 126
Verschüttet 39, 108, 148
Versorgungs- und Sammelstellen 122, 125
Verwundete 13, 140, 157, 161, 162

Westwall 53, 101
Wohnraum 127
Wohnungsschäden 172

ORTSREGISTER

Angaben von Seite 174 bis 231 betreffen Bilder der zerstörten Straßen

Adelungstraße (früher Waldstraße, dann Mackensenstraße) 69, 72, 139, 141, 148, 153, 178, 212
Ahastraße 151
Alexanderstraße 77, 122, 179, 224, 225
Alicenstraße 128
Alter Friedhof 26, 55, 62, 87, 108, 174
Altes Palais 64, 130, 171, 174, 177, 222
Altstadt 94, 169, 171, 174, 224, 230 ff
Am Herrnacker 70
An der Windmühle 179
Annastraße 93, 152, 168, 180
Arheilger Straße 180
Artilleriestraße 152, 168

Ballonplatz (jetzt TH-Gelände) 179, 224
Beckstraße 81, 180
Bismarckbrunnen 23, 79, 183, 200, 201
Bismarckstraße 58, 59, 75, 128, 181
Bleichstraße 147, 148, 154, 155, 168, 181
Brandgasse 226

Café Hauptpost 101, 130, 208
Claudiusweg 65

Darmstraße 55, 81, 156, 182
Deutsche Bank 177
Dieburger Straße 40, 68, 75, 85, 128, 182
Dornheimer Weg 147, 155

Eichbergstraße 168
Elisabethenstraße 43, 139, 142, 148, 153, 159, 182, 183
Emilstraße 128
Erbacher Straße 156
Ernst-Ludwig-Platz 184
Ernst-Ludwig-Straße 94, 184
Eschollbrücker Straße 82, 147, 148, 157, 174
Exerzierplatz 5, 6, 7, 69, 71, 148, 174, 175

Feldbergstraße 71, 80, 110, 157
Festhalle (auf dem Exerzierplatz) 154, 174
Fichtestraße 65
Flugplatz (Griesheim) 58, 168
Frankensteinstraße 151
Frankfurter Landstraße 142
Frankfurter Straße 61, 122, 125, 128
Friedrichstraße 58, 147, 148
Fürstensaal 130

Gefängnis 11, 24, 174, 224
Georgenstraße (jetzt Gagernstraße) 23, 32, 52, 147, 148, 157, 185

Gericht 42, 50, 75, 130, 171
Gervinusstraße 62, 81, 156, 185
Glasbergweg 156
Gräfenhäuser Straße 186
Grafenstraße 40, 42, 57, 69, 153, 178, 183, 185, 186
Große Bachgasse 226
Große Ochsengasse 169, 227
Grüner Weg 169, 187
Gutenbergstraße 187

Hauptbahnhof 8, 11, 24, 31, 70, 73, 83, 94, 100, 101, 106, 122, 174
Hauptpost 41, 130, 158
Heidelberger Straße 45, 75, 94, 139, 148, 152, 160, 169, 171, 231
Heidenreichstraße 6, 188
Heimstättensiedlung 85
Heinheimer Straße 88, 122, 158, 182, 188
Heinrich-Fuhr-Straße 81, 142
Heinrichstraße 40, 62, 67, 82, 87, 92, 94, 139, 148, 150, 159, 174, 189
Herdweg 74, 79, 139, 159, 174, 190
Hermannstraße 168, 169, 231
Herrngarten 42, 49, 130, 158
Herrngarten-Café 169
Hinkelsgasse 227
Hobrechtstraße 156, 174
Hochstraße 153, 193
Hochzeitsturm 7, 192
Hölgesstraße 158, 194
Hoffmannstraße 51, 193
Holzhofallee 148, 174
Holzstraße 228
Hügelstraße 9, 74, 85, 139, 147, 158, 159, 174, 194

Industrieviertel 68, 112, 170
Insel 169, 224, 228
Inselstraße 156, 160, 195, 198

Jahnstraße 122, 152

Kahlertstraße 67, 155, 168, 176
Kapellplatz 23, 36, 84, 174, 195, 196, 206, 218, 224
Kapellstraße 196, 224
Karlstraße 60, 65, 139, 150, 151, 153, 159, 197, 224
Kasinostraße 59, 139, 147, 148, 155, 158, 160, 168, 171, 181, 198
Kiesstraße 81, 87, 153, 156, 198
Kirchen 17, 24, 50, 56, 60, 70, 91, 169, 172, 207, 210, 214, 224, 226

242

Kirchstraße 60, 83, 94, 199
Kittlerstraße 156, 168
Klappacher Straße 150
Kollegiengebäude 130, 171, 174, 177
Kranichsteiner Straße 168
Krankenhäuser 11, 24, 25, 31, 34, 39, 45, 49, 54, 77, 84, 86, 96, 97, 109, 122, 158, 162, 168, 172
Krone 11, 83, 230

Landgraf-Georg-Straße 46, 83, 224, 225
Landgraf-Philipps-Anlage 69, 199
Landskronstraße 45, 101
Landtagsgebäude 59, 130, 171, 200, 208
Landwehrstraße 123
Langgasse 77, 228
Lauteschlägerstraße 200
Lazarett 85, 94, 157, 161, 174
Lichtenbergstraße 157
Liebfrauenstraße 122, 158, 168
Liebighaus 171
Liebigstraße 155
Ludwigsbahnhof (Steubenplatz) 60, 110, 171, 174
Ludwigsplatz 23, 79, 183, 200, 201
Ludwigstraße 39, 153, 201, 225
Luisenplatz (früher Adolf-Hitler-Platz) 24, 42, 52, 63, 69, 107, 174, 175, 176
Luisenstraße 84, 107, 153, 157, 201

Mackensenstraße (früher Waldstraße, jetzt Adelungstraße) 69, 72, 139, 141, 148, 153, 178
Main-Neckar-Bahnhof (Steubenplatz) 60
Marienplatz 24, 34, 45, 54, 64, 147, 174
Marktplatz und Schillerplatz 52, 73, 174, 202, 214, 224, 225
Martinstraße (früher Theodor-Fritsch-Straße) 122, 150, 202
Mathildenhöhe 38, 62, 105, 171, 174
Mathildenplatz (Marstall) 42, 130, 171
Mathildenstraße 203
Mauerstraße 122
Merck (Fabrik) 48, 112, 142, 168, 169, 203
Merckhaus 176
Mercksplatz (Meßplatz) 46, 52, 62, 79, 169, 174
Mornewegstraße 126
Mühlstraße 36, 100, 204, 224
Müllersteich 89
Museum 48, 130, 171, 176, 203, 207, 216, 224, 230

Neckarstraße 34, 72, 149, 155, 171, 174, 183, 204
Neues Palais 63, 171, 174
Nieder-Ramstädter Str. 37, 153, 204, 205
Niederstraße 79
Nikolaiweg 205
Nordbahnhof 169

Obergasse 158, 229
Oberwaldhaus 78
Ohlystraße 122, 205
Olbrichtweg 156, 158, 160
Orangeriegarten 63, 79, 122
Osannstraße 101
Ostbahnhof 6, 7, 46, 51

Pädagogstraße 206, 225
Palaisgarten (heute Luisenplatz-Süd) 39, 43, 84, 174, 177, 178, 222
Pallaswiesenstraße 122, 139, 155, 158, 170
Pankratiusstraße 168, 206
Paradeplatz (heute Friedensplatz) 49, 207
Parcusstraße 155
Paulusplatz 40
Peter-Gemeinder-Straße (heute Wilhelminenstraße) 21, 44, 95, 157, 171, 222
Post 25, 67, 125, 167
Prinz-Emil-Garten 79

Rathaus 171, 224
Rhein-Neckar-Bahnhof 171
Rheinstraße 8, 19, 31, 41, 57, 58, 72, 74, 79, 80, 106, 124, 139, 147, 149, 155, 157, 171, 174, 175, 198, 208, 209
Rhönring (früher Schlageterstraße) 88, 168, 210
Richthofenbunker 9, 147
Riedeselstraße 21, 82, 155
Riedlingerstraße 210
Riegerplatz 88, 188, 210
Roquetteweg 156
Rosenhöhe 46, 61
Roßdörfer Platz 51, 174
Roßdörfer Straße 63, 156, 158, 211
Rückertstraße 139, 156, 158, 212

Saalbaustraße 28, 32, 33, 53, 73, 139, 149, 155, 157, 160, 175, 178, 212, 213
Sackgasse 153
Sandstraße 147, 149, 155, 213
Scheppallee 174
Schlageterstraße (heute Rhönring) 88, 168, 210
Schloß 24, 49, 64, 83, 130, 169, 171, 174, 175, 177, 215, 224, 225, 230
Schloßgasse 229
Schloßgraben 216
Schrautenbachweg 149
Schuchardstraße 107, 216
Schützenstraße 78, 158, 217
Schulen 9, 37, 53, 122, 123, 125, 127, 128, 171, 187, 193, 195, 196, 224
Schulstraße 83, 84, 217, 224
Schulzengasse 153
Schustergasse 83
Schwimmbad (Mercksplatz) 47, 83, 128, 171, 174
Soderstraße 11, 46, 53, 122, 143, 156, 171, 218

Spessartring 105, 168
Stadthaus (Rheinstraße) 57, 130, 171
Stadtwerke 123
Steinackerstraße 150
Steinberg 65
Steubenplatz 69, 110, 155, 174, 209
Stiftstraße 37, 52, 62, 219
Sudetengaustraße (heute Wilhelm-Leuschner-Straße, ehem. Wendelstadtstraße) 149, 155

Taunusring 149, 155
Taunusstraße 89
Technische Hochschule 4, 5, 47, 130, 171, 180, 191
Teichhausstraße 46, 84, 97, 219
Theater (Großes und Kleines Haus) 24, 49, 130, 171, 176, 220, 224, 230
Theodor-Fritsch-Straße (heute Martinstraße) 122, 150, 202
Thylmannstraße 149
Tierbrunnen 81, 174

Vereinigte Gesellschaft 171, 208
Verkehrsbüro (Verkehrshäuschen am Schloß) 59, 64

Waldfriedhof 11, 55, 97, 112, 127, 129
Waldkolonie 51
Weinbergstraße 151
Weißer Turm 73, 171, 177, 184, 216
Weiterstädter Straße 28, 154
Wenckstraße 128
Weyprechtstraße 169
Wienerstraße 81, 156, 158, 221
Wilhelm-Glässing-Straße 157, 221
Wilhelminenplatz 63, 157
Wilhelminenstr. 21, 44, 95, 157, 171, 222
Wilhelmstraße 157, 168
Wittmannstraße 128, 223
Woog 63, 75, 81, 83, 171, 174, 175

Zimmerstraße 63, 157, 223
Zeughaus (freier Platz neben dem Museum) 49, 207
Zeughausstraße 48, 153, 171, 223

Angaben von Seite 174 bis 231 betreffen Bilder der zerstörten Straßen

Abkürzungen

NSDAP	Nationalsozialistische Deutsche Arbeiterpartei
NSG	Nationalsozialistische Gauleitung
NSV	Nationalsozialistische Volkswohlfahrt
NSKK	Nationalsozialistisches Kraftfahrer-Korps
NSFK	Nationalsozialistisches Flieger-Korps
SA	Sturmabteilung
SS	Schutz-Staffel
RAD	Reichsarbeitsdienst
OG	Ortsgruppe der NSDAP
OKW	Oberkommando der Wehrmacht
RLB	Reichsluftschutzbund
RLG	Reichs-Leistungsgesetz
MUNA	Munitionsanstalt (zwischen Eberstadt und Pfungstadt)
LSP	Luftschutzpolizei
IBS	Instandsetzungs-Bereitschaft der LSP
OT	Organisation Todt (für Großbauvorhaben des Reiches)
TN	Technische Nothilfe
Lu	Luftschutz
Kdo.d.Sch.	Kommando der Schutzpolizei
GESTAPO	Geheime Staatspolizei
WBK	Wehrbezirkskommando

QUELLEN

Der Bomber-Fächer, David J. Irving „Und Deutschlands Städte starben nicht" 1963, Schweizer Druck- und Verlagshaus AG, Zürich — nach englischen Originalakten (Seite 5).

Die Toten, Statistisches Amt der Stadt Darmstadt, Polizeipräsidium der Stadt Darmstadt, Hans Rumpf „Das war der Bombenkrieg" 1961, Gerhard Stalling Verlag, Oldenburg (Oldb.) (Seite 13).

AUGENZEUGEN

Die Nacht des Grauens, Dr. Jakob Schütz, 1944 Kaplan an St. Ludwig. Erstmalig veröffentlicht 11. September 1946 im „Darmstädter Echo" (Seite 17).

Die Hölle Innenstadt, Carolin Schaefer, Auszug aus einem Bericht nach Tagebuchaufzeichnungen von 1944 (Seite 28).

Flammender Kapellplatz, Ernst Luckow, Auszug aus Aufzeichnungen vom September 1944 (Seite 35).

Bilder vom Feuersturm, Georg Dümas, nach Tagebuchaufzeichnungen von 1944 (Seite 38).

Funkenorkan um den Langen Ludwig, Karl Deppert, Tagebuchauszug vom September 1944 (Seite 41).

Palaisgarten in Flammen, Hanna Schnabel, Rundbrief vom 1. Oktober 1944 (Seite 42).

In der brennenden Soderstraße, Tagebuchaufzeichnungen vom Dezember 1944 (Name ist dem Herausgeber bekannt) (Seite 46).

Jeder sah dem andern ins Gesicht, Maria Tevini, geb. Weber, Auszug aus einem Bericht von 1963 (Seite 48).

Die Stille des Todes, Wilhelmine Wollschläger, Auszug aus einem Bericht von 1963 (Seite 51).

Gefangen in der Mauerecke, L. Arnold, Auszug aus einem Bericht von 1963 (Seite 53).

Das große Grab, Rudolf Vock, Auszug aus einem Bericht von 1963 (Seite 55).

Einer nach dem andern verlor die Besinnung, Elsemarie Ullrich, geb. van Basshuysen, Bericht von 1963 (Seite 56).

Auf der Suche nach Leben, Auszug aus einem Bericht nach Tagebuchaufzeichnungen von 1944 (Name ist dem Herausgeber bekannt) (Seite 58).

Das war Darmstadt, Ludwig Prinz von Hessen und bei Rhein, Auszug aus einem Bericht von 1963 (Seite 60).

Unbegreifliche Sorglosigkeit, Dr. Fritz Krämer, Oberstudiendirektor i. R., Auszug aus Tagebuchaufzeichnungen von 1944 (Seite 65).

Rettender Kellerdurchbruch, Gerhard Hartmann, Auszug aus einem Bericht von 1963 (Seite 68).

An der Grenze des Grauens, Jakob Glanzner und Jakob Kampfmann, Auszug aus einem Bericht von 1963 (Seite 70).

Durch all dies Elend, Auszug aus einem Bericht von 1963 (Name ist dem Herausgeber bekannt) (Seite 73).

Am Rande des Infernos, Wilhelm Steinmann, 1944 Kreishandwerksmeister, Auszug aus Aufzeichnungen von 1944 (Seite 74).

Im Bismarckbrunnen, Elisabeth Kircher, Auszug aus einem Bericht von 1963 (Seite 78).

Entsetzliche Fracht, Henni Gernand, Auszug aus einem Bericht von 1963 (Seite 79).

Kein Haus mehr in der Kiesstraße, Ottilie Bell, Auszug aus einem Bericht von 1963 (Seite 80).

Wir konnten nicht helfen, Robert Uhlmann, Zahnarzt, Bericht von 1963 (Seite 81).

Wir glaubten alle nicht daran, Gretel Siegel, Auszug aus einem Bericht von 1963 (Seite 83).

Der erste Teller Suppe, Marta Haury, Auszug aus einem Bericht von 1963 (Seite 84).

Durchkommen unmöglich, Philipp Weihert, Polizeiobersekretär a. D., Auszug aus einem Bericht von 1963 (Seite 85).

Was diese Worte bedeuteten, Katharine Gerhardt, Auszug aus einem Bericht von 1963 (Seite 86).

An der Friedhofsmauer, Karl Rumpf, Dipl.-Ing., Ober-Reg.-Baurat i. R., Auszug aus einem Bericht von 1963 (Seite 87).

Wasser aus dem Müllersteich, Peter Jungmann, Auszug aus einem Bericht von 1963 (Seite 88).

Löscharbeit im Steinberg, Ludwig Müller, Generalleutnant a. D., Auszug aus Aufzeichnungen von 1944 (Seite 89).

Nie zuvor dem Nächsten so nahe, Martha und Dr. Otto Gros, Auszug aus Tagebuchaufzeichnungen Ende 1944/Anfang 1945 (Seite 91).

Sonst sind wir schon überall gewesen, Schwestern des Marienhospitals berichten (1963) (Seite 96).

Wie Darmstadt „ausradiert" wurde, Aus einer Zürcher Zeitung vom 6. Oktober 1944 – zur Verfügung gestellt von Paul Becker (Seite 98).

Als im Sommer ..., Franz Gölzenleuchter, Auszug aus einem Bericht von 1963 (Seite 100).

Am Tage nach dem Angriff ..., Dr. Irmgard Paetzold, Bericht von 1963 (Seite 100).

Bald nach dem Angriff ..., Auszug aus einem Bericht von 1963 (Name ist dem Herausgeber bekannt) (Seite 101).

Wir waren in der Nacht ..., A. Dörrschuck, Auszug aus einem Bericht von 1963 (Seite 101).

Der Rauch war furchtbar, Heinrich Stillinger, Auszug aus einem Bericht von 1963 (Seite 101).

Wir saßen hinten im Garten ..., Hedwig Lotz, Auszug aus einem Bericht von 1963 (Seite 101).

Fand eines Tages ein Flugblatt ..., Martha Gros, Flugblatt 1944 unter Trümmern gefunden (Seite 102).

Auf dem freien Platz ..., Ernst Göbels, Auszug aus einem Bericht von 1963 (Seite 102).

Unter den Trümmern ..., Helene Paetzold, Abschrift einer Familienbibelseite (Seite 102).

BRIEFE

... und unsere schöne Künstlerkolonie, Margaret Werner, Brief vom Oktober 1944 (Seite 105).

Am Langen Ludwig, Brief vom Februar 1945 (Name ist dem Herausgeber bekannt) (Seite 107).

... daß man es nur als Wunder ansehen kann, Brief vom September 1944 (Name ist dem Herausgeber bekannt) (Seite 108).

Feuermeer um den Steubenplatz, Ruth Thöt, Briefe vom November 1944 und Januar 1945 (Seite 110 und 111).

Was man Vater und Geschwister nannte, Elisabeth Andreae, Brief vom September 1944 (Seite 113).

DIE NS-PRESSE SCHREIBT

Bis zum Endsieg..., Hans Rumpf, „Das war der Bombenkrieg" (Seite 116).

Die Zerstörung Darmstadts — aus der „Darmstädter Zeitung", Amtliche Tageszeitung der NSDAP für die Kreise Darmstadt, Groß-Gerau, Bergstraße und Odenwald — entnommen aus einer Sammlung von Adolf Ehrler (vom 13. September 1944 bis 13. Oktober 1944) (Seite 117—131).

DOKUMENTE

Der Bomber-Fächer, nach David J. Irving „Und Deutschlands Städte starben nicht" — aus englischen Quellen (Seite 135).

Darmstädter Zeitung (Titelseite) vom 13. September 1944, zur Verfügung gestellt von Hildegard Kaaf (Seite 136).

Volksgenossen, aus der „Darmstädter Zeitung" vom September 1944, entnommen aus einer Sammlung von Adolf Ehrler (Seite 137).

Darmstadt nahm Abschied von den Opfern..., aus der „Darmstädter Zeitung" vom September 1944, entnommen aus einer Sammlung von Adolf Ehrler (Seite 137).

Buch- und Notizblätter, Marie Hammann, Groß-Gerau, und Inge Höhl, Eschollbrücken (im September 1944 in den Orten Groß-Gerau und Leeheim gefunden) (Seite 138).

Meldung der Frankfurter Luftschutzpolizei, Aus den Akten des Darmstädter Polizeipräsidiums (Seite 139).

Bericht des Bergsträßer Landrats, aus den Akten des Darmstädter Polizeipräsidiums (Seite 140).

Todesanzeigen 1943 und 1944, aus der „Hessischen Landeszeitung" vom 3. Oktober 1943 (zur Verfügung gestellt von Anna Borell) und der „Darmstädter Zeitung" vom 21. September 1944 (zur Verfügung gestellt von Adolf Ehrler) (Seite 141).

Ausweis für Fliegergeschädigte und Bescheinigung 1944, Wilhelm Hergt, Darmstadt (Seite 142).

Bombenteppich auf Darmstadt-Nord, Royal Air Force (Seite 143).

Bombenangriff im Ersten Weltkrieg, Willy Blümlein, Dipl.-Ing. (Seite 144).

POLIZEIAKTEN

Schutzpolizei, 3. Polizeirevier, Meldung vom 16. September 1944 an Präsidium und Kreisleitung (Seite 147).

Schutzpolizei, 3. Polizeirevier, Verzeichnis vom 16. September 1944 an Präsidium und Kreisleitung (Seite 148 und 149).

Schutzpolizei, 5. Polizeirevier, Bericht vom 18. September 1944 an Präsidium und Kreisleitung (Seite 150—152).

Schutzpolizei, 1. Polizeirevier, Bericht vom 20 .September 1944 an Präsidium und Kreisleitung (Seite 153).

Schutzpolizei, 1. und 3. Polizeirevier, Meldungen vom 24. September 1944 an Präsidium und Kreisleitung (Seite 154).

Schutzpolizei, 3. Polizeirevier, Meldung vom 25. September 1944 an Präsidium und Kreisleitung (Seite 155).

Schutzpolizei, 2. Polizeirevier, Bericht vom 28. September 1944 an Präsidium und Kreisleitung (Seite 156).

Reserve-Lazarett Darmstadt-Eberstadt, Liste Nr. 1 vom 3. Oktober 1944 an die Schutzpolizei (Seite 157).

Polizeipräsidium, 1. bis 5. Polizeirevier der Schutzpolizei und Reserve-Lazarett Darmstadt-Eberstadt, Meldung über den Stand der Leichenbergung vom 21. Oktober 1944 an die Kreisleitung (Seite 158).

Technische Nothilfe Darmstadt, Meldung über Einsatzkräfte vom 21. Oktober 1944

Luftschutzpolizei, Instandsetzungs-Bereitschaft Frankfurt a. M.-Süd, Bericht vom 27. Oktober 1944 an die Technische Nothilfe Darmstadt (Seite 159 und 160).

Polizeipräsident als öffentlicher Luftschutzleiter, Fernspruch vom 29. Oktober 1944. an die Kreisleitung (Seite 161).

Reserve-Lazarett Darmstadt-Eberstadt, Statistische Feststellung vom 9. Dezember 1944 an die Schutzpolizei (Seite 161).

Polizeipräsident, Auszug aus dem Erfahrungsbericht der Polizei vom 26. März 1946 an die Amerikanische Militärregierung Darmstadt (Seite 162 und 163).

STATISTIK

Die Zerstörung Darmstadts, Alarme, Statistisches Amt und Polizeipräsidium der Stadt Darmstadt 1939—1945 (Seite 167).

Kriegsschäden, Statistisches Amt der Stadt Darmstadt (Seite 168).

Angaben über einige Luftangriffe, Statistisches Amt der Stadt Darmstadt 1940—1945; Georg Wiesenthal „Darmstädter Kalender" 1956, Justus von Liebig Verlag Darmstadt, und Ludwig Weifenbach, Aufzeichnungen über Alarme in den Jahren 1940—1943 (Seite 168—170).

Bomben auf Darmstadt, Statistisches Amt und Polizeipräsidium der Stadt Darmstadt 1945; David J. Irving „Und Deutschlands Städte starben nicht" (Seite 170).

Der Sachschaden, Statistisches Amt der Stadt Darmstadt und Industrie- und Handelskammer (Seite 171 und 172).

BILDER

Während des Krieges war es bei schwerer Strafe verboten, Aufnahmen von den Zerstörungen durch die Luftangriffe zu machen. Dennoch stammen einige unserer Fotos aus den Jahren 1943 und 1944. Die Mehrzahl der Bilder entstand zum frühestmöglichen Zeitpunkt nach dem Ende der Kriegshandlungen 1945 oder in den beiden Jahren danach. Die meisten von ihnen verdanken wir einer Dokumentation der Städtischen Bildstelle Darmstadt. Ludwig Berghaus (3), Gertrud Bill (1), Darmstädter Echo-Archiv (6), Fritz Gabler (2), Werner Hotz (3), Imperial War Museum London (2), Pit Ludwig (5), Hermann Michel (1), Karl Müller (1), Ludwig Restle (1), Hans Rohmig (1), Herbert Rost (1), Royal Air Force (1), H. Schöller (2), Johann Scotti (2), Karl Specht (3), Städtische Bildstelle Darmstadt (110), U.S. Army Signal Corps — zur Verfügung gestellt von Karl Gölzenleuchter (8), Valentin Wagner (1) (Seite 174—231).

NACHWORT

David J. Irving „Und Deutschlands Städte starben nicht"; Hans Rumpf „Das war der Bombenkrieg" (Seite 233—237).